现代体育科学学科体系研究

XIANDAI TIYU KEXUE XUEKE TIXI YANJIU

席玉宝 叶世俊 卢 玉 著

安徽师范大学出版社

·芜湖·

图书在版编目（CIP）数据

现代体育科学学科体系研究 / 席玉宝,叶世俊,卢玉著.—芜湖:安徽师范大学出版社,
2018.10（2025.1重印）

ISBN 978-7-5676-3005-5

Ⅰ.①现… Ⅱ.①席… ②叶… ③卢… Ⅲ.①体育科学—研究 Ⅳ.①G80

中国版本图书馆CIP数据核字（2017）第132359号

现代体育科学学科体系研究

席玉宝　　叶世俊　　卢　玉　著

责任编辑:彭　敏

装帧设计:丁奕奕

出版发行:安徽师范大学出版社

芜湖市九华南路189号安徽师范大学花津校区　　邮政编码:241002

网　　　址:http://www.ahnupress.com/

发 行 部:0553-3883578　5910327　5910310(传真)　　E-mail:asdcbsfxb@126.com

印　　刷:阳谷毕升印务有限公司

版　　次:2018年10月第1版

印　　次:2025年1月第2次印刷

规　　格:700 mm × 1000 mm　1/16

印　　张:19.625

字　　数:332千字

书　　号:ISBN 978-7-5676-3005-5

定　　价:79.00元

如发现印装质量问题,影响阅读,请与发行部联系调换。

总　序

　　由安徽师范大学体育学院策划的学术丛书即将出版,这既是体育学院在办学过程中的一件大事,也是学校科学研究和学科建设中值得庆贺的喜事。我受托为丛书写序,荣幸之余,借此机会向各位作者表示衷心祝贺,并就此套丛书的策划背景及基本内容略抒管见。

　　作为人类共同创造的一种特殊的社会文化活动,体育是社会发展与人类文明进步的重要标志,体育事业的发展水平体现了一个国家、一个地区综合实力以及社会文明程度的发展水平。伴随着我国综合国力的增强,体育在社会、文化、政治生活中所起的作用日益彰显,对国民素质的提高具有不可估量的作用,担负着人才培养的责任与使命。正是基于体育价值的增长与高校人才培养需求的现实,体育在学术研究和学科地位上日渐成为一门大众"显学"。尤其是21世纪以来,人们对体育学科归属于交叉科学部类下的综合学科的性质的认识愈加清晰。在此思路指引下,有关体育方面的研究成果不断涌现。这些成果对体育专业发展、学科建设和体育理论创新都有着极为重要的意义。

　　体育学院自创建以来,在老一辈倡导的"严谨治学、自信自强、艰苦创业、求真务实"的体院精神激励下,教风优良,学生勤奋刻苦、进取心强,涌现了一大批体育英才。近些年来,我校体育人文社会科学研究一直保持着比较活跃的研究态势,涌现出一批中青年学者。系列学术专著的出版既是我校体院精神的传承,也是我校建设地方高水平大学深入推进之际的重要体现。这些著作不仅凝聚着学者们的研究心血,体现了学者们的学术自觉与学术担当,更是我校体育人文社会科学发展与创造的精神所在。我相信这些学术专著的出版能为我校体育学科的建设、人才培养以及体育功能的发挥,提供知识丰富、体例完备、持论有据的理论基础。

作为反映安徽地方体育院校办学水平的理论专著,该丛书体现了以下几个方面的特点。

首先,丛书为我国高校体育学科建设提供了较为科学而系统的理论框架。如《现代体育科学学科体系研究》从梳理古代、近代和现代科学体系的演变与发展入手,结合国际组织机构、各国政府和相关部门制定的关于学科分类的标准、手册等有关文件,对体育与体育科学的概念和术语演进历史进行了逻辑学考察,全面梳理了体育教育科学、体育生物科学和体育人文社会科学等的形成和发展轨迹,探讨了现代体育科学学科发展的趋势,构建了现代体育科学学科体系。其知识的覆盖面广、理论的科学性与系统性强,必将为我国高等教育和体育学科的发展注入活力和动力。

其次,丛书涉及的研究领域与内容广泛而深入,理论观念的创新较为突出。从研究涉及的领域来看,成果呈现出基础研究、应用研究和开发研究协调发展的研究态势。研究内容的深入来源于作者学术创新的价值取向和敏锐发现问题的学术视角。如《利益冲突视角下体育纠纷及其解决机制》基于改革开放以来的现实背景,分析指出体育纠纷产生的根源在于参与体育活动的各方主体之间的利益冲突。由于纠纷主体的多元化以及产生纠纷根源的多元化,应当构建多元化的纠纷解决机制。体育纠纷得到有效解决,是保障运动员、教练员、裁判员、消费者、赞助商、体育协会以及政府等各方利益的迫切要求,也是"依法治体"的重要内容和内在动力。从理论上建构多元化体育纠纷解决机制的运行框架,能够为改进和完善我国体育纠纷解决机制提供参考。

最后,尊重体育实践及其发展规律,注重安徽地方体育文化研究是该丛书的特色。涉及的内容主要凝聚在我国基础教育改革与发展、注重安徽地域特色、突出体育经济与社会服务的办学实践中。在其中不难看到当前体育的发展现状,可以了解体育法制延伸的社会轨迹和农村体育发展的战略举措,揭示了我国体育实践发展的基本规律,凸显了徽州体育文化的地域特色。应该说,丛书特色的形成是我校在体育办学中遵循体育发展实际、注重体育文化育人功能、整合地方优势资源的综合结果。这对促进体育强国建设和体育学术力的增长无疑有着积极意义。

　　2017年恰逢体育学院建院60周年，系列丛书的出版不仅是对院庆的献礼，也是体育学院办学特色的进一步彰显。2018年是我校建校90周年大庆，系列丛书的出版是体育学院献给校庆的一份礼物。在此，谨向关心、支持我校发展的学人表示谢意。

　　谨为序。

张庆亮

2017年11月22日

前　言

　　随着体育在人类生产、生活，以及国民经济与社会发展中的作用日益凸显，体育科学学科体系的研究受到国内外学者的普遍关注，国内外众多学者从不同的视角，提出了多种体育科学的学科分类模式和方案。学科体系是一种知识制度，是一种对知识加以归纳、整理、分类的"学科分类制度"。科学的学科分类不仅能促进知识的生产、传播和交流，而且也能促进学科与专业建设，并为科技发展规划、科研活动的管理等提供依据。然而，由于无法避免的主观局限性和历史局限性，当前体育科学学科分类体系对体育科学学科体系内的学科组成、层次、类型、结构以及学科间关系等的认识还存在着较大差异。

　　本书从梳理古代、近代和现代科学体系演变与发展入手，结合国际组织机构、各国政府和相关部门制定的关于学科分类的标准、手册等有关文件，对体育与体育科学的概念和术语演进历史进行了考察，全面梳理了体育教育科学、体育生物科学和体育人文社会科学等的形成和发展轨迹，探讨了现代体育科学学科发展的趋势，构建了现代体育科学学科体系。在本书的每一部分，我们都力图紧密结合体育实践的发展历史和现状进行广泛的讨论，以实现体育科学学科体系与现代科学体系，以及与体育运动实践体系的联系和对接。随着体育科学的发展，现代体育科学学科体系发展成为以体育学科为组成要素，交叉学科、学科群为网络结点，学科间以一定的内在逻辑和变化规律建立起相互联系、相互作用的方式和秩序，产生主次、隶属和并列、平行等关系，纵向上分为体育哲学、体育基础科学、体育技术科学、体育工程科学四个层次，横向上每个层次又分为若干个类型，从而形成横向上、纵向上多层次、多类型的网络结构。

　　第一章，通过对古代、近代和现代科学体系演变与发展的追溯与梳理，揭示了科学体系分类的发展变化规律,以及科学分类思想的形成和发展,明确了体育的学术思想与科学理论在科学体系中的地位。从科学演变与发展的历史中寻找体育学科发展的规律不仅有助于准确把握科学的研究对象,而且有助于从整体的视角审视体育科学的发展和演变规律。更重要的是,该方法有助于抓住体育科学的本质特征,进而突显体育科学在科学体系中的地位。

第二章,从国际组织机构、各国政府和相关部门制定的关于学科分类的标准、手册等有关文件入手,系统梳理了现代科学体系的分类与应用,剖析了学科分类的目的、依据及其在实践中的应用。为促进知识的一体化和理论的系统化,以及知识生产和演化重组,实践中采用的分类依据主要有学科的起源、研究对象、学科的属性、学科的形态、事物的运动形式、思维特征、学科的研究方法、学科的内在联系等。虽然学科分类主要是根据学科内部固有的次序进行的,但也在一定的程度上反映了社会对人才的知识结构和能力结构的需求。体育科学作为一门新兴的综合性科学,无论是作为一个独立的学科,还是隶属于教育、医学等大类的二级学科,受到越来越多的人、国际组织机构和国家政府部门的重视已是一个不争的事实。

第三章,通过对体育与体育科学的概念和术语演进历史的逻辑学考察分析,探索了体育实践的发展历史和体育科学的演变历史以及两者之间的联系。在某种意义上说,体育科学的学科体系就是概念的体系、术语的体系。体育与体育科学概念的演进历程反映了体育实践的发展历史,体育与体育科学术语的演进历程则反映了人们从认识论的视角对体育所进行的逻辑学考察历史。从体育实践的演进历程看,体育实践的内容和形式不断丰富;从体育概念和术语的演进历程来看,“体育”的内涵和外延都随着体育实践的发展演化而发生着变迁或转变,即体育科学与体育实践之间存在着密不可分的联系。然而,关于体育和体育科学的概念和术语的理解和认识,目前并没有形成共识,这已成为体育科学发展中亟待解决的基本问题。

第四章,通过全面梳理体育教育科学、体育生物科学和体育人文社会科学的形成、发展轨迹,追溯了体育科学思想的产生、形成和发展,阐释了体育科学发展的历史进程,揭示体育科学发展的内在动力和外部条件,归纳了体育科学的特征,掌握其发展变化规律。在人类社会反正的过程中,社会文明的每一次进步都引起了体育实践的发展,而体育实践的每一次发展都引起了体育科学的突破。但相对于体育实践而言,体育科学的发展相对滞后。体育科学的功能总是在社会和体育实践已经得到发展后,在解决实践中面临的各种问题时才得以展现,缺乏前瞻性的预测力。

第五章,科学技术革命在全球范围内的迅猛发展不仅引起了人类生产方式的变革,而且引起了人类的生活方式的变革,体育已经从一个单独的健身、竞技领域成长为一个庞大的新兴产业。分化和综合的辩证统一成为体育科学学科发展的必然趋势。随着体育学科的分化与综合,体育科学各学科逐渐有了明确的研究对象和领域、专门的研究方法和范式,建构了以概念、范畴、定理、原理、定理等抽象形式组成的理论知识体系,以及相应的社会建制,运动解剖学、运动生理学和运动医学等自然学科和体育哲学、体育史学和体育社会学等体育人文社会学科逐渐发展成熟。随着体育科学学科的发展,为满足规范和管理体育科学研究,以及高等教育的学科专业设置需要,体育科学学科体系的构建逐渐受到人们的关注。

第六章,探讨了现代体育科学学科发展的趋势,阐述了学科建立的标志和学科构成要素,分述了自然科学类和人文社会科学类等体育学科建立与发展的历史进程,揭示了体育科学各学科的性质特征、历史价值、作用地位,以及各学科孕育、形成和发展的规律,为构建现代体育科学学科体系奠定基础。

第七章,为实现体育科学学科体系与现代科学体系,以及与体育运动实践体系的联系和对接,研究在梳理科学和体育科学发展进程的基础上,在现代科学体系的整体框架背景下,借助其最新的研究成果,阐述体育科学发展与现代科技进步,体育科学学科体系与现代科学体系,以及与体育科学活动、体育实践活动体系的关系;构建了以体育学科为组成要素,交叉学科、学科群为网络结点,学科间以一定的内在逻辑和变化规律建立起相互联系、相互作用的方式和秩序,产生主次、隶属和并列、平行等关系,纵向上分为体育哲学、体育基础科学、体育技术科学、体育工程科学四个层次,横向上每个层次又分为若干个类型,从而形成横向上、纵向上多层次、多类型的网络结构型的现代体育科学学科体系。

目　录

绪 论

一、研究目的与意义

随着体育在人类生产、生活,以及国民经济与社会发展中的作用日益凸显,体育与经济、政治、文化、教育、卫生、军事以及人们日常生活等的关系越来越紧密,越来越多人关注体育,越来越多的人投身到体育活动之中,这进一步增进了人们对体育的认识,推动了体育科学研究的发展。体育科学的研究对象和研究内容不断丰富、研究领域和研究范围不断扩大、研究方法和研究手段不断改进、研究广度和研究深度不断拓展,体育科学的科研成果不断积累,这些催生着体育新学科不断地孕育、形成和发展。据不完全统计,目前体育科学的相对成熟学科数量超过了60门,各学科从不同视角、不同层次,运用不同的方法与手段对体育运动的某一对象、某一领域、某一过程等进行系统地研究,学科之间既相互区别和独立,又相互联系和作用,形成了各种从属和并列等关系和次序,从而使体育科学学科体系形成横向上、纵向上多类型和多层次的网络型结构系统。体育科学学科体系是指体育科学系统内学科的组成、结构、层次、类型以及各学科之间相互联系、相互作用的方式和秩序所构成的一个有机整体。目前,体育科学学科体系的研究受到国内外学者的普遍关注,众多国内外专家学者从不同的视角,提出了多种体育科学的学科分类模式和方案,构建了多种体育科学学科体系的结构模型,包括"金字塔"模型、"树"状模型、"网"状模型和"球"状模型等。如日本的川村英男将体育科学分为:体育学(理论体育学)和体育方法学(实践体育学)两大部类,把体育学分为系列体育学、基础学科和其他相关学科三个层次[1];原东德的辛德勒将体育科学分为体育社会科学、体育统计、体育自然科学和技

---

[1] 川村英男.体育原理[M].王德深,译.北京:国家体委百科全书体育卷编写组编印,1982:15-20.

术科学、运动医学[①]；英国的安德鲁斯将体育科学划分为哲学与美学、生理学（医学）与生物力学、心理学、社会和历史与比较体育、组织管理、体育设备等六大门类的学科[②]。国内具有代表性的分类有：（1）体育科学分为基础科学、技术科学、专业技术三类[③]；（2）体育科学分为自然科学类、体育社会科学类、体育管理科学类三类[④]；（3）体育科学分为体育基础学科、运动学学科、社会学学科三大部类[⑤]；（4）体育科学分为体育方法和管理学科群、运动学科群、体育社会科学学科群、体育人文学科群、体育生物学科群、体育信息学科群[⑥]。

　　但总的来说，国内外关于体育科学学科体系的研究相对薄弱，对体育科学学科体系内的学科组成、层次、类型、结构以及学科间关系等的认识还存在着较大差异。体育科学学科分类体系是人们依据科技发展规划、科研活动的管理等工作的需要人为划分构建的，因而也就无法避免存在一定的主观局限性和历史局限性。学科分类是按照一定的原则和依据对科学体系内学科的内在联系进行探究，并以严密的逻辑排列组合表达这些关系。学科既与研究对象和内容、研究方法和手段有关，也与学科间内在联系、逻辑和规律有关。上述体育科学学科体系的分类体系和结构模型未能充分体现体育科学与现代科学的关系；未能全面客观地反映出体育科学的各学科间，以及体育学科与其他学科间的联系；未能给予体育交叉学科、体育技术学科应有的地位；未能充分反映出现代体育科学的研究活动与体育运动的实践活动密切联系的基本特征和规律，体育科学学科体系的研究和体育科学发展的进程存在一定的距离，学科体系的研究进展和成果不能适应体育的交叉学科、技术学科以及综合性学科等的发展，体育科学未能形成一个相对独立、完整统一、符合自身发展规律的学科体系。如在1997年颁布的《授予博士、硕士学位和培养研究生的学科、专业目录》中，"体育学"被列在教育学学科门类之下，分为4个二级学科；在国家标准《学科分类与代码》（GB/T

　　① 熊斗寅.体育与科学：体育现代化[M].南京：江苏省体育科学研究所，1987：83-84.
　　② 熊斗寅.体育科学的现状和趋势[J].体育教学与科研，1982(2)：6-19.
　　③ 田雨普.试析体育科学体系[J].体育科学，1982(4)：34-38.
　　④ 熊斗寅.初论体育学的科学体系[J].中国体育科技，1983(2)：18-26.
　　⑤ 胡晓风.体育的整体观——再谈关于体育科学体系的若干问题[J].成都体院学报，1981(2)：1-12.
　　⑥ 周西宽，胡小明，惠蜀，等.体育学[M].成都：四川教育出版社，1998：268.

13745-2009)中,"体育科学"包含13门二级学科;在《国家奖励办学科代码分类表》中,"体育运动科学"列有14门学科;在《2015年国家社会科学基金项目申报数据代码表》中,"体育学"列有了11门学科;国际体育科学和教育理事会提出19门体育科学学科;中国体育科学学会下设了18个二级分会。此外,《联合国教科文组织国际教育标准分类》《国际文献联合会分类体系》《中国图书馆图书分类法》《国家自然科学基金学科分类目录》等文件中,关于体育科学的分类都存在着较大差异。这种状况影响了人们对体育科学的学科性质及其在现代科学体系中所处地位和归属的认识。

目前,比较有代表性的观点有以下四种:(1)体育科学属于教育学,如《授予博士、硕士学位和培养研究生的学科、专业目录(1997年)》中体育学列在教育学学科门类之下;中国教育学会、中国高等教育学会之下设有体育专业委员会等。(2)体育科学属于自然科学,如中国体育科学学会隶属于中国科学技术学会(以理科、工科、农科、医科、交叉学科为主的学会);在我国多数高等院校中,体育专业多数属于理科,体育类文章一般刊登在大学学报的自然科学版中。(3)体育科学属于人文社会科学,如在国家标准《学科分类与代码》(GB/T 13745-2009)中,体育科学与哲学、政治学、经济学、社会学、教育学等并列在人文社会科学门类下成为一级学科。(4)体育科学属于人体科学,处于人体科学之下的技术学科层次,等等[①]。这种状况给体育科学的规划管理、体育教学科研、体育学科建设和体育专业建设,以及体育科研项目评审和研究成果的评价等带来诸多问题。尤其是体育科学学科分类和体育科学学科性质、地位和归属的分歧,严重阻碍了体育科学的发展和体育学科专业的建设。近年来,在我国体育学科专业建设实践中存在着许多问题,如调整修订体育学科专业目录、设置体育学科点、资助和评估体育学科专业建设、新兴学科的发展、学术评价与标准的制定,以及体育科学研究成果缺乏国际影响,等等。追根溯源均与科学的学科分类体系问题,以及体育科学在科学分类体系中的划分归属和所处地位有关。

学科体系是一种知识制度,是一种对知识加以归纳、整理、分类的"学科分类制度"。在人类的历史长河中,随着人们对事物和现象的认识不断深化和发展,知识的积累也逐渐专门化和系统化,针对专门的对象而形成的专门

① 钱学森,等.论人体科学[M].北京:人民军医出版社,1988:153-161.

的研究领域逐渐发展成为学科。其中,与某类对象相关的知识逐步发展成系统化的理论与方法,成长为一个具有特定范式的学科。任何一个学科都经历孕育、萌生、形成、成长、成熟的过程,一个学科成熟之后还可能发生一定程度的知识增长、更替或分化,乃至变革或螺旋式上升。学科因认知的深入而细分为不同层级的分支,形成知识增长的谱系。学科之间的交叉往往产生新的知识生长点或新学科,形成复杂的知识网络。学科不仅是现代科学研究和当代教育的基础,也是科学分化和分类的重要标志。科研机构通常以学科为基础选择课题,开展科学研究活动,生产知识;教育机构以学科为基础设置专业、课程,传承知识;科学家以学科为中心形成科学共同体;学术团体以学科为门类开展学术交流。探讨学科发展的一般规律、研究分析学科发展总体态势与方向,对把握认识学科前沿和规律以及从实际出发制定学科未来发展战略、传承和发展学科文化、促进和激发学科创新有所助益,对促进现代科学各学科的健康有序发展具有积极的意义。

本研究从科学体系的发展演变及其学科体系的分类与应用入手,旨在明确体育科学在科学体系中的地位和归属,厘清体育与体育科学的概念与术语形成和发展的历史进程,明确体育科学及其学科的本质属性和基本特征,探索体育科学及其学科的形成、变化和发展的规律,以及体育科学各学科之间、体育科学与现代科学、体育科学与体育实践之间的内在联系,把握体育科学学科体系的学科组成、结构、层次、类型,各学科的性质、地位、功能,认清体育学科的产生基础、派生来源、发生机制和发展轨迹,预测体育科学的发展趋势,构建更加符合体育科学发展规律和体育运动客观实际的门类齐全、结构合理、相对独立、完整统一的体育科学学科体系。

研究具有重要的理论和实践意义:第一,有利于体育科学学科体系结构优化,促进体育新学科的孕育产生、发展和成熟,把握体育科学研究的前沿,加速体育学科的发展,完善体育科学理论体系,提高体育科学的解释、预测和指导功能。第二,有利于从体育科学的整体发展出发,把握体育科学与其他社会因素的关系,从战略的高度制定体育科技政策,规划体育科学和各学科的未来建设,优化体育科学资源配置,合理布局学科建设,确定人才培养方向,合理设计体育科技人员知识结构。第三,有利于发挥体育科学及学科体系的应用功能,解释体育实践活动与体育科研活动中的现实问题,预测体育实践与体育科学的发展趋势和发展方向,正确指导体育实践活动和体育科研活动,更好地为体育教育教学、体育运动实践和体育科学研究服务。

二、研究对象与方法

本研究以体育科学学科体系为研究对象,从科学体系的演变与发展、现代科学学科体系的分类与应用入手,以体育科研活动和体育科学发展进程为主线,通过查阅体育科学、科学学、系统科学以及交叉科学等方面的有关文献,走访体育科研机构和专家学者,掌握背景材料。从人类的认识活动、实践活动的宽域视野,运用科学学、交叉科学以及系统科学的方法,考察体育科学整体及各个子学科的发展状态与进程,剖析体育科学学科的性质、地位、属性、功能,明确体育科学在现代科学体系中的地位和归属,探索体育科学体系与现代科学体系、体育实践活动体系之间的关系,以及体育科学各学科之间的内在联系,阐述现代体育科学发展的内在规律和外部条件。在现代科学体系的整体框架下,运用系统科学方法、历史与逻辑相统一方法,依据体育科学的发展内在逻辑进程与体育科学发展历史进程以及人们对其认识的历史进程统一的原则,依据整体性、有序性、开放性、动态性等体育科学学科体系形成与发展过程中呈现出的规定性,构建相对独立、完整、统一的体育科学学科体系。

(一)文献法

查阅有关体育科学、科学学、交叉科学以及系统科学等方面的文献资料,系统梳理科学的发展历史以及体育科学发展的现状,了解体育科学各学科发展历程及学科间的联系,并从整体上对当前的研究动向加以把握,发现和提出问题,进行合理的研究设计,为研究的分析论证提供丰富全面的材料。

(二)调查访问法

调查访问国家有关体育科研管理部门的机构网站,如全国哲学社会科学规划办公室、国家自然科学基金委员会、全国教育科学规划领导小组办公室、教育部科学技术司和社会科学司、国家体育总局政策法规司和科教司、国家体育总局体育科学研究所、中国教育科学研究院体卫艺教育研究中心、中国体育科学学会等。和一些体育学科专家和学者交流,掌握我国体育科研管理与发展规划及体育科学整体及各学科的发展动态。

(三)系统方法

对体育科学学科体系的组成、结构、层次、类型以及整体性、秩序性、开放性、动态性进行系统分析,探讨体育科学系统内部之间的关联,以及作为外部系统的科学体系与体育科学之间的联系。在此基础上,探讨体育科学学科的研究对象、方法、领域,地位与性质、功能,以及学科产生基础和派生来源、发生机制和发展轨迹,将体育科学系统横向上、纵向上划分成不同门类、层次、类型、学科群等,构建体育科学学科体系。

(四)历史与逻辑相统一的方法

把对体育科学发展历史进程的考察与对体育科学的内在逻辑分析有机地结合起来。对体育科学的内在逻辑分析要以体育科学历史发展进程的考察为基础,对体育科学历史发展进程的考察要以体育科学中的内部规律和结构分析作为依据,按照体育科学的内在逻辑进程与体育科学发展的历史进程相统一、与人们对体育科学认识的发展历史进程相统一的原则,构建体育科学学科体系。

(五)多学科理论与方法

体育科学是一门综合性的科学,探索体育科学的学科体系,构建现代体育科学的学科体系,不仅涉及人文社会科学、自然科学和技术工程科学、交叉科学等相关学科,而且还需要运用多学科、跨学科的知识理论和方法手段进行分析、论证,构建体育科学学科体系。

三、相关概念的界定

概念是反映对象本质属性的思维形式。人类在认识过程中,从感性认识上升到理性认识,是将其本质特点加以提炼和概括的过程。科学是通过概念和概念间的关系来反映事物本质和规律的。概念是科学思维的基本单位,是科学研究的基础,也是科学研究的成果和经验的结晶。概念由具体概念和抽象概念组成,前者直接反映某种现象的状态和表面性质;后者则由理性思维把握,反映客观事物的规律和本质。科学的概念由大量科学事实和经验材料经过理性加工提炼而成,是对一类事物本质属性在人们主观上的反映,是构成科学理论的细胞。一门科学发展的重要标志之一是有自己的科学概念和术语,科学体系在某种意义上就是概念和术语的体系。概念强调其概括的实质内容,有特定的内涵和外延,概念必须做出定义才能有意义。因此,这里对本研究涉及的概念加以界定和说明。

(一)科学(Science)

所谓科学也是一种知识的创造,只是这种创造需要特别的方法和手段,更是主观认识与客观实际实现具体统一的实践活动。科学是人类认识客观规律和应用规律,保护和改造客观世界的知识和能力的结晶。它是以概念、范畴、定理、原理等抽象形式建构的理论知识体系。科学的目的是认识、发现、合理运用规律,指导人们认识和改造现实世界。就其内容和性质而言,科学大致包括自然科学、人文社会科学、哲学等。这几类科学虽有交叉,但各自有着自己研究的领域和对象,自然科学要回答的问题是"世界是什么",人文社会科学要回答的问题是"世界应该是什么",哲学更多的是站在更高层面回答"世界从哪来,到哪去"的问题。

科学一般包括以下四个基本特征:一是客观真实。一般而言,科学之所以为科学,是因为科学本身更接近于事物的本质,或者说是事物本质及其规律的反映,反映的是客观事实,具备客观真实的特点。二是社会实践性。科学的社会实践性是指科学是人类社会实践活动的产物,是被社会实践所证实的,能正确指导社会实践活动。三是理论系统性。科学是由其概念、原理等理论基础通过逻辑演绎组成的相对独立的知识体系,这一知识体系具有相对独立的系统性。四是时代性和发展性相统一。科学总是一定时代人们对事物客观性认识的一种结果,具有时代性特点,同时,随着时间的推移、人们对事物认识的不断深化,人们的认识又呈现动态的变化。因此,科学作为一种认识的结果,在发展过程中总是具有时代性和发展性特征。

(二)学科(Subject,Discipline)

人类的生活活动和生产活动产生经验,经验的积累和丰富、通过反思和内省、判断、体验逐渐形成一种认识,再经过归纳、上升和抽象形成知识。应该说,知识是我们实践中认识客观世界(包括人类自身)的成果,是认识主体获得的与客观事物存在及变化内在规定性有关的系统化、组织化的一种被确认的信念,可以指导解决实践问题的观点、经验、程序、命题、概念等信息。因为知识和实践之间总是难以区分,知识随着实践的发展与运用不断深化和推进,逐渐发展到科学层面上,在这些知识的演进过程中,知识体系又不断分化形成学科。显然,学科是具有相同特征或同一领域中的知识体系的、一个相对独立的知识系统。同一个知识系统中,学科系统具有层次和类型性,区别于其他的知识系统。"学科的第一个含义,是指学术的分类,指一定科学领域或一门科学的专业分支,如自然科学中的物理学、生物学,人文社会科学中的史学、教育学等。学科的第二种含义,指高校教学、科研等的功能单位,是对高校人才培养、教师教学、科研业务隶属范围的相对界定。"[①]不仅如此,在学校教育理论中一般把科目惯称为学科,这一称谓实际上是按照教育教学中的组织程序来组织知识单位。如体育、美术、音乐、军事等教学课程中,有"术科""学科"之分,这些知识及其体系与分支都可以称之为学科。从中不难看出,学科不仅有大小之分,也有层次之别,如一级学科、二级学科等。

(三)交叉学科(Interdisciplinary Science)

交叉学科是指由不同学科、不同研究领域彼此交叉渗透,相互作用影响,又相互融合而形成的一类学科。如边缘学科、横断学科和综合学科等都属于交叉学科。交叉学科有广义和狭义之分,广义上,交叉学科是由诸如技术学科、自然学科及社会学科等不同学科之间相互交叉影响的基础上而形成的,同时也包括以上三个大学科门内各个子学科交叉而形成的学科。狭义上,交叉学科一般只包含技术科学、社会科学以及自然科学三大门内之间交叉而形成的学科。从交叉学科发展的历程来看,上述三大门类的学科的发展都经历了从兴起到成熟的过程。各类学科成熟后在社会实践的推动下,逐渐开始交互作用,从而产生新的知识体系,随着这些知识体系的丰富又逐渐产生新的学科。因此,交叉学科的产生是人类的认识对象和认识方法走向综合化的集中反映和必然结果。由于交叉学科的形成,使得技术学科、自然学科和人文社会学科之间因性质和领域不同而造成的缺憾和不足得以弥补,把人类的全部认识成果绘制成一幅完整的图景,进而更加全面、客观、真实地反映出现实世界的全貌。

(四)学科群(Discipline Group)

学科群是由具有共同特征与属性的一组学科组成的,反映某一个知识

---

① 涂宏坤.扩招后福建省高校本科专业设置和结构调整研究[D].厦门:厦门大学,2008.

领域的同类学科群体。学科群包含多个分支学科,分支学科之间相互交叉渗透、相互作用融合、有序组合。一般而言,具有骨干或带头作用的主体学科、起到支撑辅助作用的基础学科和通用学科(相关学科)是学科群内在结构的主体要素。学科群集合,是以某一个或几个主体学科为中心,还要有相关的基础学科、通用学科作为支撑。这些基础学科、通用学科与中心学科在目的、作用、价值取向上具有共同性或相关性。按照学科的分类标准,组成学科群的学科应该围绕共同的研究目的与研究对象,或是具有相关的研究方法和手段进行有机组合。跨学科性是学科群最突出的特点,综合创造性是学科群的活力所在,组织协作性是学科群的基本要求。

(五)学科体系(Discipline System)

目前,对学科体系含义存在着两种认识,一是指某一学科的构成要素和组成部分的内在逻辑结构以及理论框架,二是指某一学科的研究对象和范围及其所属的分支学科共同组成的一个有机联系的学科整体。本研究认同第二种解释,即认为学科体系是对根据所属各学科的地位、组成、结构、层次、类型以及各学科间的共同规律和价值取向,通过逻辑的方式加以归类和表述而成的一个动态的发展系统,具有系统性、有序性、开放性和稳定性的特点。由此而言,科学的学科体系是一个客观真实地揭示科学研究现状、发展规律、未来发展趋势与走向,且能推动科学繁荣、人才培养、科研进步和学科建设的学科整体。

(六)体育科学(Science of Physical Education and Sports)

体育科学是以人的体育运动和体育运动的人为研究对象,运用现代科学的理论与方法,揭示各种体育现象本质及其规律的系统的知识体系。从本质上说,体育科学是以人们对体育需求的认识和体育实践的发展为直接动力,以体育与人的发展、体育与社会促进、体育与传统文化的关系等为主要研究内容,应用现代科学技术的理论与方法,揭示体育现象及其内部规律的一个新兴的学科群体。体育科学的研究对象是人的体育运动和体育运动的人,既包括人的有机体的运动,运动过程中人的心理和思想活动,也包括社会现实中人从事的各种体育社会活动。体育科学的主要任务是揭示体育活动中人体变化的规律、社会生活各个领域中所发生的体育现象的规律,以及利用这些规律指导体育实践。因此,体育科学的研究内容涉及自然科学、人文社会科学、工程技术科学。它在与自然科学、人文社会科学、工程技术科学众多相关学科的交融中汲取了丰富的营养,逐渐建立起具有鲜明的综合性和应用性特征的学科群体。体育科学是一个复杂的系统,包含的学科及其分支学科众多,是由复杂内部结构和有序的内部与外部联系而构成的知识体系。

第一章 科学体系演变与发展

　　随着人类认识活动和认识能力的发展,科学知识不断积累和丰富,同时知识也得到高度地分化和系统化地发展,科学研究的对象不断深入和具体,探索的领域不断拓展延伸,各方面的知识相继分化出来成为独立的学科。同时,随着人们的认识越深入广泛,探索未知世界理论与方法越多、技术与手段越先进,学科就会越分越细,新学科也会不断涌现。各学科相互交叉、渗透、融合和综合发展,学科之间原有的明晰的界限也变得越来越模糊不清。与此同时,新学科的出现使得各个学科之间的差异和不足得到弥补,各个不同性质和不同层次学科之间的联系得到进一步加强。在此过程中,不同学科之间的鸿沟开始逐渐缩小,甚至有些学科开始走向统一。随着认识的逐渐深化,科学整体化和综合化趋势也越加明显,学科的结构也表现出整体连续性特征。从而,科学形成一个学科门类繁多、结构不断完善的有层次的、网络的、开放的、庞大的有机整体。各学科间在这个有机体整体上便呈现出一定的结构形态,这种结构形态就被称之为科学的学科体系结构。科学的学科体系结构是各学科间的一种相对稳定的联系形式,是其内在逻辑的集中表现。为了揭示各类科学之间的联系,认识各门学科的地位和作用,以及正确认识它们之间的相互关系,就必须对各学科进行分门别类,这是科学发展过程中自身提出的客观要求,也是人们合理地使用科学知识的必然选择。将科学按其同与异分门别类使其系统化,是科学研究的基础工作,更是研究科学体系及其结构的基本手段和方法。为了准确把握体育科学的研究对象,从整体的视角审视体育科学发展和演变的规律,本研究首先从科学体系的演变和发展中寻找科学发展的规律,了解学科分类的思想,追溯科学发展的过程,形成科学体系框架下体育科学学科体系结构的整体认识,进而为体育科学学科体系的构建提供理论依据。

第一节　古代科学体系

在古代,由于生产力水平低下和自然经济的限制,人们的活动范围狭窄,认识能力极为有限,人们对自然界的认识和改造还停留在直观、经验的阶段。古代科学是近代、现代科学的基础,所不同的是古代科学的内容主要是对客观现象的主观描述和猜测性的经验总结,带有朦胧性和模糊性的特点,尚未能深入到事物的本质,也缺少系统性和理论性。且各种知识都包孕于自然哲学之中,科学还没有从哲学中分化出来。除了统一的哲学之外,不存在其他独立形式的学科,因而也就不存在现代意义上的科学体系结构及其分类。社会实践的更新发展日益推动和提升着人们的认识和改造实践的能力,与此同时,无论是自然知识还是社会知识也都越来越丰富,形成了庞大的体系,这促使人们对这些知识加以整理和归类。古代科学的分类实质上就是知识分类。

一、西方古代科学体系

古希腊是西方历史的开源,古希腊人在哲学思想、科学、文学、历史、建筑、艺术等方面有着很深的造诣。希腊哲学是由古希腊哲人对生活的智慧的总结与思考。在希腊人看来,哲学和科学是同一个范畴,科学与哲学混为一体而产生了自然哲学。古希腊哲学对西方的哲学、科学和宗教的发展有着深刻的影响。一开始古希腊的哲学主要是针对自然界的问题而产生的思考,如自然万物为什么能够产生、又为何能得以存在等。此类研究的出现对后期学界关于天文地理和力学、艺术与文学、宗教与伦理等的研究和思考起到了奠定基础的作用,众多领域的哲学思考与研究陆续丰富和兴盛起来,使得希腊的哲学出现了蓬勃兴荣的态势。在古希腊的哲学研究领域中,产生重要影响的代表性人物主要有柏拉图、亚里士多德、伊壁鸠鲁、瓦罗等。

柏拉图(Πλάτων,约前427—前347),古希腊伟大的思想家和哲学家,柏拉图及其老师苏格拉底,以及其学生亚里士多德的哲学研究成果与思想对古希腊甚至对整个西方哲学思想影响深远。关于科学知识分类,柏拉图认为:世界由理念世界和现象世界组成,理念的可知世界,是永恒不变且真实存在的,现象的可见世界是人类感官接触到的现象所组成的现实世界,并在时空上表现出动态变动等特征。柏拉图从其理念世界和现象世界出发,对知识进行了分类(表1-1)。

表1-1 柏拉图从理念与现象出发的知识分类体系

世界部分	对象的种类	认识能力等级	相应的知识和科学
可知世界 (真实存在)	善本身	理性	辩证法(理性知识):对纯粹思想本身的考查,研究纯概念分析的技巧和方法
	隶属于善的理念		
	并非直接隶属于善的理念 (数理实体)	知性(理智)	自然哲学(物理知识):对物理、数学、天文、生物的考查,研究感觉范围
可见世界 (生存变化)	实际事物	信念(相信)	精神哲学(伦理知识):对个人、社会、国家的考查,研究人的行为和意志
	事物的肖像	想象(猜测)	

参考文献:① 柏拉图.理想国[M].郭斌和,张竹明,译.北京:商务印书馆,2002:155-172;② 华勋基.论科学分类的历史发展及其现实意义[J].中山大学学报(哲学社会科学版),1985,25(1):121-132;③ 姜振寰.科学分类的历史沿革及当代交叉科学体系[J].科学学研究,1988,6(3):14-25.

亚里士多德(Aristotélēs,前384—前322),世界古代史上最伟大的哲学家、科学家、逻辑学家和教育家之一。马克思称他为"古代最伟大的思想家",恩格斯说他是"最博学的人物",黑格尔誉他为"历史上无与伦比的人物"。毫无疑问,亚里士多德是西方最伟大的科学家之一,其学术影响与贡献是少有人可比的。其研究领域广泛,对政治、文化、科学、艺术、教育、体育、宗教等领域几乎均有涉及,他也因此被后人称为"百科全书式人物"。亚里士多德对科学的分类是依据实践活动把科学分为理论的科学、实践的科学、创造的科学三大类(表1-2)。

表1-2 亚里士多德从人类实践活动出发的知识分类体系

	知识分类	学科
知识	理论的科学	数学、几何、逻辑、物理学和形而上学
	实践的科学	伦理学、政治学、经济学、战略学和修辞学
	创造的科学	诗学、音乐、美术等

参考文献:① 姜振寰.科学分类的历史沿革及当代交叉科学体系[J].科学学研究,1988,6(3):12-23;② 刘仲林.现代交叉科学[M].杭州:浙江教育出版社,1998:32.

伊壁鸠鲁(Ἐπίκουρος,前341—前270),古希腊哲学家、古希腊唯物主义者、无神论者,古代原子论的创始人之一,创立了伊壁鸠鲁学派。他将科学分为三个组成部分:物理学、规范学和伦理学。物理学主要是研究自然界各种现象及其变化和运用自如的学说,规范学是关于认识世界方法和道路的学说,伦理学是关于生死、快乐、幸福以及灵魂问题的学说。伊壁鸠鲁从研究对象出发把科学知识体系分为三类(表1-3)。从表1-3中可以发现,伊壁鸠鲁知识的分类思想对近代乃至现代科学体系的分类产生了重要影响,是现代科学分类体系的雏形。

表1-3 伊壁鸠鲁从研究对象出发的知识分类体系

知识	物理学:关于自然的学说
	规范学:关于认识世界方法和道路的学说
	伦理学:关于怎样获得幸福的学说

参考文献:① 北京大学哲学系外国哲学史教研室.西方古典哲学原著选辑:古希腊罗马哲学[M].北京:商务印书馆,1962;② 陈克晶,吴大青.自然辩证法讲义(初稿)专题资料之四:科学分类问题[M].北京:人民教育出版社,1980:57.

瓦罗(Marcus Terentius Varro,前116—前127),古罗马语言学家、科学家、哲学家,是第一位有著作留下来的拉丁语研究者。他学识渊博,兴趣广泛,著述甚丰(共撰写著作490卷书),包括语言、农事、古董、文学、哲学、法律、历史等。在西方的哲学、科学等众多学科领域有着广泛和深远的影响。瓦罗从科学的研究对象和研究领域出发,提出九科分类法,把科学知识体系分为文法学、修辞学、逻辑学(以上俗称"三学")、算术学、几何学、天文学、音乐学(以上俗称"四术")、医学、建筑学。这种分类法在后来的宫廷学校以及修道院附属学校中被广泛采用,其中"三学"和"四术"分类还成为中世纪大学中的基础教育课程,合称为"自由七科"或称之为"自由学艺",任何学生必须要经过了"七科"的修业之后才能学习医学、建筑学、法学、神学等专门课程(表1-4)。

表1-4 瓦罗从学科的研究对象和研究领域出发的知识分类体系

	文法学	"三学"
	修辞学	
	逻辑学	
知识	算术学	"四术"
	几何学	
	天文学	
	音乐学	
	医学	
	建筑学	

参考文献:王维.科学基础论[M].北京:中国社会科学出版社,1996:90-91.

二、中国古代科学体系

中国古代的学术分科观念有着极其悠久的历史,早在殷周时期就出现了知识分类的萌芽。《周礼·地官司徒·保氏》云:"养国子以道,乃教之六艺:一曰五礼,二曰六乐,三曰五射,四曰五驭,五曰六书,六曰九数。"先秦时期,对知识的分类及其思想就已经形成,如"形而上者谓之道,形而下者谓之器"实际上就是最为典型的分类标准,它是将科学分为形而上的"道"和形而下的"器"两个部分,这类古朴的分类与标准带有直观性、整体性和体验式的特点,这主要是受中国传统整体思维方式影响所致。

孔子(前551—前479),儒家思想的创始人,我国伟大的教育家、政治家和思想家,也是我国古代最为博学的科学家之一,被联合国教科文组织确认为"世界十大文化名人"之首。孔子科学知识的分类对后世的科学发展起到一定的影响。春秋时期,孔子开私学讲授六艺。"六艺"即礼、乐、射、御、书、数。六艺是古代教育的主要内容,向学生传授知识分类6个科目,相当于现在的6门课程。可以理解为孔子将知识分成六类(表1-5)。

表1-5　孔子六艺知识分类体系

序号	知识分类	知识科目
1	礼:礼节(即今德育)	五礼:吉礼、凶礼、军礼、宾礼、嘉礼
2	乐:指音乐、诗歌、舞蹈等	六乐:云门、大咸、大韶、大夏、大濩、大武等古乐。"舞"属于乐的教育,学生十三岁舞勺,十五岁舞象,二十岁舞大夏,勺、象、大夏都是舞的名称。勺是文舞,是徒手或持羽等轻物的舞蹈。象、大厦、大武等都是武舞,指手持盾、剑等武器,作击刺等动作、象征作战情节的舞蹈
3	射:射箭技术	五射:白矢、参连、剡注、襄尺、井仪。白矢,箭穿靶子而箭头发白,表明发矢准确而有力;参连,前放一矢,后三矢连续而去,矢矢相属,若连珠之相衔;剡注,谓矢行之疾;襄尺,臣与君射,臣与君并立,让君一尺而退;井仪,四矢连贯,皆正中目标
4	御:驾驭马车的技术	五御:鸣和鸾、逐水曲、过君表、舞交衢、逐禽左
5	书:书法(书写,识字,文字)	六书:象形、指事、会意、形声、转注、假借。转注、假借是识字方法,而象形、指事、会意、形声是造字方法,其中形声字约占百分之九十
6	数:算法(计数)数艺九科	九数:方田、粟米、差分、少广、商功、均输、赢不足、方程、勾股;九数即九九乘法表,古代学校的数学教材

参考文献:① 阮元.十三经注疏[M].北京:中华书局,1980:128;② 郭娟娟.孔子"六艺"中的艺术教育思想研究[D].南京:南京艺术学院,2010.

　　孔子对知识的分类,除了作为早期的分类"六艺"外,还存在着"孔门四科"这样的分科性知识门类。《论语·先进》说:"德行:颜渊、闵子骞、冉伯牛、仲弓;言语:宰我、子贡;政事:冉有、季路;文学:子游、子夏。"这里孔子已分出德行(伦理学)、政事(政治学、行政学)、言语(语言学、修辞学)、文学(文学艺术)四个知识领域,可谓四门学术(表1-6)。

表1-6　孔门"四科"知识分类体系

序号	知识分类	孔门十哲
1	德行(伦理学)	颜回、闵损、冉耕、冉雍
2	言语(语言学)	子有、子路
3	政事(政治学)	冉有、仲由
4	文学(文学)	言偃(子游)、卜商(子夏)

参考文献:左玉河.从四部之学到七科之学:学术分科与近代中国知识系统之创建[M].上海:上海书店出版社,2004:29-31.

司马谈(前165—前110),西汉夏阳(今陕西韩城人)。其父司马喜,在汉初为五大夫。其子司马迁受他的影响最深。司马谈在汉武帝时任太史令,是汉武帝新设的官职,是掌管国家图书典籍、天文历算并兼管文书和记载大事的官员。司马谈著有《论六家之要指》,六家主要指儒家、道家、墨家、法家、名家和阴阳家,在其论著中着重对六家的思想流派加以论述,分析它们的特征与关联,司马谈的学术思想与论述实际上是对先秦时期我国学术的一个分类(表1-7)。他总结先秦各家学说,认为阴阳、儒、墨、法各家学说均有长短,唯有道家兼各家所长。他计划根据《国语》《战国策》《楚汉春秋》等书,收集资料,撰写史籍,但未成而卒。之后,他要论著历史的理想和计划,留给儿子司马迁去实现,遂成《史记》一书。

表1-7 司马谈"六家"知识分类体系

序号	学术流派	学术领域
1	阴阳家	将自古以来的数术思想与阴阳五行学说相结合,并试图用来建构宇宙图式,解说自然现象的成因及其变化法则
2	儒家	由起初的冠婚丧祭时的司仪,并逐步发展为以仁为核心的思想体系
3	墨家	关于社会政治、伦理及逻辑学、认识论问题,主张人与人平等相爱(兼爱),反对侵略战争(非攻)
4	名家	名主要是指事物的名称、概念。名家以辩论、语言分析而著称于世。主要讨论名实关系和概念同异、离合问题。以思维的形式、规律和名实关系来研究与分析事物,而辩的内容,又多半是与政治实务无关的哲学问题
5	法家	主张法制,对于法律的起源、本质、作用以及法律同社会经济、时代要求、国家政权、伦理道德、风俗习惯、自然环境以及人口、人性的关系等基本的问题都做了探讨
6	道家	道家以道、无、自然、天性为核心理念,认为天道无为,道法自然,据此提出无为而治、以雌守雄、以柔克刚等政治、军事策略

参考文献:梁启超.司马谈《论六家要旨》书后[M]//梁启超.梁启超全集.北京:北京出版社,1999:4696-4697.

刘向(约前77—前6),原名更生,字子政,祖籍沛郡(今江苏徐州)人。西汉经学家、目录学家、文学家。刘向为我国目录学之祖,所撰《别录》是中国第一部有书名、有解题的综合性的分类目录书,共二十卷。汉成帝时,刘向受命参与校理宫廷藏书,他在负责校书近20年中,整理出经、史、子、集、兵书等大量有价值的图书。实际上,刘向的整理编纂工作过程也是最早的图书目录的分类研究。校完书后写一篇简明的内容提要,后汇编成《别录》。著录图书603家,计13219卷,分为6大部类、38种,每类之前有类序,每部之后有部序,叙录内容包括:书目篇名,校勘经过,著者生平思想,书名含义,著书原委,书的性质,评论思想,史实,是非,剖析学术源流和书的价值。部序之前、类目之后皆有统计,全书最后还有总计。刘向对图书目录的分类和整理对后世的学术分类影响深远。虽然该书已佚,但仍可从刘歆编纂的《七略》中窥见一斑。

刘歆(约前50—23),字子骏,西汉末年人,西汉时著名的数学家、天文学、目录学家、文学家。刘歆对科学的贡献与影响主要体现在两个方面:一是他将圆周率定为3.15471,为后人对圆周率的精确认识提供了基础;二是他在其父刘向编纂的图书目录分类基础上进一步加工整理,汇编成中国第一部图书分类目录,共计七卷,并将其命名为《七略》。其中,每一类又包含多个种类。《七略》中科学知识的分类对当时乃至近代的学术发展起到了一定的影响。刘歆也因其"七略分类法"的贡献与影响而成为我国古代分类思想的重要代表人物之一(表1-8)。

表1-8 七略分类法分类体系

序号	类次(略)	类目
1	辑略	总序、大序、小序
2	六艺	易、书、诗、礼、乐、春秋、论语、孝经、小学
3	诸子	儒、道、阴阳、法、名、墨、纵横、杂、农、小说
4	诗赋	屈原赋之属、陆贾赋之属、孙卿赋之属、杂赋、歌诗
5	兵书	兵权谋、兵形势、兵阴阳、兵技巧
6	数术	天灾、历谱、五行、蓍龟、杂占、形法
7	方技	医经、医方、房中、神仙

参考文献:张世磊.《别录》《七略》研究[D].长春:吉林大学,2009.

从表1-8可以看出,"七略"实际只有六略,因为首略"辑略"是序,故不用来分类图书。"略"指大的门类,共分6个门类。每大门类下,又细分为种类,每个门类含几个到十几个子种类。其分类实际上包含了两个层次和多个门类的科学体系,这一分类体系脱离不了当时时代的局限性,如刘歆将六艺的学科内容列为诸类之首,充分体现出他的尊儒思想。诸子之学是春秋战国时期遗留下来的文化遗产,其内容极为丰富,主要包含哲学、伦理学、教育学、逻辑学、美学等方面知识。诗赋略主要是文学方面的著作,古代的统治者十分重视诗赋,并专设采诗之官。由于诗赋在当时已发展成为一种成熟的文学体裁,故将其单独列为第三大类。第四大类兵书略是指军事学著作。春秋战国时期,连绵不断的战争,涌现出很多的军事家,积累了丰富的军事知识,撰写了大量的军事著作。第五大类数术略包括天文学、数学方面的知识,其中也涉及卜卦、算命、看风水等方面的内容。第六大类方技略主要反映医学、药学、卫生学方面的知识,也包括修炼超脱生死的"神仙"之学。

　　班固(32—92),字孟坚,扶风安陵(今陕西咸阳)人,东汉著名史学家、文学家。公元47年前后入洛阳太学,博览群书,穷究九流百家之言。汉明帝任命他为兰台令史(兰台是汉朝收藏图书之处,令史相当于今天的中央档案典籍管理员),掌管和校定图书。后迁为郎,负责校定秘书。在班彪续补《史记》之作《后传》基础上,开始编写《汉书》,潜心二十余年,至汉章帝建初中基本修成《汉书》。《汉书·艺文志》,将历代或当代有关图书典籍,汇编成目录,记载自先秦到西汉学术发展的状况,分类记录当时存世的典籍。班固根据《七略》的内容,以"六分法"方式,"删其要,以备篇籍"作《艺文志》,其对科学的分类思想在《艺文志》中一览无遗,该书将科学知识分为六大类(表1-9)。班固的六略分类体系是我国现存最早的一部文献分类目录,其学术价值自不待言,章学诚在其《校雠通义》中就说:"《艺文》一志,实为学术之宗,明道之要"。可见,欲概览先秦之学术必要从《艺文志》入手,它是史传书籍中"九流十家"之祖,"九流十家"一词便出自《汉书·艺文志》。《艺文志》对研究历代图书文献,考订学术源流,颇具参考价值。

表1-9　班固的"六略"知识分类体系

序号	类次(略)	类目
1	六艺	易、书、诗、礼、乐、论语、春秋、孝经、小学
2	诸子	儒、道、阴阳、法、名、墨、纵横、杂家、农家、小说家
3	诗赋	荀卿赋、歌诗、杂赋
4	兵书	兵权谋、兵形势、兵阴阳、兵技巧
5	术数	天文、历谱、五行、蓍龟、杂占、形法
6	方技	医经、经方、房中、神仙

参考文献:尹海江.《汉书·艺文志》研究[D].杭州:浙江大学,2007.

　　荀勖(？—289),字公曾,晋颍川颍阴(今河南许昌)人,西晋的文学家、音乐家、目录学家。东汉司空荀爽的曾孙。因为生前封济北公,后人称之为"荀济北"。又因为善识音律,号称"暗解"。封济北郡公,任中书监,领著作,进光禄大夫,掌管乐事,修律吕。不久,领秘书监,主管国家藏书。与中书令张华等人,共同典校宫中图书。在典校图书后,根据魏国秘书郎郑默编撰的《魏中经簿》目录,更撰为《中经新簿》(一作《晋中经簿》)。该目一变《七略》的六分法体系,分群书为甲、乙、丙、丁四类。甲部纪六艺、小学;乙部纪诸子百家、数术;丙部纪史书、皇览、旧事、杂事;丁部纪诗赋、图赞及汲冢书。全目14卷,另附佛经2卷,共著录图书1885部,29035卷。东晋李充作《晋元帝四部书目》,对该目的甲、乙两类位置予以对调,形成了后世的经、史、子、集的四部分类体系。后来,唐代以长孙无忌为首的学者在撰写《隋书·经籍志》时才将四部分类法大体定型,清代《四库全书》予以完整化、系统化。中国古代以"四部"为框架的典型的学术分科体系及知识系统是建立在典籍分类的基础上的,主要囊括了经、史、子、集四部典籍覆盖范围的内容,包括众多知识门类并具有其内在的逻辑联系(表1-10)。

表1-10　荀勖的"四部"知识分类体系

序号	类次	类目
1	经部	易类、书类、诗类、礼类、春秋类、孝经类、五经总义类、四书类、乐类、小学类
2	史部	正史类、编年类、纪事本末类、别史类、杂史类、诏令奏议类、传记类、史钞类、载记类、时令类、地理类、职官类、政书类、目录类、史评类
3	子部	儒家类、兵家类、法家类、农家类、医家类、天文算法类、术数类、艺术类、谱录类、杂家类、类书类,小说家类、释家类、道家类
4	集部	楚辞类、别集类、总集类、诗文评类、词曲类

参考文献:姚名达.中国目录学史[M].上海:上海古籍出版社,2002.

　　阮孝绪(479—536),字士宗,南朝梁陈留尉氏(今河南尉氏)人,目录学家。他所著的《七录》在科学史上占有一定的地位,学术影响力很大。《七录》是在前人对科学知识分类的基础上编纂的,其分类上一个突出的特点是务实,即从当时学术发展、书籍数量的实际出发。《七录》分内外两篇。内为五录:经典录,纪六艺;记传录,纪史传;子兵录,纪子书、兵书;文集录,纪诗赋;术技录,纪术数。外篇有二:佛录、道录(表1-11)。其分部题目,颇有次序。

共著录图书55部,6288种,8547帙,44521卷。该目在分类上有创新,将《七志》中"经典志"的史记杂传别出"记传录",而将"军书志"改为兵部,与诸子志合并归入"子兵录",并增加"佛法录",以集中反映社会上出现较多的佛、道之书。著录图书时,对作者事迹及书籍流传情况,悉加提要介绍,继承《七略》撰写提要的传统。该目分类体系强调分类应当根据学术的发展、文献保存的实际情况来进行;强调分类应当注意文献内容,便于检索利用。

表1-11　阮孝绪的"七录"知识分类体系

类次	类目(部)
经典录内篇一	易、尚书、诗、礼、乐、春秋、论语、孝经、小学
记传部内篇二	国史、注历、旧事、职官、仪典、法制、伪史、杂传、鬼神、土地、谱状、簿录
子兵录内篇三	儒、道、阴阳、法、名、墨、纵横、杂、农、小说、兵
文集录内篇四	楚辞、别集、总集、杂文
术技录内篇五	天文、纬谶、历算、五行、卜筮、杂占、形法、医经、经方、杂艺
佛法录外篇一	戒律、禅定、智慧、疑似、论记
仙道录外篇二	经戒、服饵、房中、符图

参考文献:张守卫.论《七录》在我国图书分类学史上的贡献[J].大学图书情报学刊,2012,(1):87-91.

　　魏征(580—643),字玄成,巨鹿(一说今河北邢台市巨鹿县,又说河北晋州市或河北馆陶县)人,唐朝政治家。曾任谏议大夫、左光禄大夫,封郑国公,以直谏敢言著称,是我国历史上最负盛名的谏臣,享有崇高的声誉。著有《隋书》序论,《梁书》《陈书》《齐书》的总论等。《隋书·经籍志》是继《汉书·艺文志》后,我国现存最古的第二部史志目录。原是唐贞观年间《五代史志》的原稿,后并入《隋书》,系根据柳顾言的《隋大业正御书目》,并参考阮孝绪的《七录》分类体系而成,利用隋代遗书14466部,89666卷与《隋大业正御书目》核对,删去重复内容,按经、史、子、集四部四十类著录,既反映了隋朝一代藏书现状,又记载了六朝时代图书变动情况,并最终确立了四分法在目录学中的地位,是现存最古老的四分法目录书。值得注意的是,《隋书》在经史子集四部后附入道佛二家,所以也不是完全的四分法,确切说应该是六分之法(表1-12)。

表1-12 魏征的"四部"知识分类体系

部类	类目
经部	易、书、诗、礼、乐、春秋、孝经、论语、纬书、小学
史部	正史、古史、杂史、霸史、起居注、旧事、职官、仪注、刑法、杂传、地理、谱系、略录
子部	儒、道、法、名、墨、纵横、杂、农、小说、兵、天文、历数、五行、医方
集部	楚辞、别集、总集
附道经	经戒、服饵、房中、符录
附佛经	大乘经、小乘经、杂经、杂疑经、大乘律、小乘律、杂律、大乘论、小乘论、杂论、记

注:霸史类,以纪伪朝国史;旧事类,以纪朝廷政令;仪注类,以纪吉凶行事;杂传类,以纪先贤人物;略录类,以纪史策条目。

参考文献:①何发苏.四部分类法简论[D].南昌:南昌大学,2005.②魏征等.隋书(第四册)[M].北京:中华书局,1973.

郑樵(1104—1162),字渔仲,南宋兴化军莆田(今福建莆田)人,世称夹漈先生,是我国历史上少有的饱读诗书学者,虽一生不应功名,未参加科举,但却将其一生精力付诸经学、语言学、史学和自然科学等方面的研究,取得了瞩目成就。在科学的分类上,郑樵抛弃了以往五分或六分等分类方法,以自己对古今学术的深刻认识为基础,创立了十二分法,建立了一个分类细密、结构严谨、相对完善的类、家、种三级分类体系。经类第一,礼类第二,乐类第三,小学类第四,史类第五,诸子类第六,天文(星数)类第七,以后依次为五行、艺术、医方、类书、文类(表1-13)。与正统的四部分类法相比,郑樵从传统的经部,分出礼、乐、小学三类;从子部,分出天文(星数)、五行、艺术、医方、类书五类。在这一分类体系中将天文、五行、艺术、医方、类书等从体系中独立出来,这充分说明了他务实的科学精神。这种突破儒家思想统治,提倡学科地位平等的思想是十分宝贵的。郑樵的创新思想,来源于他对分类和学术(学科)关系的深刻认识。他认为"类例既分,学术自明"。郑樵的思想在今天看来也是很深刻的,他的"有专门之书,则有专门之学;有专门之学,则有世守之能"已直指学科独立发展的方向。他的分类方法,已包含现代学科分类思想的萌芽,可惜由于不属"正统"分类法,数百年来默默无闻,未能得到后人进一步发展提高。

表1-13 郑樵的"十二类"知识分类体系

序号	类	家	种
1	经类	易、书、诗、春秋、春秋外传国语、孝经、论语、尔雅、经解九小类	其中易小类分古易、石经、章句、传、注、集注、义疏、论说、类例、谱、考证、数、图、音、谶纬、拟易16种,共88种
2	礼类	周官、仪礼、丧服、礼记、月令、会礼、仪注七小类	其中周官小类分传注、义疏、论难、义类、音、图6种,共54种
3	乐类	乐一小类	乐小类分乐书、歌辞、题解、曲簿、声调、钟磬、管弦、舞、鼓吹、琴、谶纬,共11种
4	小学类	小学一小类	小学小类分小学、文字、音韵、音释、古文、法书、蕃书、神书,共8种
5	史类	正史、编年、霸史、杂史、起居注、故事、职官、刑法、传记、地理、谱系、食货、目录十三小类	其中正史小类分史记、汉、后汉、三国、晋、宋、齐、梁、陈、后魏、北齐、后周、隋、唐、通史15种,共90种
6	诸子类	儒术、道家、释家、法家、名家、墨家、纵横家、杂家、农家、小说、兵家十一小类	其中道家小类分老子、庄子、诸子、阴符经、黄庭经、参同契、目录、传、记、论、书、经、科仪、符箓、吐纳、胎息、内视、道引、辟谷、内丹、外丹、金石药、服饵、房中、休养25种,共40种
7	天文类	天文、历数、算术三小类	其中天文小类分天象、天文总占、竺国天文、五星占、杂星占、日月占、风云气候占、宝气8种,共15种
8	五行类	五行一小类	五行小类分易占、轨革、筮占、龟卜、射覆、占梦、杂占、风角、鸟情、逆刺、遁甲、太一、九宫、六壬、式经、阴阳、元辰、三命、行年、相法、相笏、相印、相字、堪舆、易图、婚嫁、产乳、登坛、宅经、葬书,共30种
9	艺术类	艺术一小类	艺术小类分艺术、射、骑、画录、图画、投壶、弈棋、博塞、象经、樗蒲、弹棋、打马、双陆、打球、彩选、叶子格、杂戏格,共17种

序号	类	家	种
10	医方类	医方一小类	医方小类分脉经、明堂针灸、本草、本草音、本草图、本草用药、采药、炮炙、方书、单方、胡方、寒食散、病源、五藏、伤寒、脚气、岭南方、杂病、疮肿、眼药、口齿、妇人、小儿、食经、香薰、粉泽,共26种
11	类书类	类书一小类	类书小类分类书上、类书下两种
12	文类	楚辞、别集、总集、诗总集、赋、赞颂、箴铭、碑碣、制诰、表章、启事、四六、军书、案判、刀笔、俳谐、奏议、论、策、书、文史、诗评二十二小类	其中别集小类分楚、汉、后汉、魏、蜀、吴、晋、宋、齐、梁、后魏、北齐、后周、陈、隋、唐、五代、伪朝、宋、别集诗,共20种

参考文献:①何发苏.四部分类法简论[D].南昌:南昌大学,2005.;②潘淑芳.郑樵文献学思想研究[D].南昌:江西师范大学,2012.

客观地说,以上中国历史代表人物提出的关于科学的分类,多数是图书分类,科学分类与图书分类两者的分类体系与分类方法是不同的。它们既有区别又有联系,区别的是两者的分类对象、分类标准、分类体系和表现形式,及其分类任务与作用。科学分类是将科学知识按照一定的特征和依据进行归类的过程,图书分类是以各种图书资料或情报部门传播的知识为对象对其进行专门的归类。科学分类主要是区分不同的研究领域,划分不同的学科分界,厘清学科间关系,便于人们运用不同的理论与方法对客观事物进行分析,有利于科学知识的传承和创新。图书分类主要是对人类知识和知识传播载体进行分类,便于人们对知识归纳、整理、记载、查找和运用,有利于知识的传承和传播。但科学分类与图书分类两者之间又有着密切的联系,两者相互依存。科学分类总是要反映当代最新的科学研究成果,系统展现科学知识积累现状。图书分类的类目一般是以科学分类作为依据,分类的原则体现科学性,能够反映出各学科门类的关系,体现出各学科的研究对象、研究范围和研究领域,体现出学科间内在联系和关联性、科学知识的系统性与发展性,反映出科学分类的成果。所以在一定程度上,图书分类能够反映科学分类。

第二节　近代科学体系

一般认为,近代科学的开端与世界近代史的开端不同。1543年,哥白尼的《天体运行论》和维萨留斯的《人体结构》两部伟大著作出版,标志着近代科学的开端。从15世纪末开始到19世纪,"随着中等阶级的兴起,天文学、机械学、物理学、解剖学和生理学的研究又重新进行起来。资产阶级为了发展它的工业生产,需要有探索自然物体的物理特性和自然力的活动方式的科学"[①]。由于生产力的巨大发展和人类认识能力的提高,与古代人把自然界作为一个整体加以考察的方法不同,近代的研究者将自然界分为有机的动物界、植物界和无机的矿物界等领域并在整理归类的基础上加以研究,也有研究者从物质或现象的运动形式等方面分门别类地加以探讨,从不同角度和侧面对自然界进行了深入研究和探索,对研究成果进行系统的收集、归纳和整理、概括。近代的这些研究者显然已经淡化了古代科学用整体的研究方法来关注世界的本源和运动的问题,转而将研究的视角移向自然界的那些具有特殊表象、具体现象和本质的问题上来,进而探索他们各自的特殊规律及其相互之间的联系。古代自然科学的研究工作需要依据哲学思辨的方法,需要对自然现象及其运动规律作出种种猜测和假设。近代自然科学研究区别于古代自然科学研究的重要特征在于:不仅依据材料积累、依据实验和观察为基础来探讨自然的现象、表象和规律,还在理论上提出说明和解释。近代自然科学研究的成果主要体现在对自然界及其各种现象、表现、规律的理解和阐释上,在人为控制环境下,将自然现象从实际的技术实践和实际的生产过程中加以提取,从而揭示自然现象背后所隐藏的规律。应该说,实验方法是近代自然科学所开创的。通过实验的分析研究,正是适应时代的需要,以实验为基础的自然科学从此在哲学的怀抱中诞生出来。自然科学的诞生,意味着近代科学向多元化学科发展的基础已经奠定。此后自然科学从综合走向分化,产生了一系列相互独立的学科,科学得到了比较系统和全面的发展。尤其在19世纪,各类学科的分化发展较快,各门学科也快速

---

① 马克思,恩格斯.马克思恩格斯全集(第2卷)[M].中共中央马克思恩格斯列宁斯大林著作编译局,译.北京:人民出版社,1965:163.

形成,科学体系开始膨大并变得复杂起来,这就为近代科学技术的分类奠定了基础。总体而言,分化是近代自然科学的发展态势,也正因为各门学科的快速分化才产生了学科的分类及其研究。因此,如何建构正确的科学体系结构被提到议程上,许多杰出的人物投身于这项工作中。

一、西方近代科学体系

文艺复兴运动揭开了近代欧洲历史的序幕,也带来科学文化革命。文艺复兴运动倡导个性解放,反对愚昧迷信的神学思想,使正处在传统的封建神学束缚中的人的思想慢慢解放,恢复了理性、尊严和思索的价值。提倡科学文化知识,提出"知识就是力量",对当时的政治、科学、经济、哲学、神学世界观都产生了极大影响。它摧毁了僵化死板的经院哲学体系,提倡科学方法和科学实验,反对先验论,认为可靠的知识是来源于实验和理性,欧洲人理性的思维方式和实事求是的取证态度为西方科学的发展奠定了扎实的基础。文艺复兴以后,宗教改革、启蒙运动等思想解放运动打破了天主教会的精神垄断,同时人文主义的发展,使得人们的思想得到解放,尤其是自然科学的研究成果揭示了很多未解之谜,使得科学在社会生活中得到普遍推崇,教育得到普遍重视,各国兴办学校,增设了包括自然科学在内的学习课程,促进了欧洲各个国家民族文化和教育事业的发展。如各国兴办大学、设立专门的学术研究机构、开办学术交流等,强有力地推动了科学技术的发展。这些举措为欧洲近代科学文明的发展创造了有利条件,大批近代科学的巨匠也都是这些大学培养出来的,如弗朗西斯·培根、达·芬奇、哥白尼、维萨留斯、布鲁诺等。除了培养出一批杰出的科学人才外,一批自然科学和人文社会科学的课程在大学得到开设和推广,这些都极大地推动了欧洲近代科学各学科的繁荣发展,加速了近代科学学科体系的建立,同时也促进了对近代科学学科体系的研究。

弗朗西斯·培根(Francis Bacon,1561—1626),英国16世纪重要的思想家、哲学家、文学家和科学家。他在哲学、文学和自然科学领域均颇有建树,提出了"知识就是力量"的口号。在科学研究领域,他总结出很多诸如归纳、比较、分析、实验等科学研究方法,提出了系统的科学研究原则,为西方近代科学的发展提供了方向和动力,因此他被誉为当时英国唯物主义第一创始人。他把科学看作是由历史、诗歌、艺术、哲学等组成的知识体系(表1-14)，其中历史表现了人的理性的记忆能力，艺术、诗歌表现了人的理性的想象能力，哲学表现了人的理性的判断能力。

表1-14　培根从人类理性出发的科学分类体系

人类能力	知识部类	门类		学科
记忆能力	记忆的科学	史学		人类史、自然史
想象能力	想象的科学	艺术与诗歌		
判断能力	判断的科学	哲学	自然学	
			理论部分	形而上学(终极原因)
				物理学(物质运动)
			实用部分	机械学
				化学技术
			数学部分	纯数学、几何学
				算术
				实用数学
			人类学	
			人的身体	医学
			人的精神	逻辑学
				语言学
			人的社会	伦理学
				法学
			神学	

参考文献：①陈克晶，吴大青.自然辩证法讲义(初稿)专题资料之四:科学分类问题[M].北京:高等教育出版社,1980:6-8;②姜振寰.科学分类的历史沿革及当代交叉科学体系[J].科学学研究,1988,6(3):12-23.

克劳德·昂利·圣西门(Claude-Henri de Rouvroy, 1760—1825)，出身豪门，法国19世纪杰出的思想家和科学家。他知识渊博，对自然科学和人文社会科学有着独到的见解。他从客观研究对象出发，"根据自然现象由简单到复杂的发展过程，把自然现象分成以下几类:天文现象、物理现象、化学现象和生理现象;与此相适应，自然科学划分为天文学、物理学、化学和生理学"①。从圣西门的研究体系中不难发现他的思想:在自然科学领域，自然现象与人类认识的顺序是一致的;在社会科学领域，不同的社会阶段表现为不同的社会科学(表1-15)。

---

① 黄顺基.马克思主义哲学与现代科学技术体系[M].北京:科学出版社,2011:6.

表1-15 圣西门从研究对象出发的领域与分类体系

科学	自然领域 (自然科学)	天文现象:天文学
		物理现象:物理学
		化学现象:化学
		生理现象:生理学
	社会领域 (社会科学)	神学阶段:神学
		形而上学阶段:形而上学
		实证阶段:实证科学

参考文献:黄顺基.历史上的科学分类及现代科学技术的新特点[J].辽东学院学报(社会科学版),2009,11(5):1-8.

乔治·威廉·弗里德里希·黑格尔(Georg Wilhelm Friedrich Hegel,1770—1831),德国古典哲学的著名代表之一。在西方哲学领域,黑格尔创立了唯心主义哲学体系,是当时德国古典哲学的集大成者。他认为整个自然的、历史的和精神的世界处于不断运动、变化、转化和发展之中,科学知识乃至科学体系是绝对精神的外化,在绝对精神依次发展的顺序中,各门学科相继地产生出来,并根据臆造的绝对精神的变化进行演变。"绝对精神"的演化从逻辑段开始,发展到自然阶段、精神阶段,绝对精神在逻辑阶段外化为逻辑学,在有机性、物理性、机械性兼而有之的自然阶段则外化为相应的动物学、化学、物理学、化学与数学;在主观与客观演化的精神阶段外化为由宗教、精神现象学、心理学、艺术学等构成的精神哲学(表1-16)。

表1-16 黑格尔从辩证发展思想出发的科学分类体系

科学	逻辑学	存在论:质、量、度
		本质论:本质、现象、现实
		概念论:主观概念、客体、绝对概念
	自然 哲学	机械论(力学):时间空间、物质与运动、绝对力学
		物理论(物理学):普遍个体性物理学、特殊个体性物理学、总体个体性物理学
		有机物理论:地质学、植物学、动物学
	精神 哲学	主观精神(个人意识):灵魂、意识、精神
		客观精神(社会意识):法律、道德、伦理
		绝对精神(绝对意识):艺术、宗教、哲学

参考文献:姜振寰.科学分类的历史沿革及当代交叉科学体系[J].科学学研究,1988,6(3):12-23.

　　弗里德里希·冯·恩格斯(Friedrich Von Engels,1820—1895),德国19世纪杰出的革命家、哲学家和思想家,马克思主义的创始人之一。他高度重视总结自然科学的新成就。《自然辩证法》是后人根据他撰写的札记和片断等手稿整理而成的。该书对自然科学内容和自然科学的产生、发展历史做出了哲学概括,不仅具有哲学属性,而且具有交叉学科的性质。

　　恩格斯以辩证唯物主义观点分析和概括了19世纪自然科学取得的优秀成果,把物质固有次序及其运动形式作为区分和排列各门学科的根据。同时也指出:每一门科学都是分析某一个别的运动形式或一系列互相关联和互相转化的运动形式的,因此,科学分类就是这种运动形式本身依据其内部所固有的次序的分类和排列。这是科学分类史的一次飞跃,为正确建立科学体系结构奠定了理论基础。按照运动形式由低级到高级的发展,恩格斯把运动形式与相应各门学科划分为:"机械运动——力学;物理运动——物理学;化学运动——化学;生命运动——生物学;社会运动——社会科学"(表1-17)。

表1-17　恩格斯从物质固有次序和运动形式出发的科学分类体系

	现实世界的空间形式和数量关系	数学	
科学	机械运动	天文学	固体力学
		力学	流体力学
	物理运动	物理学	力学、热学、电学、磁学、光学
	化学运动	化学	无机化学:电化学、热化学
			有机化学
	生命运动	生物学	植物学
			动物学
			人类学
	社会运动		社会科学

参考文献:① 黄顺基.历史上的科学分类及现代科学技术的新特点[J].辽东学院学报(社会科学版),2009,11(5):1-8.② 黄顺基.钱学森现代科学技术体系思想的产生、发展与科学意义(上)[J].辽东学院学报(社会科学版),2008,10(5):1-11.

　　赫伯特·斯宾塞(Herbert Spencer,1820—1903),19世纪英国哲学家、科学家,被世人誉为"社会达尔文主义之父"。斯宾塞提出的适者生存的社会进化理论对后来的政治、生物、心理甚至宗教等学科的发展起到了积极的影响。他的学术著作《综合哲学体系》（*A System of Synthetic Philosophy*），是以进化论原理作为基础，总结了培根以来的英国经验主义的集大成者。他的科学分类体系是将科学分为三类（表1-18）：即抽象科学、抽象—具体科学、具体科学。第一类抽象科学是关于形式（forms）法则的科学，属于这类的有数学、逻辑学；第二类抽象—具体科学是关于要素（factors）法则的科学，包括力学、物理学、化学、热力学、光学和电学等；第三类具体科学是关于成果（products）法则的科学，包括天文学、地质学、生物学、心理学、社会学等学科。这种分类法简要明确了各门学科的性质，但是第二类的抽象—具体科学划分的标准和意义却不是太明确，学科的归类和层次也不统一。

表1-18　斯宾塞从学科的规律和性质出发的科学分类体系

科学	抽象科学（形式规律）	数学、逻辑学
	抽象—具体科学（要素规律）	力学、物理学、化学、热力学、光学和电学
	具体科学（结果规律）	天文学、地质学、生物学、心理学、社会学

参考文献：姜振寰.科学分类的历史沿革及当代交叉科学体系[J].科学学研究,1988,6(3):12-23.

查尔斯·桑德斯·皮尔士（Charles Sanders Santiago Peirce，1839—1914），美国哲学家、数学家和自然科学家，创造了当时最伟大的科学学术体系。皮尔士的学说成果有着广泛性和原创性，涉足许多领域，如逻辑学、符号学、指号学、语义学、科学哲学、数学哲学、语言哲学以及心灵哲学等。他希望建立一个像亚里士多德那样的哲学，一个能适应于各门学科的科学的逻辑体系。

他认为，科学研究有三大类型：发现型科学、述评型科学、实践型科学。皮尔士对科学研究类型的划分是以科学活动意图为依据，把以探索真理为目的的科学称为发现型科学，或称为启发式科学和解释性科学，我们通常所谓的理论科学大多属于发现型科学，包括数学、哲学和一些特殊科学（含物质科学和精神科学两大类）。实践型科学（或曰应用科学，包括工艺技术），是指带有某种生活用意或以社会生活为对象的研究科学，但这一科学并非纯粹的科学，我们生活中的诸多技术、方法、工作经验的总结等都被皮尔士归类到实践型科学之中。皮尔士的述评型科学包括了科学史、科学自身之分类以及综合形态的哲学。述评型科学介于前两者之间,主要是排列、设计、消化、吸收发现型科学的成果以形成一种有关科学的哲学观(表1-19)。

表1-19　皮尔士从科学研究目的出发的科学分类体系

科学	发现型科学	数学		
		哲学	现象学	
			规范科学	美学
				伦理学
				逻辑学:理论语法、批判学、理论修辞
			形而上学	
		特殊科学	物理科学	理学、化学、地质学、生理学等
			精神科学	心理学、语言学、人类文化学、社会学
	述评型科学	科学史、哲学		
	实践型科学	教学法、锻金术、礼仪学、印刷术、密码破译术、雕刻术、航海术		

参考文献:① 张留华.皮尔士哲学的逻辑面向[M].上海:上海人民出版社,2012.;② 张留华.皮尔士心中的逻辑学:从科学分类法来看[J].昆明学院学报,2011(1):34-39.

威廉·冯特(Wilhelm Wundt,1832—1920),德国著名的心理学家,构造主义心理学的代表人物之一,对生理学和哲学也有深入研究。冯特从研究对象和研究方法出发,把科学分为形式性科学和实质性科学,将数学列为形式科学,而实质性科学则包括除数学之外的科学(表1-20)。

表1-20　冯特从研究对象和研究方法出发的科学分类体系

科学	形式性科学 (先验性的)	数学		
	实质性科学 (经验性的)	自然科学 (间接经验)	现象性	物理学、化学、生物学
			发生性	宇宙发生史、地质学、生物发生学
			体系性	记录天文学、地理学、矿物学、系统动物学、系统植物学
		精神科学 (直接经验)	现象性	心理学、社会学
			发生性	历史学
			体系性	法律学、经济学

参考文献:王维.科学基础论[M].北京:中国社会科学出版社,1996:108.

实质性科学,根据研究对象的差异,将其划分为以社会领域为研究对象的精神科学和以自然物质领域为研究对象的自然科学。根据各自学问的性质,精神科学和自然科学均分为现象性、发生性、体系性三类。

自然科学的现象性包括物理学、化学、生物学;发生性包括宇宙发生史、地质学、生物发生学;体系性包括记录天文学、地理学、矿物学、系统动物学。精神科学的现象性包括心理学、社会学;发生性包括历史学;体系性包括法律学、经济学。

弗里德里希·威廉·奥斯特瓦尔德(Friedrich William Ostwald, 1853—1932),19世纪末和20世纪初著名的哲学家、科学家。他生于拉脱维亚的里加,其双亲是德国移民的后裔。他在少年时代兴趣十分广泛,其中对科学书籍和文学艺术等书籍曾十分迷恋。成人后广泛参与各类社会实践活动,思索和讨论哲学、社会科学和自然科学领域内的问题。1887年9月,他赢得德国莱比锡大学物理化学教授职位,1909年荣获诺贝尔化学奖。进入20世纪,奥斯特瓦尔德将其精力集中在哲学和社会问题的研究上。奥斯特瓦尔德汲取了孔德的等级制度的分类思想,以最普遍的概念创建科学的分类体系——形式科学、物理科学、生物科学三大群(表1-21)。

表1-21　奥斯特瓦尔德从等级和主要概念出发的科学分类体系

科学	形式科学 (主要概念:序)	逻辑,或流形的科学
		数学,或量的科学
		几何学,或空间的科学
		运动学,或运动的科学
	物理科学 (主要概念:能)	化学
		物理学
		力学
	生物科学 (主要概念:生命)	生理学
		心理学
		社会学

参考文献:李醒民.理性的光华:哲人科学家——奥斯特瓦尔德[M].福州:福建教育出版社,1993:73-74.

第一个群是形式科学论及属于所有经验的特征,在这些科学中最普遍的表达和操作的概念是序概念、共轭性概念或函数概念,这些概念涵盖了几何学或空间科学、数学科学、逻辑科学、运动科学。奥斯特瓦尔德分类的第二个群是物理科学群,涵盖了包括化学、物理学和力学在内的科学,在物理科学群中,能(energy)是其主要概念。第三群是生物科学,涵盖生理学、心理学和社会学,它的主要概念是"生命"。

约翰·阿瑟·汤姆生(John Arthur Thomson,1861—1933),20世纪上半期英国生物学家、博物学家。他的《科学大纲》《现代科学》《近代科学的宗教观》《动物生活史》等著作,在科学界有着广泛影响。汤姆生将科学划分为抽象和具体两大类科学,抽象科学包括数学、逻辑学和形而上学等学科;具体科学分为普通科学和附带科学。普通科学包括研究自然界具体问题的物理学、化学和研究生物界具体问题的生物学、心理学、社会学。附带科学包括研究基本科学现象中的一部分特殊的科学;联合几个普通科学上的方法和概念进行特殊研究的联合的科学;将研究成果或多种科学知识运用于各个研究领域的应用的科学三类(表1-22)。

表1-22　汤姆生从等级和主要概念出发的科学分类体系

科学	抽象科学	数学(包括统计学)、逻辑学、形而上学等		
	具体科学	普通科学	物理学、化学(自然界)	附带科学	特殊的科学:矿物学、天文学、气象学、测地学、动物学、植物学、美学、语言学、民族学、制度研究
			生物学、心理学、社会学(生物界)		联合的科学:文化地理学、地质学、生物史学、生物史学、海洋通史、人类通史
					应用的科学:政治经济学、生育学、建筑学、教育学、伦理学、工程学、冶炼学

参考文献:中国科学社编.科学通论[M].2版.唐钺,译.北京:中国科学社,1934:135.

卡尔·毕尔生(Karl Pearson,1857—1936),英国数学家、哲学家,现代统计学的创始人之一,19世纪和20世纪之交罕见的百科全书式的学者,研究领域涉及数学、历史学、社会学、民俗学和工程学等学科,涉足学科十分广泛,且其研究成果对科学界有着一定的贡献和影响。

毕尔生对科学分类素有思考和研究,他与汤姆生一样将科学划分为抽象和具体两类,所不同的是,毕尔生将凡是与科学方法有关的学问都归入到抽象科学中,将与科学内容有关的学问归入到具体科学中。毕尔生在其《科学的规范》一书中对他的科学分类思想和具体分类方法作了具体的论述。毕尔生对科学的分类,凸显了各学科的地位和关系。在抽象科学中,毕尔生又按照时间和空间以及分辨的关系将抽象科学区分开。其中分辨科学包括定性的方法论、逻辑学和拼字学和定量的数学、微积分、统计理论、代数、测量、概率和积分学(表1-23)。

表1-23　毕尔生从科学和科学内容出发的科学分类体系

A 抽象科学 分辨模式	分辨的一般关系 空间和时间独有的关系	定性的	逻辑学,拼字学,方法论	
		定量的	分立的量	算术,代数,测量,误差,概率,统计理论等
			量的变化	函数理论,微分学,或流数理论,积分学等
		空间用定域分辨	定性的(位置)	描述几何学
			定量的(大小)	度量几何学,三角学,测量法等
		时间用序列分辨	定性的	观察和描述理论(与逻辑相关)
			定量的	胁变理论(大小和形状的变化)
				运动学(位置的变化)
B 具体科学 无机现象	已还原为理想运动 精确的物理科学	团块物理学	力学,行星理论,月球理论等	
		分子物理学	弹性,塑性,内聚性,声音,晶体学,地球外形,流体力学,空气动力学,潮汐理论,气体运动论等	
		原子物理学	理论化学,光谱分析,太阳物理学和恒星物理学等	
	还未还原为理想运动 概要的物理科学	以太物理学	与分子无关	辐射理论(光,热,电磁波)
			与分子有关	光,热,电,磁(与分子结构有关),例如弥散,吸收,传输,传导等
		星云理论,行星体系演化,地球的无机演化,地质学,地理学(有时称物理地理学),气象学,矿物学,化学等		

续表

C 具体科学 有机现象	空间(定域)	生命形式的地理分布(生物分布学),习性与地点和气候的关系(生态学),自然史(在古老的意义上)					
	时间(成长或变化)	不再发生状态历史学	一般的物种进化	生命起源(种系发生,古生物学等等),物种起源,自然选择和性选择理论等			
			特殊的物种进化	体格	头盖学,人类学等		
				心理官能	语言史,语言学,哲学史,科学,文学,艺术,等		
				社会建制	考古学,民俗学。习惯史,婚姻史,所有权史,宗教史,国家史,法律史,等		
		再发生状态生物学 动物学、植物学 动物的生物学、植物的生物学	形式和结构	形态学,组织构造学,解剖学等			
			成长和繁殖	胚胎学,性理论,遗传理论等			
			功能和行为	物理的	生理学		
				心理的 心理学	一般的	本能理论,意识的起源等	
					特殊人的	个体	心灵研究,思维心理学
						群体 社会学	道德,政治,政治经济学,法理学等

参考文献:皮尔逊.科学的规范[M].李醒民,译.北京:商务印书馆,2012:366,370,373.

综上所述,近代西方科学对科学体系结构的划分和研究是在占有大量实证材料的基础上展开的,其理论贡献在于对西方自然科学、社会科学及哲学展开分门别类的探讨。随着近代自然科学的发展,近代末期已经在某种程度上完成了物理科学和生物科学等基础性学科的分类。在生物学界的分类中,各种分类是根据科学用途或形态来进行的,卡尔·冯·林奈的分类认为,"即动物界、植物界和矿物界,在界的下面,依次是纲、目、属、种、变种,实现了分类范畴的统一"①。这一时期末,在自然科学方面,如力学、物理学与生物学及数学等,基本的分类框架结构在某种程度上已经构建完成。

二、中国近代科学体系

中国古代科学的发展在某种程度上远远兴盛于西方,而近代科学的发展则随着社会和经济的发展而发生改变。特别在明清时期,中国的科学技术开始落后于西方,这是中国当时统治阶级故步自封的必然结果。应该说,近代中国科学技术的落后是统治阶级仇视商品经济、排斥理性和科学,甚至对科学技术的研究实行垄断所致。如严令禁止民间进行天文学研究,从而失去中国近代科学得以产生的土壤,致使中国近代科学一直停留在古代前科学状态。

古希腊理性化科学强力促进了近代科学的诞生,可以说近代西方科学是在古希腊理性化科学的科学精神、科学方法和理论知识的基础上建立起来的。而我国的古代科学则不然,表现为注重实用型的经验化知识,缺乏理性。近代中国的科技进步较于世界的脚步相对缓慢。但到了后期,尤其是洋务运动时期,中国学习近现代公司体制,在创办洋务企业的同时打开了西学之门,引进了一批近代西方科技成果、加强了中西科学技术交流、派出了第一批中国留学生、开设了各类洋务学堂,将西方近代科学技术纳入其课程体系,推动了近代科学的发展。以致后来爆发了一场崇尚科学、反对封建迷信、猛烈抨击几千年封建思想的文化启蒙运动——新文化运动。提出"德先生"(民主)、"赛先生"(科学)的口号。新文化运动弘扬民主思想、民主政治、科学法则和科学精神,反对封建专制,反对封建迷信和愚昧,加速了中国近代科学的发展,促进了中国近代科学体系的形成。

纪昀(1724—1805),字晓岚,一字春帆,晚号石云,道号观弈道人。清乾隆年间的著名学者,政治人物,直隶献县(今河北献县)人。三十一岁考中进士,为二甲第四名,入翰林院为庶吉士,官至礼部尚书、协办大学士,曾任《四库全书》总纂修官。《四库全书》是我国历史上规模最大的一部丛书。自1772年开始,经十年编写,于乾隆四十六年(1781)汇编成此书,收录古籍文本三

①黄顺基.历史上的科学分类及现代科学技术的新特点[J].辽东学院学报(社会科学版),2009,11(5):1-8.

千多种,装订成三万六千余册,分经、史、子、集四部。概括了清乾隆以前,尤其是元代以前的古籍,对保存和传播中国古代文化典籍具有重要贡献。该书在目录学上影响很大,按四部分类,下设44大类,每大类又分若干小类,小类下又分子目,《四库全书》将"著录书、存目书"逐一撰写提要,是我国四部分类目录的杰出代表,学术价值很高,对弘扬我国历史非物质文化遗产起到了重要作用,在学术上是较为系统的文献工具书(表1-24)。

表1-24　纪昀及其《四库全书总目提要》分类体系

部次	类目	子目
经部 (10大类)	易类	—
	书类	—
	诗类	—
	礼类	周礼、仪礼、礼记、三礼总义、通礼、杂礼书
	春秋类	—
	孝经类	—
	五经总义类	—
	四书类	—
	乐类	—
	小学类	训诂、字书、韵书
史部 (15大类)	正史类	—
	编年类	—
	纪事本末类	—
	别史类	—
	杂史类	—
	诏令奏议类	诏令、奏议
	传记类	圣贤、名人、总录、杂录、别录
	史钞类	—
	载记类	—
	时令类	—
	地理类	宫殿疏、总志、都会郡县、河渠、边防、山川、古迹、杂记、游记、外记
	职官类	官制、官箴
	政书类	通制、典礼、邦计、军政、法令、考工

部次	类目	子目
	目录类	经籍、金石
	史评类	—
子部 （14大类）	儒家类	—
	兵家类	—
	法家类	—
	农家类	—
	医家类	—
	天文算法类	推步、算书
	术数类	数学、占候、相宅、相墓占卜、命书相书、阴阳五行、杂技术
	艺术类	书画、琴谱、篆刻、杂技
	谱录类	器物、食谱、草木鸟兽虫鱼
	杂家类	杂学、杂考、杂说、杂品、杂纂、杂编
	类书类	—
	小说家类	杂事、异闻、琐语
	释家类	—
	道家类	—
集部 （5大类）	楚辞类	—
	别集类	—
	总集类	—
	诗文评类	—
	词曲类	词集、词选、词话、词谱词韵、南北曲

参考文献:四库全书提要[DB/OL].[2015-08-05].http://ds.eywedu.com/sikuquanshu/index.htm.

孙星衍(1753—1818)，字伯渊、渊如，阳湖县（今江苏常州）人。1787年殿试榜眼，曾任翰林院编修、刑部主事、刑部郎中、道台、署理按察使等职。1816年，他主持南京钟山书院。先后主讲泰州安定书院、绍兴书院、杭州诂经精舍等书院。他勤于著述，积累30多年之功力，集古今各经学家成就，汇编成《尚书古今文注疏》。《尚书古今文注疏》的完成标志着清代的古文经学学术成就达到了顶峰。孙星衍因此成为乾嘉学派（古文经学派）的重要代表人物，被誉为"天下奇才"。孙星衍所著的《孙氏祠堂书目》以及《孙氏祠堂书目序》里，着重阐述了自己的十二类目录学思想（表1-25）。

表1-25　孙星衍《孙氏祠堂书目》分类法

类次	类目
经学第一	易、书、诗、礼、乐、春秋、孝经、论语、尔雅、孟子、经义
小学第二	字书、音学
诸子第三	儒家、道家、法家、名家、墨家、纵横家、杂家、农家、兵家
天文第四	天文、算法、五行术数
地理第五	总编、分编
医律第六	医学、律学
史学第七	正史、编年、纪事、杂史、传记、故事、史论、史钞
金石第八	—
类书第九	事类、姓类、书目
词赋第十	总集、别集、词、诗文评
书画第十一	—
说部第十二	—

参考文献:焦桂美.论孙星衍的文献学成就[J].图书情报知识,2006(3):56-59.

曾国藩(1811—1872),初名子城,字伯涵,号涤生,谥文正,汉族,是晚清时期的军事家、政治家和文学家。

经济、义理、考据、辞章四门学问是中国传统的主要学术门类,到清代,"孔门四科"已经发展为"儒学四门",并且得到了清末学人的普遍认同,表明中国传统学术已开始向近代分科性的学术门类演化。在学术理论上,曾国藩对四科学问颇有研究,曾指出:"为学之术有四:曰义理,曰考据,曰辞章,曰经济。义理者,在孔门为德行之科,今世目为宋学者也;考据者,在孔门为文学之科,今世目为汉学者也;辞章者,在孔门为言语之科,从古艺文及今世制义诗赋皆是也;经济者,在孔门为政事之科,前代典礼、政书,及当世掌故皆是也"(表1-26)。这种分类方法有其独特见解,对当时和以后的传统学术均有一定影响。康有为参照曾国藩的四科分类方法将其所传授的知识分为相应的四种,即义理学、经世学、考据与辞章学。康有为在《长兴学记》中曾有描述中国的学问皆包括在四科之中:"周人有'六艺'之学,为公学;有专官之学,为私学,皆经世之学也。汉人皆经学,六朝、隋、唐人多词学,宋、明人多义理学,国朝人多考据学,要不出此四者。"

表1-26　曾国藩的"四科"学科门类分类

序号	门类	主要内容	学科
1	义理	根源是德性之学。包含意义和道理。清儒特别重视宋代程朱的性理之学。以现在的说法,义理指的是儒家思想中关于哲学层面的学问	孔学、佛学、周秦诸子学、宋明学、泰西哲学
2	考据	根源是孔门的文学。论语时代的文学与今日意义不同,指的是研究经籍字句的解释与考证,以准确诠释经籍的意义,并以此为基础,进一步阐释哲学、文学、政治等学问	中国经学史学、万国史学、地理学、数学、格致学
3	辞章	根源是言语之学。比起口头的语言表达能力,后世更扩充至所有艺文作品的创作技法。以现在的说法,言语指的是文学层面的研究	中国辞章学、外国语言文字学
4	经世	根源是政事之学,探讨的是将学术思想落实到政治运作上的方法。字面上取"经世济术"的意思。以现在的说法,经济指以政治学为首,涵盖一切与国计术生有关的学问	政治原理学、中国政治沿革得失、万国政治得失、政治实应用学、群学

参考文献:罗志田.西学冲击下近代中国学术分科的演变[J].社会科学研究,2003(1):107-114.

张之洞(1837—1909),我国晚清时期杰出的政治家和科学家,极力提倡向西方学习科技的洋务派的代表性人物之一。其提出的"中学为体,西学为用"影响深远。1903年,张之洞等人着眼于国家人才培养和教育科学的发展,制定了教育办学制度和章程,对清代教育与科学技术的发展起到了推动作用,如重新修订《钦定高等学堂章程》、建构了我国第一个近代学制——癸卯学制。张之洞引用近代西方科学的分科方案,制定了大学"八科分学"的分科方案(表1-27),首次建立了我国高等教育学科设置体系,将大学的课程设置为经学科、政法科、文学科、医科、格致科、农科、工科、商科八个学科。从上述大学教学课程的八个科目中不难看出,张之洞的学科分类不仅充分吸收了西方的学科分类方法,更重要的是也充分体现了他在效仿西方科学分类的过程中的"西学为用,中学为体"的文化观和传统学术分类思想。

表1-27　张之洞"八科分学"学科门类分类

序号	专科	学科
1	经学科	周易学、尚书学、毛诗学、春秋左传学、春秋三传学、周礼学、仪礼学、礼记学、论语学、孟子学、理学门
2	政法科	政治学、法律学
3	文学科	中国史学、万国史学、中外地理学、中国文学、英国文学、法国文学、德国文学、俄国文学、日本国文学
4	医科	医学、药学
5	格致科	算学、星学、物理学、化学、动植物学、地质学
6	农科	农学、农艺化学、林学、兽医学
7	工科	土木工学、机器工学、造船学、造兵器学、电气学、建筑学、应用化学、火药学、采矿及冶金学
8	商科	银行及保险学、贸易及贩运学、关税学

参考文献:赵灵芝.西方学科分类在中国的引入[D].大连:大连理工大学,2007.

第三节　现代科学体系

19世纪末20世纪初,由于物理学的革命,开辟了科学认识的新领域,使自然科学迈入到现代科学的新纪元。此后,从20世纪40年代开始,很多新兴科技在快速发展的自然科学推动下不断出现,并引发了新一轮科技革命,使得科学、技术和生产的发展紧密联系在一起,形成科学、技术、生产一体化发展态势。也正因为如此,科学技术在生产中的作用和地位得到提升,科学是第一生产力的理念也由此形成。人类社会在进步和发展的同时,面临的问题也层出不穷,如经济发展与环境问题、安全问题等。这些问题以及对此类问题的回答不仅关乎着社会发展及经济文化等能否得到良性发展,而且也涉及人类科学本身及其人文价值问题。这些问题的交织出现呼唤着自然科学、人文社会科学、工程技术科学等之间的发展要联合交叉、加强合作,要为解决社会实践尤其是社会生产实际问题服务。现代科学技术不仅影响着人类经济和社会发展的速度,而且影响着人类社会发展的方向;不仅使得人类生产方式和生活方式发生了质的变化,而且使得人类经济更加繁荣,政治更加民主,社会更加和谐。

科学技术新成果的高速增长,科研的人力、物力、财力投入加大,现代科技成果和各类科技信息的加速发展,科学技术的研究成果在生产社会实践中的运用也更为广泛,其发展速度也更快。社会实践的快速发展和生产的推动,科学技术研究更加关注实验的方法和其数字的精准度,科学技术在宏观上不断拓展,在微观上不断延伸。从空间尺度上看,最大的尺度是宇宙,大约是 10^{26} m(约150亿光年),最小的尺度是夸克,大约是 10^{-20} m;从时间尺度上看,最长的时间是宇宙的年龄,约 10^{18} s(约150亿年),最小的时间间隔是硬 γ 射线的周期,约 10^{-27} s;时空尺度的跨度之大,达数量级为 10^{46} ,最高的速率是光在真空中的速度值,通常表示为 3×10^8 m/s。一方面,随着各门学科的快速发展,人类对客观世界,从宏观到微观,从宇宙天体到细胞、个体生物,从分子到原子、基本粒子的认识逐步深化,新现象的发现、新问题的提出、新规律的揭示、新知识的创造,以及新的理论和方法的建立等等,使得各门科学得以越分越精密,其学科也越来越多。另一方面,各门学科在科学发展中的联系日益加强,新技术与现代科学的联系日益紧密,科学的发展在呈现出高度分化的趋势时,又表现出高度综合的发展态势。分化出的子学科从特定的视角解释事物的本质规律,为现代科学技术的发展提供了新的思想、理论和方法。科学的综合和分化使得传统学科界限不断被打破,各门学科出现互相融合的趋势,各学科之间的鸿沟已经不再像传统科学那样让人一览无遗。横断科学、综合科学和边缘科学就是科学综合和分化而产生的结果,边缘学科的出现使人类研究的理论与实践课题数不胜数,相关的学科门数有五六万个,仅仅在大中小学里讲授的课程就超过了两万门。

随着科学技术发展的日益深入,科学分化与综合的趋势越来越明显,在各国以科技为核心的竞争中,学科发展起着重要的基础性作用,其中,基础学科研究是科学之本、技术之源,是国家综合国力竞争的重要前沿。科学技术的快速发展致使各门学科之间的联系不断加强,跨学科之间和学科内部的交叉和融合不断渗透,各个学科的发展越来越离不开其他学科,科学的这一整体化发展态势使得科学体系形成了一个多层次、多门类、彼此交叉纵横的网状结构。研究科学体系结构、研究学科分类、研究各学科研究规模和发展态势、研究各学科间的相互联系和相互作用,有助于促进学科交叉融合,推动新兴学科、交叉学科不断产生,提升各学科的原始创新能力,促进科研人员、科研管理部门前瞻思考科学发展态势，统筹谋划学科发展未来，对科学体系的建设具有重要意义。关于现代科学体系结构的探索到目前为止，还没有形成统一认识。各国科学家们为此作了多种方案的探索，提出了多种学科分类方法，并在不断地完善着，这里我们列举几种有代表性的观点。

一、国外现代科学的体系

斯特鲁米林(Станинслав Густанович Струмилло,1877—1974)，苏联经济学家、统计学家、教育经济学家、科学院院士。苏联学者斯特鲁米林在《科学和生产力的发展》一文中，提出了科学分类的封闭圆环模型图[①]（图1-1）。他从运动不能脱离物质这一原则出发，以人类研究对象和研究领域为分类依据，将科学分类为：关于认知的科学——哲学、关于社会的科学——社会历史学、关于人的科学——人类学、关于生命的科学——生物学、关于地球的科学——地质学、关于数和量的科学——数学、关于运动的科学——力学、关于物质的科学——物理-化学、关于天体的科学——天文学。并推论出既然物质运动是一个无限封闭的大循环、那么反映这种运动形式的学科，也必然是一个封闭的大圆环，从而确立了各门学科内在的锁链式的联系。

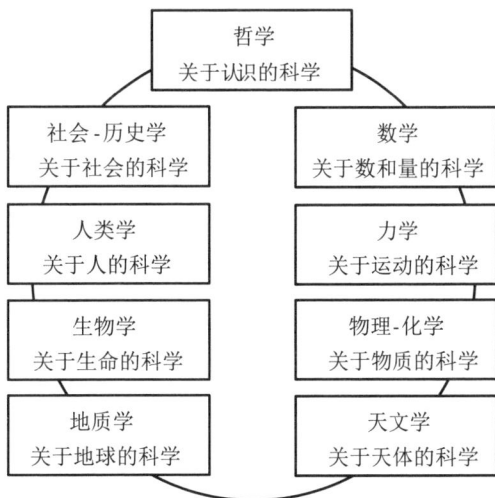

图1-1　科学分类的闭圆环模型

田边元(1885—1962)，日本近代唯心主义哲学家。1901年入东京第一

①刘仲林.现代交叉科学[M].杭州:浙江教育出版社,1998:44.

高等学校,1904年入东京帝国大学理学部数学科,后转入文学部哲学科。毕业后,1913年任东北帝国大学理学部讲师,1919年转任京都帝国大学文学部哲学科副教授。1922年留学德国,接受德国哲学家胡塞尔和海德格尔的思想。回日本后,1927年任京都帝国大学教授,1945年退休。1951年获日本政府授予的文化勋章。曾提出"种的逻辑""忏悔道"等哲学概念。田边元在总结德国科学家关于科学分类体系基础上,对其做了调整和修改,将科学进行多层次、多类型的划分。他将科学分为先验性的数学和自然科学、经验性的文化科学两大类,自然科学又分为组织论性、发生论性、现象论性三类,文化科学又分为个性记忆性、个性记忆兼一般性规则的发展性的两类(表1-28)。他认为精神现象也是根据主观而构成的对象,并不是直接经验本身。相反,在精神的构成中,考虑到物质性的肉体的存在,精神是同物质性自然具有不可分离关系的东西。社会现象同样也是集团性的精神现象,它也是一种离开物质性的制约而不能成立的对象。

表1-28　田边元的科学分类体系

科学	先验性的	自然科学（价值性的、普遍化性的）	组织论性	无机性的	矿物学、岩石学、记述天文学、自然地理学
				数学
				有机性的	植物学、动物学
				精神性的	比较心理学、比较社会学
			发生论性	无机性的	地质学、宇宙发展论
				有机性的	生物发生论
				精神性的	发生心理学、社会进化学
			现象论性	无机性的	物理学
				有机性的	生理学
				精神性的	心理学、社会学
	经验性的	文化科学（有价值关系性的）	个性记忆性的		历史学、人文学、地理学
			个性记忆兼一般性规则的发展性的		法律学、经济学、政治学、宗教学、教育学

参考文献:王维.科学基础论[M].北京:中国社会科学出版社,1996:109-111.

鲍·米·凯德洛夫(B·M·Keipob,1902—1985),苏联最为杰出的科学家和哲学家,他对科学的分类问题有着独到的见解和贡献。凯德洛夫对科学的分类主要是在恩格斯分类基础上,坚持以物质运动形式为标准,结合现代科学发展新成果,提出闭三角形科学体系结构。闭三角形科学体系结构与物质世界发展的形式结构相一致。闭三角形科学体系是依据科学发展的先后顺序为原则,将人类最先发展的自然科学、社会科学和哲学作为三角形的三角,这三类科学之间有着哲学、自然科学、社会科学的一级联系。而在三角形中,他又根据科学发展从高到低的顺序提出了物理化学、生物学和心理学等学科结构层次,这些学科之间有着技术科学、农业科学和医学的二级联系;学科的转化形成三级联系。闭三角形科学体系注重研究对象及运动形式之间的内在联系和转化,同时将辩证法思想引入到科学体系结构中。

宫原将平(1914—1983),日本当代著名的物理学家和科学思想家。1937年毕业于北海道帝国大学理科部物理学科,1943年获北海道帝国大学理学博士,曾任北海道大学教授、中央大学商学部教授。宫原将平在日本学术界颇有影响,具有较高的声誉。他长期从事物理学尤其是磁性问题的研究,取得了一系列重要成果。他在从事物理学研究的同时,还特别注意科学思想方法的研究,撰写了大量论著,对现代科学体系的建立、现代科学分类、科学的统一以及世界观在科学发展中的作用等方面,从不同角度,系统地阐发了他的科学思想方法。他将科学分为哲学科学、数学科学、自然科学和社会科学四大类(表1-29)。在科学分类尤其是在控制论、信息论等"横断科学"与"数学"的具体分析中,能从科学分类的基本原理出发,从理论上作出深刻阐述,同时又紧密联系现代科学发展的实际,从发展的观点出发,用科学事实进行论证,把科学分类的思想建立在当代科学成就的基础之上。因此,他的科学分类思想不仅有独到之处,而且还有坚实的理论基础和很强的说服力。

表1-29　宫原将平的科学分类体系

科学	哲学科学(辩证唯物论)	历史唯物论
		自然辩证法
		认识论、逻辑学
		科学论
	数学科学	数学
		数理逻辑

科学	自然科学	控制论、信息论
		物理学
		化学
		地学
		生物学
	社会科学	—

参考文献:解恩泽.宫原将平的科学思想方法[M].济南:山东教育出版社,1992:148.

邦格(Mario Augusto Bunge,1919—),加拿大哲学家。他关注广阔的知识领域,并试图构筑一个完整的科学知识体系。人们认为邦格是新时代以新的分析方法提出又一种科学知识体系的人。邦格知识渊博、著作甚丰,出版了《科学研究》《科学的唯物主义》等60多部专著与论文集,涉及哲学、物理学、生物学、社会科学、数学方法、系统分析应用等各个领域,并且他的研究成果也为世人共知。

在科学研究领域有着独到见解的邦格认为,形式科学与经验科学是科学体系中的两个主要组成部分。其中,逻辑学和数学构成形式科学;由物理学、化学、生物学、个人心理学等自然学科和由社会心理学、社会学、经济学、政治科学、物质史、思想史等文化学科构成经验科学。数学和逻辑学之所以列入形式科学中,是因其不涉及实在的事物,但在任一学科或领域都将被需要,正是有了逻辑分析和精准的计算才使得我们的经验公式有效准确。而经验科学则涉及实在事物,必须以经验为基础,并以经验为检验公式的依据(表1-30)。

表1-30　邦格的科学分类体系

科学	形式科学	逻辑学
		数学
	经验科学	自然科学:物理学、化学、生物学、个人心理学等
		文化科学:社会心理学、社会学、经济学、政治科学、物质史、思想史等

参考文献:Bunge M. Philosophy of Science, From Problem to Theory, Revised Edition, Vol.I[M]. New Brunswick:Transaction Publishers, 1998.

二、中国现代科学的体系

随着我国科学技术的快速发展,以及学科建设、人才培养、科学规划管理的需要,长期以来我国科学研究人员从多方面对学科分类和科学的体系结构问题进行了大量的有益探索,提出了许多建设性的观点和结构模型。

20世纪80年代初,我国学者陈克晶和吴大青在其著作《自然辩证法讲义(初稿)专题资料之四——科学分类问题》中明确提出了他的科学分类思想。陈克晶和吴大青认为,现代科学体系是由哲学、自然科学、社会科学、思维科学和数学等五个部分构成。他们认为:物质世界的运动,按其矛盾的特殊性,可以分为自然、社会和思维三大领域。自然科学是研究自然界运动现象和规律的科学,社会科学是研究社会活动现象和规律的科学,思维科学是研究思维活动规律的科学。此外,还有研究三大领域共同具有的数量关系的数学以及研究三大领域最一般规律的哲学。每一个大的基本部类又可分为由小的门类和独立的子学科组成的次级分类体系(图1-2)。5大门类学科相互联系、相互渗透,通过边缘学科、横断学科等连接构成一个完整的科学体系。其体系结构及学科与物质世界是对应的关系。

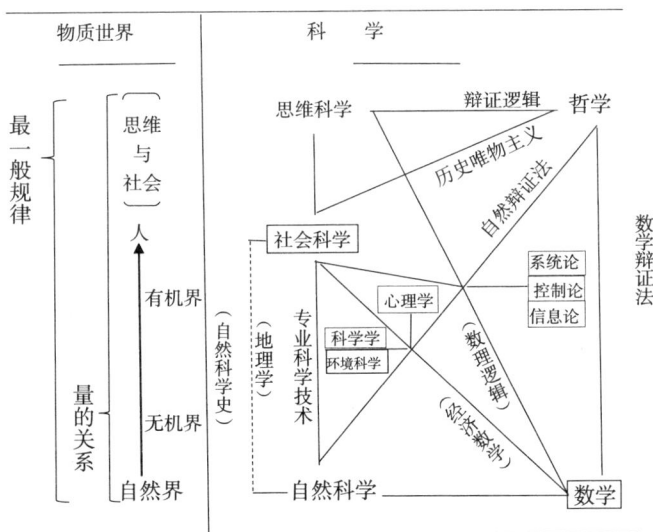

图1-2 陈克晶和吴大青的现代科学总分类示意图

参考文献:陈克晶,吴大青.自然辩证法讲义(初稿)专题资料之四——科学分类问题[M].北京:人民教育出版社,1980:41.

我国著名科学家钱学森对科学分类问题进行了深入系统地研究,他以马克思和恩格斯的科学分类思想为参照,以现代科学发展趋势和技术实践所取得的成绩为依据,提出了科学、技术与工程一体化的科学体系。钱学森从客观世界的技术实践为着眼点或角度,按照从实践到认识的过程,运用系统科学方法分析现代科学技术的体系结构,揭示了现代科学技术发展的整体状况,建立起一个开放复杂的现代科学体系。他将现代科学技术在横向上分成十一大部门,即自然科学、社会科学、数学科学、系统科学、思维科学、人体科学、地质科学、军事科学、行为科学、建筑科学以及文论等。在纵向上,分成前科学、工程科学、技术科学、基础科学等自下向上构成六个学科层次系统(图1-3)。

何钟秀主编的《科学学纲要——理论科学学基础》一书中提出了一个"纵横交错科学体系"(图1-4)。他们认为,作为一种理论知识的科学体系是人们认识客观世界内在规律的有机联系整体,这一整体是通过客观物质世界的系统性和层次性整体呈现出来的。他们认为,现代科学体系是由处在体系上层的自然辩证法、历史唯物主义和精神现象学组成,中层由自然科学各门类、社会科学各门类和精神科学各门类组成,下层是由中层的各个分支学科组成,这三个层次共同构成现代科学体系结构框架,加上数学以及由各门学科的相互联系、相互渗透和转化而形成的交叉或边缘、综合和横向等学科组成一个完整的体系。数学这门学科是反映自然界、人类社会和精神世界中、普遍存在的数和形的抽象关系,它在科学体系中处于一个相对特殊的位置。交叉或边缘学科、综合学科、横断或全向学科主要是研究事物及其运动的特殊矛盾性质和特殊运动形式的科学。"纵横交错科学体系"的优点是解决了哲学要面对的三大领域,体现了哲学是自然知识、社会知识、思维知识的理论概括。

														哲学
马克思主义哲学 —— 人认识客观和主观世界的科学														
性智	量智													
文艺活动		美学	建筑哲学	人学	军事哲学	地理哲学	人天观	认识论	系统论	数学哲学	唯物史观	自然辩证法		桥梁
	文艺理论		建筑	行为	军事	地质	人体	思维	系统	数学	社会	自然		基础理论
														技术科学
	文艺创作		科学	科学	科学	科学	科学	科学	科学	科学	科学	科学		应用技术
实践经验知识库与哲学思维														前科学
不成文的实践感受														

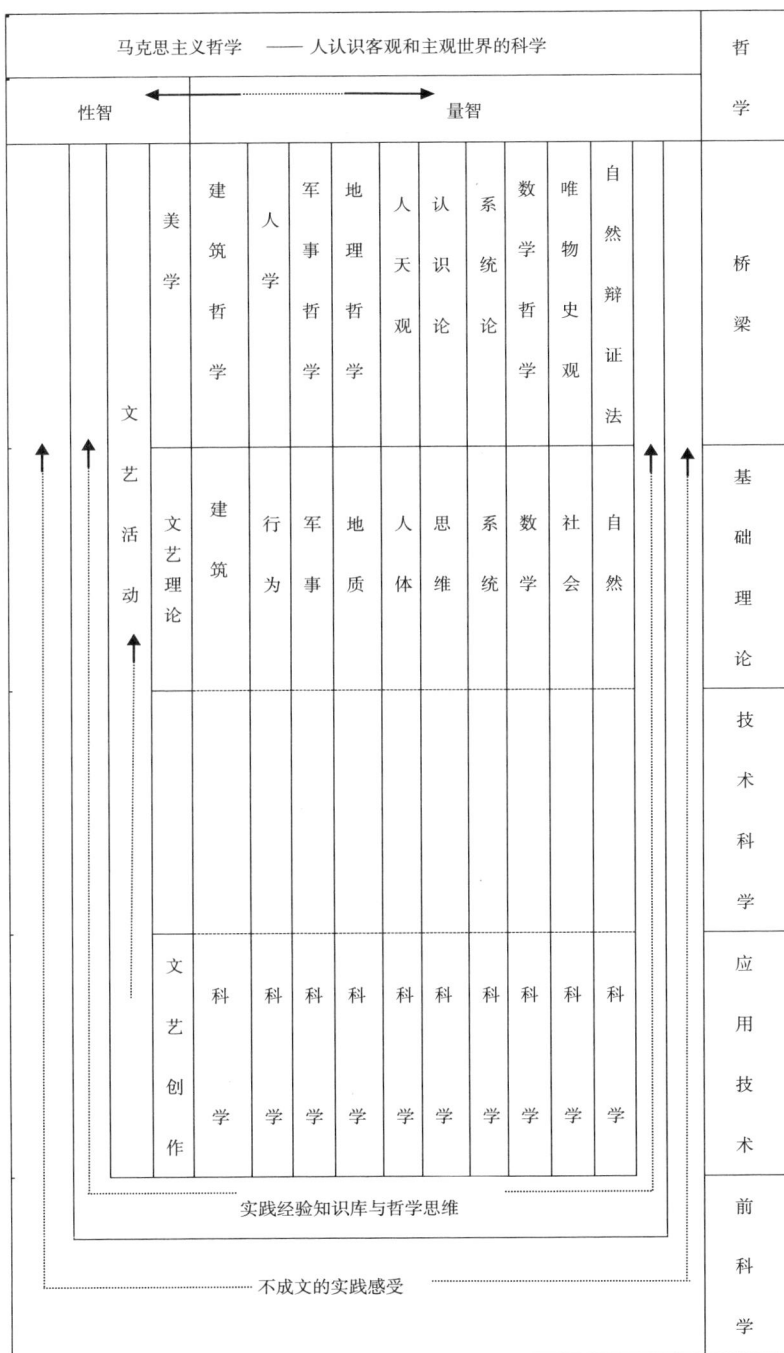

图1-3　钱学森的现代科学总分类示意图

参考文献：黄顺基.马克思主义哲学与现代科学体系[M].北京:科学出版社,2011:35.

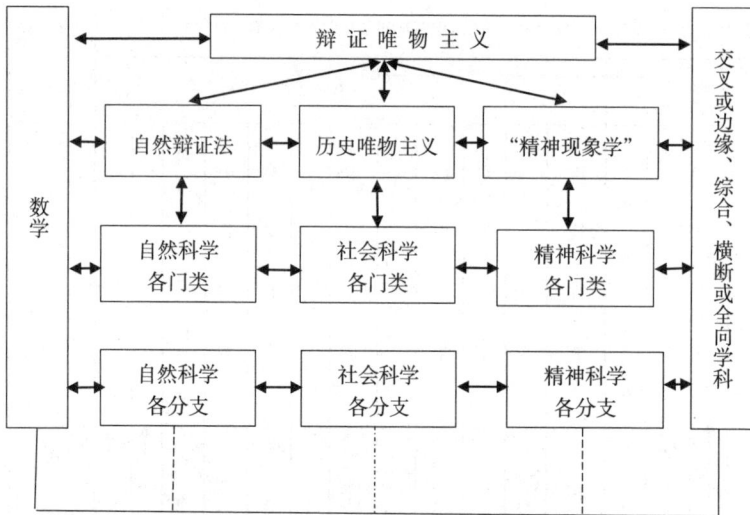

图1-4 纵横交错科学体系

参考文献:何钟秀.科学学纲要:理论科学学基础[M].天津:天津科学技术出版社,1981:41.

杨沛霆等在《科学技术论》一书中也提出,现代科学体系是由基础科学、应用科学和工程技术科学三类科学构成一体的科学体系(图1-5)。基础科学是一般基础理论,分为自然科学、社会科学和在它们之间相互交叉渗透产生的交叉科学和综合科学。生产科学是从生产实践中总结概括出的系统知识,是比较专门的、具体的知识。技术科学是从生产科学中提炼出理论知识,适用于许多专业领域,有着广泛地实践指导意义,是基础科学和生产科学的"桥梁"。马克思主义是哲学概括和指导一切的理论,它通过自然辩证法、社会辩证法(历史唯物主义)将自然科学、综合科学(交叉科学)和社会科学连接起来。杨沛霆强调,在科学技术飞速发展的当今,综合性科学、交叉科学必将形成一组包括环境科学、能源科学、海洋科学、城市科学、体育科学等在内的新兴学科,综合性科学和交叉科学在这个新的科学体系中占有十分重要的地位。

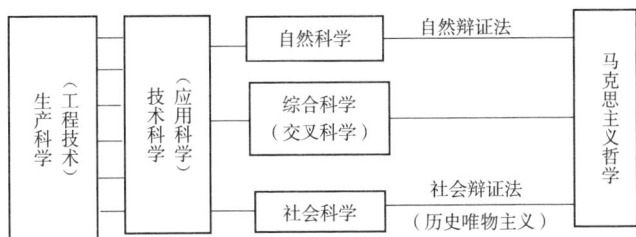

图1-5 杨沛霆的基础—技术—生产科学一体科学工作体系

参考文献:杨沛霆,陈昌曙,刘吉,等.科学技术论[M].杭州:浙江教育出版社,1985:16.

刘仲林在他的《现代交叉科学》一书中提出,现代科学体系是由技术科学、社会科学和自然科学三大科学门类,加上跨三大科学门类形成的交叉科学,共四大门类组成的交叉结构体系(图1-6)。在刘仲林的科学结构体系中有两个特点,一是某一个学科在学科群中有两个或更多的学科归属;二是交叉科学与自然科学、社会科学、技术科学一样作为一个门类独立在科学体系中。这一体系的结构图中,学科门类皆用圆圈来表示。圈中无线条的部分是单学科区域,分自然、社会、技术三大科学门类。有线条的部分组成一个圆圈,即为交叉学科区域。其中虚线区表示各学科门类内部交叉学科,如"物理化学"是自然科学门类内的交叉学科。实线单线条区表示两大学科门类间的交叉学科,如"社会物理学"是自然科学与社会科学两大门类的交叉学科。图中心的实心黑体区表示同时涉及自然、社会、技术三大学科门类的交叉学科,比如环境科学就是属于三大门类的交叉学科之一。从图中可以看出,交叉科学圆与自然科学圆、社会科学圆、技术科学圆均有部分重叠和交叉,交叉部分的学科应该是多个学科交叉融合的结果。

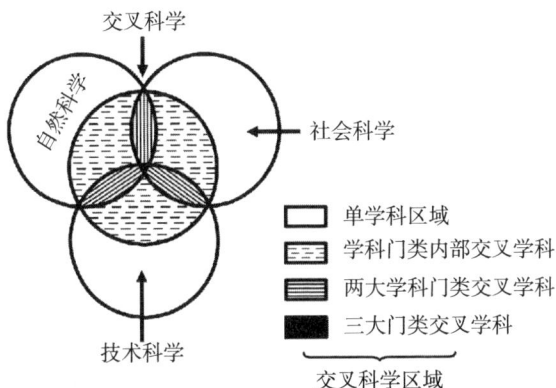

图1-6 刘仲林的现代科学交叉结构体系

参考文献:刘仲林.现代交叉科学[M].杭州:浙江教育出版社,1998:53-54.

许志峰认为科学体系可以从两个角度进行分析。一是从科学的横向上分类,即左右领域划分,科学的横向分类一方面要考虑与客观世界大系统的划分相吻合,另一方面要考虑与人类对客观世界研究的角度相对应。他提出当代人类科学知识体系是由六大科学部类构成,其中四个具体研究部类有自然科学部类、生命科学部类、社会科学部类、思维科学部类,两个抽象研究部类有哲学科学和数学科学。二是从科学的纵向分类,即上下层次划分,它分为科学总体—科学部类—学科类群—基本学科—分支学科—专题研究、交叉研究或边缘学科等六个层次(表1-31)。

表1-31　现代科学体系的纵横结构

序号	类次	类目
0	科学总体	科学(项级父系统)
1	科学部类	自然科学、生命科学、社会科学、思维科学等六个部类
2	学科类群	天体科学、人体科学、经济科学、心理科学等几十个类群
3	基本学科	地质学、预防学、政治学、代数学、法哲学等几百个学科
4	分支学科	火山学、高原学、优生学、灵感学、政策学等几千个分支
5	边缘学科	沙尘暴理论、基因修复理论、创新方法论等几万个科目

参考文献:许志峰,陈质敏,王鹏娟.现代科学技术概论[M].长春:东北师范大学出版社,2006:221-223.

1992年,王续琨和王月晶在《现代科学分类与图书分类体系》一文中提出了"四面体塔杆式"科学体系结构[①](图1-7)。王续琨和王月晶的四面塔杆式现代科学结构是由下端的一个四面体和上端的一个杆形两部分组成,其中自然科学、社会科学、思维科学和交叉科学这四个学科门类构成一个四面体处在结构的下端,而哲学、数学和系统科学自上而下组成一个杆形处在体系结构的上端。王续琨认为,数学科学与系统科学的研究对象都有较高的概括性和抽象性,它们的理论和方法在于自然界、人类社会和思维各个领域均具有普遍适用性。这两个科学部类具有方法性特征,临近哲学科学。在他的科学体系结构中,将系统科学作为介于哲学科学与自然科学、社会科学和思维科学之间的一个独立层次,是四面塔杆式结构的独特之处。

总而言之,本研究通过对古代、近代和现代科学体系演变与发展规律的

① 王续琨,王月晶.现代科学分类与图书分类体系[J].图书与情报工作,1992(2):41-44.

追溯与梳理,揭示了科学体系分类的发展变化规律,以及科学分类思想的形成和发展状况,明确了体育的学术思想与科学理论在科学体系中的地位。

　　结果表明,早在古代,我国教育家、思想家孔子和西方教育家、哲学家亚里士多德等就从教育的视角关注了体育。相对于西方国家而言,在我国古代科学知识分类中,图书的分类更为突出;在近代,科学分类的标准呈现出多样化的特征,众多学者分别运用不同的标准对科学体系进行了分类,我国学者也从科学知识分类的视角对科学体系进行了分类;在现代,科学分类的标准逐渐向分化与综合、交叉与融合的多元化方向发展。

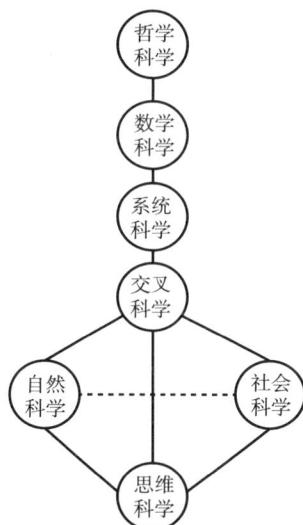

图1-7　"四面体塔杆式"科学体系结构

第二章　现代科学体系的学科分类与应用

　　学科分类的主要目的是便于在科学实践活动中的应用,科学地制定科技政策和发展规划,优化配置科研资源,合理设置体育科研机构,规范管理科学研究活动,便于学术交流与合作。为此,本研究在回顾和梳理了科学体系的演进历史后,从国际组织、各国政府和相关部门制定的关于学科分类的标准、手册等文件入手,系统地梳理了现代科学体系的分类与应用,旨在明确科学的分化与综合过程,科学体系形成与发展的进程,掌握科学体系分类与科学研究活动、科学规划与管理的现状,为体育科学学科体系的构建提供理论支撑。

第一节　国际组织机构的学科分类

　　许多国际组织、各国政府部门和非政府部门从自己的组织职能、业务范围和工作的协调管理出发,制定了一系列的规范性文件及标准、手册等,规范科学组织、规划、科研统计等活动,进一步优化学术交流、合作研究,以及科研成果的信息化管理。其中有一些内容涉及体育科学的学科体系及其学科分类。

一、国际经济合作与发展组织的学科分类

　　出于制定科技政策的需要,科技技术科学领域中的统计工作已日益被世界各国和国际组织所重视。为世界科技统计的规范化和标准化做出大量有益工作的当属国际经济合作与发展组织(Organization for Economic Co-operation and Development,OECD),毋庸置疑,国际经济合作与发展组织对科技统计数据的系统收集和研究处于世界最领先的水平。从20世纪60年代初期至今,该组织先后正式出版了包括《弗拉斯卡蒂手册》《TBP手册》《奥斯陆

手册》《专利手册》《科技人力资源手册》等五本手册。在科学界,这些手册被
誉为《弗拉斯卡蒂系列手册》,涉及科技统计的广泛领域。联合国教科文组
织(United Nations Educational, Scientific and Cultural Organization, UNESCO)
正是在此基础上提出了《科技统计国际标准化建议案》《科技活动统计手册》
《关于科学技术统计国际标准化的建议》,为现代科学的发展与分类奠定了
基础。国际经济合作与发展组织将科学技术体系分为自然科学、工程与技
术科学、医学与健康科学、农业科学、社会科学和人文科学六个主要科学技
术领域(表2-1)。

表2-1　国际经济合作与发展组织的学科分类

编码	学科领域	学科门类
1	自然科学	
1.1		数学和计算机科学
1.2		物理科学
1.3		化学科学
1.4		地学和相关的环境科学
1.5		生物科学
2	工程与技术科学	
2.1		土木工程学
2.2		电气工程学和电子学
2.3		其他工程学科
3	医学与健康科学	
3.1		基础医学
3.2		临床医学
3.3		健康科学(含:体育与健身科学)
4	农业科学	
4.1		农学、林学、渔业学以及相关学科
4.2		兽医学
5	社会科学	
5.1		心理学
5.2		经济学
5.3		教育科学
5.4		其他社会科学
6	人文科学	
6.1		历史学
6.2		语言学和文学
6.3		其他人文科学

参考文献:经济合作与发展组织.弗拉斯卡蒂手册[M].张玉勤,译.北京:科学技术文献出版
社,2010:52-65.

二、《国际十进分类法》中的学科分类

到目前为止,在世界上规模最大、拥有用户最多、影响力最广泛的一类学科分类方法是《国际十进分类法》(Universal Decimal Classification,UDC)。这一分类方法是由比利时科学家奥特莱和拉封丹提出的,该方法的贡献在于类目详细、标引能力较强且组配十分灵活,可以用于机器检索。与单一的手工检索相比有着更大的适应性,无论是单篇文献的分类还是整本成册文献的分类,都适合使用该分类方法。《国际十进分类法》自被提出之后,已被五十多个国家和数万个情报机构采用,很多国家的图书资料上都标记着UDC的分类号。

《国际十进分类法》是学科分类法,通常以当代的学科分类为准,重点放在科学与技术分类上,以自然界的现象作为系统研究的工具,包括植物学及动物学的分类、化学元素表等。有点类似大学里的学术架构,有自然科学、社会科学、文化艺术等学院与系所架构的分类,再细分为物理、化学、政治、经济、法律等学系。《国际十进分类法》是文献分类法,同时也有化学、动物学及植物学等自然现象的完整分类。从书目分类的角度来看,《国际十进分类法》包括探究知识的目标、研究的方法、执业者的训练过程、专业学会、大学里的系所、专业性的信息服务等事项。《国际十进分类法》可以分为两大类:通用分类法,包括所有的学科;专门分类法,针对特定的学科。UDC由主表和辅助表及索引组成,主表分为以下10大类(表2-2)。最新版本的UDC,已将语言、语言学(4)和文学(8)合并成语言、语言学、文学(8),只有9大类。

表2-2 《国际十进分类法》的学科分类

编码	学科门类	编码	学科门类
0	总类、科学和知识	6	应用科学、医学、技术
1	哲学、心理学	7	艺术、娱乐、休闲、体育
2	宗教、神学	8	文学
3	社会科学	9	地理、传记、历史
4	语言、语言学		
5	数学和自然科学		

参考文献:Aida Slavic.Universal Decimal Classification[EB/OL].[2015-07-02].http://www.udcc.org/udcsummary/php/index.php?lang=chi#.

三、《国际文献联合会分类体系》的学科分类

《国际文献联合会分类体系》(Broad System of Ordering,BSO),是联合国教科文组织下属的国际文献联合会制定的学科分类方法,这一学科分类方法主要使用于文献的分类、检索语言间的转换等。该分类体系在20世纪70年代被提出并经过修改后定为《国际文献联合会分类体系》,并成立了由英国科茨、法国洛伊德和捷克的西曼德勒三人组成的新的编辑组。1975年3月完成初稿,1976年3月完成了配有标记符号的修订第一稿,1977年8月完成修订第二稿,附有字顺索引。经试用修改后于1978年3月出版。1979年出版《BSO手册》(在我国又译成《概略分类体系》)。《BSO手册》是一种面向学科的分类体系。1986年发行BSO的机读版,把传统的等级列举式分类法和分面组配式分类法结合起来,使类号既能基本上反映类目的从属关系,又不完全受其严格限制,体现了现代科学的发展现状和发展趋势。标记符号和组配方法简单,易于掌握。由主表、通用分面表(包括情报源类型、时间、地区等3个辅助复分表)和字顺索引组成,共列出9大知识领域,253个主题或学科(相当于主要类目),总计4000多个类目(表2-3)。

表2-3　《国际文献联合会分类体系》中的学科分类

编码	知识领域	主题或学科
1	知识总论	哲学、科学学、逻辑学、数学、计算机科学、信息科学、系统论、方法论
2	科学和技术	物质科学、生命科学、农业科学、环境和自然资源、生物医学科学等
3	教育	学校和学前教育、高等教育、成年和专门教育、职业教育和训练等
4	人类的需要	家政学、工作和业余活动(含:体育与游戏,代码:480)
5	人文科学、文化和社会科学	历史学、地区研究、社会集团和团体、文化人类学、人口统计学、政治科学和政治、行政管理、法律、社会福利、经济学、企业管理
6	技术	技术基础科学、核工程技术、电子和电气技术、热工程和应用热力学、机械工程、环境工程、运输技术及服务、军事科学技术、矿物开采、加工工业、食品和饮料技术、非金属矿物开采、金属工艺、冶金学和金属制品、纺织技术、其他工业技术
7	语言、语言学和文学	语言学、文学、专门语言文学研究

编码	知识领域	主题或学科
8	艺术	音乐、演奏、乐器
9	宗教和无神论	无神论和理性主义、宗教

参考文献：International Federation for Information and Documentation. Broad System of Ordering [EB/OL].[2015-07-02].http://www.ucl.ac.uk/fatks/bso/.

四、《国际教育标准分类法》的学科分类

《国际教育标准分类法(2011年)》于2011年11月由联合国教科文组织大会第36届会议通过,2013年由联合国教科文组织统计研究所出版。《国际教育标准分类法》是"一份供各国和国际上收集、汇编和提出教育统计数字的文件",是一个以教育等级和学科来整理教育课程和相关资格证书的参考分类标准,根据教育的学科来区分学术和专业。《国际教育标准分类法》的附件Ⅳ中列出了"教育的大类和学科"的学科分类体系,设有25个教育学科,组成九大学科专业领域(表2-4)。

表2-4 《国际教育标准分类法》的学科分类

编码	学科专业领域	主要科目
0	普通课程	
01	基础课程	学前、初级、初等、中等教育普通基础课程等
08	识字和识数	简单的和实用的识字和识数
09	个人发展	提高个人技能,如行为能力、智力、个人组织能力、生活方向课程
1	教育	
14	师资培训和教育科学	学前、幼儿园、小学、职业、实用、非职业课目、成人教育、师资培训者及残疾儿童方面的师资培训;普通和专门的师资培训课程;教育科学:非职业和职业课目的课表设置。教育评估,测试与测量,教育研究,其他教育科学
2	人文学科和艺术	

编码	学科专业领域	主要科目
21	艺术	美术:素描、绘画、雕塑;表演艺术:音乐、戏剧、舞蹈、杂技;图形和视听艺术:摄影、电影、音乐制作、广播和电视制作、印刷和出版;设计:工艺技巧
22	人文学科	宗教和神学;外国语言和文化:活的或"死的"语言及其文学、区域研究;母语:通用语言或方言及其文学;其他人文学科:口译与笔译、语言学、比较文学、历史、考古学、哲学、伦理学
3	社会科学、商业和法律	
31	社会及行为科学	经济学、经济史、政治学、社会学、人口学、人类学(不包括体质人类学)、民族学、未来学、心理学、地理学、和平及冲突研究、人权
32	新闻学和信息	新闻学;图书馆员及图书馆学;博物馆员及类似资料库员;文献技术;档案科学
34	商业和管理	零售、市场、销售、公共关系、房地产;金融、银行、保险、投资分析;会计、审计、簿记;管理、公共管理、机构管理、人事管理;秘书及办公室工作
38	法律	地方法官、"公证员"、法律(通法、国际法、劳动法、海事法等)、法学、法律史
4	科学	
42	生命科学	生物学、植物学、细菌学、毒物学、微生物学、动物学、昆虫学、鸟类学、遗传学、生物化学、生物物理学、其他有关学科,不包括临床医学和兽医学
44	自然科学	天文学和空间科学、物理学、其他有关学科、化学、其他有关学科、地质学、地球物理学、矿物学、体质人类学、自然地理和其他地球科学、气象学和其他大气科学包括气候研究、海洋科学、火山学、古生态学
46	数学和统计学	数学、运筹学、数值分析、精算科学、统计学和其他有关领域
48	计算	计算机科学:系统设计、计算机程序、数据处理、网络、操作系统——仅含软件开发(硬件开发应属于工程领域)
5	工程、制造和建筑	

编码	学科专业领域	主要科目
52	工程学和工程行业	工程绘图、机械、金工、电力、电子、电信、能源化工、车辆维护、测绘
54	制造与加工	食品与饮料加工、纺织、服装、鞋袜、皮件、材料(木材、纸、塑料、玻璃等)、采矿和提炼
58	建筑学与建筑工程	建筑学与城镇规划:结构建筑学、景观建筑学、社区规划、图表绘制;建筑、施工;土木工程
6	农业	
62	农业、林业和渔业	农业、作物与畜牧生产、农学、畜牧业、园艺学和园林、林业和林产品技术、自然公园、野生动植物、渔业、渔业科学和技术
64	兽医	兽药、兽医助理
7	卫生和福利	
72	卫生	医学:解剖学、传染病学、细胞学、生理学、免疫学和免疫血液学、病理学、麻醉学、儿科学、产科学与妇科学、内科、外科、神经科学、精神病学、放射学、眼科学;医疗服务:公共卫生服务、卫生学、药学、药理学、疗法、康复、假肢、验光配镜、营养学;护理:基本护理、助产;牙科:牙科助理、口腔卫生、牙科试验室技术员、齿科学
76	社会服务	社会照料:残疾人照料、保育、青少年服务、老年服务;社会工作:咨询、别处未加分类的福利
8	服务行业	
81	个人服务	酒店和餐饮业、旅行和旅游业、体育和休闲、理发、美容及其他个人服务:清洁、洗衣、干洗、化妆、家政学
84	运输服务	航海技术、船舶职员、航海学、空中乘务、空中交通管制、铁路运营、道路机动车辆运营、邮政
85	环境保护	环境保持、控制与保护,空气和水污染控制,劳动保护与安全
86	安全服务	财产和人员保护:警察工作与相关的执法工作、犯罪学、防火与消防、公民安全;军事

参考文献:联合国教科文组织统计研究所.国际教育标准分类法(2011)[S].联合国教科文组织发布,2013.

五、《科学技术领域的国际标准命名法建议》的学科分类

联合国教科文组织1989年发布了《科学技术领域的国际标准命名法建议》(The Proposed International Standard Nomenclature for Fields of Science and Technology)。其主要是对研究论文和学位论文的研究领域进行分类和命名。从《科学技术领域的国际标准命名法建议》这份文件分类的代码和学科分类编排上看,分别用2位数代码、4位数代码、6位数代码将现代科学技术,包括人文社会科学类的所有学科分为门类、一级学科、二级学科3个层次,包括7个门类,24个一级学科(表2–5)。

表2-5 《科学技术领域的国际标准命名法建议》的学科分类

编码	学科门类
11	逻辑
12	数学
21	天文学、天体物理学
22	物理
23	化学
24	生命科学(含:2411.06运动生理学、2411.10肌肉生理学)
25	地球和空间科学
31	农业科学
32	医学科学
33	技术科学
51	人类学
52	人口学
53	经济科学
54	地理学
55	历史学
56	司法科学和法律
57	语言学
58	教育学
59	政治科学
61	心理学

编码	学科门类
62	科学艺术和文学
63	社会学
71	伦理学
72	哲学

参考文献：United nations educational scientific and cultural organization. Proposed international standard nomenclature for fields of science and technology［R］.1989:12.

六、《所有经济活动的国际标准行业分类》的学科分类

《所有经济活动的国际标准行业分类》根据经济活动的种类对经济统计、人口、生产、就业、国民收入和其他领域的数据进行分类。国际上越来越多的国家按照《所有经济活动的国际标准行业分类》调整其国家活动分类，或者能按照《所有经济活动的国际标准行业分类》提供统计数据。它是联合国、联合国工业发展组织、国际劳工组织、联合国粮食及农业组织、联合国教科文组织和其他国际机构在发布和分析统计数据时都采用的基础分类方法。经济和社会事务部统计司2009年出版的《所有经济活动的国际标准行业分类》修订本第4版,将科学研究与发展(代码:72)分为基础研究、应用研究、试验开发三种类型,科学技术活动主要分为自然科学与工程学、社会科学与人文学两大类(表2-6)。

表2-6 《所有经济活动的国际标准行业分类》的学科分类

代码	学科门类
72	科学研究与发展
721	自然科学和工程学的研究及试验发展
7211	自然科学的研究与发展
7212	工程技术的研究与发展
7213	医学的研究与发展
7214	生物技术的研究与发展
7215	农业科学的研究与发展
7216	跨学科的研究与发展,主要是自然科学与工程学
722	社会学和人文学的研究与试验发展

代码	学科门类
7221	社会学的研究与发展
7222	人文学的研究与发展
7223	跨学科研究与发展,主要是社会学与人文学

参考文献:联合国经济和社会事务部统计司.所有经济活动的国际标准行业分类[R].4版.2009.

七、国际权威机构ESI的学科分类

《基本科学指标》(Essential Science Indicators,ESI)数据库由美国科技信息研究所(Institute for Scientific Information,ISI)于2001年推出的。美国科学信息研究所作为一个数据出版公司的基本使命是要全面整理出版全世界最重要和最有影响力的科学研究成果。ISI数据库包括科学、社会科学、艺术和人文科学的16000多种国际期刊、书和各种文献集。ESI是基于科学引文索引(Science Citation Index,SCI)和社会科学引文索引(Social Science Citation Index,SSCI)数据库所收录的全球11380多种学术期刊的计量分析基础上建立的数据库。目前,该数据库被国际学术界广泛运用于评价科学研究绩效、跟踪科学发展趋势。在ESI数据库中,每种期刊只会被分入一个学科;只有被归类为跨学科的Science、Nature与PNAS期刊,会被按照各篇文章的参考文献与引用文献,重新为每篇文章单独分类,但每篇文章仍只会被分类到一个学科。数据库将人类知识共划分22个学科门类(表2-7)。这种非官方的学科分类方式,在全球范围被各国广泛接受,甚至可以说,在某种程度上这种学科分类比官方的分类方式更为权威,更具有影响力。

表2-7 《基本科学指标》的学科分类

学科门类	学科
工学(3)	计算机科学
	工程科学
	材料科学
生命科学(4)	生物与生化
	环境/生态学
	微生物学

学科门类	学科
	分子生物与遗传学
社会科学(2)	一般社会科学
	经济与商学
理学(5)	化学
	地球科学
	数学
	物理学
	空间科学
农学(2)	农业科学
	植物与动物科学
医学(5)	临床医学
	免疫学
	神经科学与行为
	药理学与毒物学
	精神病学/心理学
其他(1)	多学科

参考文献：Institute for Scientific Information.Essential Science Indicators[EB/OL].[2015-08-02].
http://thomsonreuters.com/en/products-services/scholarly-scientific-research/research-management-
and-evaluation/essential-science-indicators.html.

《期刊引证报告》(Journal Citation Reports, JCR)是依据期刊的引用情况进行计量分析后编制的统计报告。它是期刊评价、排名、分类及比较的唯一量化工具，其中期刊影响因子指标具有标杆性质，因而被大学和一些学术机构采用。该指标不仅在一定程度上反映了一本杂志质量的高低，而且也在一定程度上反映了科研工作者的科研水平和学术影响力等，已成为科学研究评估的重要指标之一。全世界几乎所有涉及自然科学、社会科学和技术科学的学科研究领域的学术性期刊均被《期刊引证报告》收录。关于引证报告期刊，其分区影响较为广泛的有两种：一是Thomson Reuters公司制定的分区，一是中国科学院国家科学图书馆制定的分区（简称中科院分区）。它们均基于SCI收录期刊影响因子制定。

中国科学院文献情报中心根据2010年《期刊引证报告》的数据,将学科分为数学、社会科学、生物学、物理学、化学、医学、地学、环境科学、农林科学、工程技术、地理天文、管理科学、农业和综合类14个大类,174个小类。2011年《期刊引证报告》分为176个学科分类,体育科学被单独列为一个小类。报告中每种期刊属于一个或多个不同的学科类目,大类学科与小类学科并不是从属、包含的对应关系,期刊的学科归属是以期刊所刊载文章的研究内容和性质归类排列的,在不同类目中都可能有研究体育运动的期刊,而体育运动类的期刊则归类到医学、社会科学、工程技术、生物学等大类学科中(表2-8)。

表2-8　《期刊引证报告》体育科学类期刊的归类

序号	刊名全称	ISSN	小类名称	大类名称
1	American Journal of Sports Medicine	0363-5465	运动科学	医学
2	Exercise and Sport Sciences Reviews	0091-6331	运动科学	社会科学
3	Proceedings of the Institution of Mechanical Engineers Part P-Journal of Sports Engineering and Technology	1754-3371	运动科学	工程技术
4	Biology of Sport	0860-021X	运动科学	生物

资料来源:http://www.gums.ac.ir/Upload/Modules/Contents/asset26/scientometry/Impact_Factor_2011.pdf

第二节　其他国家高等教育学科专业设置与学科分类

高等教育要实现人才培养、实施教育管理、指导学生就业、分配教育资源就需要一个统一规范的学科专业目录来作为一系列工作的依据。学科专业目录规定着学科专业的划分、规定着其名称及所属门类,因此,学科专业目录的设置在某种程度上反映着学科及其所属门类的划分。

学科是专业的基础,专业设置与划分必须考虑学科发展的逻辑。学科与专业虽然是两个不同的概念,但两者在逻辑上有着一致的联系。不同之处在于专业的设置更多地考虑社会分工,是以社会实践的发展需要来考量的。但总的来说,专业是以学科知识为基础的,在某种程度上专业教育也是学科知识的习得过程,越是层次高的高等教育就越是注重学科性。即便如此,专业与学科之间并非完全是一一对应的关系。有些专业对应的是一个学科,有些专业对应多个学科。专业目录中的框架体系,在某种程度上反映出学科分类体系。世界各国的教育规划统计的主管部门都制定了本国的学科专业目录或学科、专业、学位设置等的规范性的文件。

一、美国高等教育学科专业设置与学科分类

20世纪80年代,美国教育部颁布了高等教育学科专业分类系统(Classification of Instructional Programs, CIP),该目录经过多次修订后逐渐完善。CIP-2000是2000年修订的版本(表2-9)。CIP主要运用于各类教育统计,被教育部门和政府机构接受。它在研究生、本科生专业以及职业教育技术专业的目录资料的收集与整理被广泛采用,并在各类高校的教育规划和整体布局等方面发挥了不可替代的作用。

CIP-2000将学科专业分为交叉学科、人文科学、社会科学、理学、工学、医学、工商管理、教育学、农学、法学、建筑学、艺术学、公共管理、新闻学、图书馆学、神学、职业技术等17个学科类别和三十多个学科群。美国的高等教育主要包括应用型教育、学位型教育和学术型教育等部分。美国高等教育中的专业设置结构合理,具备了发展性,同时也考虑到学科的特征与未来的发展空间。

表2-9 美国高等教育学科专业设置与学科分类

序号	CIP-2000学科群名称	所含学科数	学科大类	备注
1	交叉学科	21	22 交叉学科	学术型学位教育为主
2	文理综合	1		
3	英语语言文学	8	28 人文科学	
4	外国语言文学	17		
5	哲学与宗教	3		
6	社会科学	12	39 社会科学	
7	心理学	23		
8	历史学	1		
9	区域、种族、文化与性别研究	3		
10	自然科学	7	35 理学	
11	计算机与信息科学	11		
12	数学与统计学	4		
13	生物学与生物医学科学	13		

序号	CIP-2000学科群名称	所含学科数		学科大类	备注
14	工学	34	34	工学	应用型与专业学位教育为主
15	医疗卫生与临床科学	34	34	医学	
16	工商管理学	21	21	工商管理	
17	教育学	15	15	教育学	
18	农学与农业经营	14	20	农学	
19	自然资源与保护	6			
20	法学与法律职业	5	5	法学	
21	建筑学	8	8	建筑学	
22	艺术学	9	9	艺术学	
23	公共管理与社会服务	6	6	公共管理	
24	传播与新闻学	6	6	新闻学	
25	图书馆学	3	3	图书馆学	
26	神学	7	7	神学	
27	工程技术	17	70	职业技术	职业技术教育为主
28	科学技术	4			
29	通信技术	4			
30	精密制造技术	6			
31	军事技术	1			
32	机械与维修技术	7			
33	建造技术	7			
34	交通与运输服务	4			
35	家庭科学	9			
36	公园、娱乐、休闲、健身 (含:31.05健康、体育教育/健身)	4			
37	个人与烹饪服务	4			
38	安全与防护服务	3			

注:"学科群"和"学科"分别是CIP目录中两位数和四位数代码表示的学科领域。"学科大类"根据美国的国家教育统计中心、国家自然科学基金会和国家科学院等权威机构统计口径及世界著名大学的院系设置统计等划分。

参考文献:National Center for Education Statistics.. Classification of Instructional Programs (CIP 2000)[EB/OL].[2015-07-08]. https://nces.ed.gov/pubs2002/cip2000/.

二、英国高等教育学科专业设置与学科分类

英国大学招生委员会与教育统计处这两个负责英国高等教育学科门类的机构,在2002年协作研究制定出符合本国教育的学科专业分类体系,这个在英国广泛应用的学科专业体系被称为联合学术编码系统(The Joint Academic Coding System,JACS)。JACS学科专业分类体系是指导英国高等教育学科专业设置的规范性文件,普遍适用于普通高等教育乃至研究生教育。

JACS由20个学科群构成,这20个学科群中的每一学科均下设一个或多个一级学科和二级学科,JACS学科群及其下属的一级学科和二级学科构成了一个分等级的学科专业分类体系。在这一学科分类体系中,学科群下设的一级学科共计159个,二级学科分得更为详细,共计654个(表2-10)。而在学科群的一级学科中,文科类的个数占一半以上,为80个。

表2-10 英国高等教育学科专业设置与学科分类

JACS学科群	一级学科数	二级学科数
A 医学和亚裔	6	未细分
B 医学	10	44
C 生物科学(含:C600体育与运动科学)	10	54
D 农学及相近科目	9	34
F 自然科学	10	45
G 数学和计算机科学	9	40
H 工程	10	49
J 技术	8	33
K 建筑学,建筑和规划	6	21
L 社会学	9	42
M 法律	4	12
N 商务和管理研究	10	34
P 大众传媒和文件	7	15
Q 语言学,著名及相近科目	10	47
R 欧洲语言文学及相近科目	8	32
T 东方、亚洲、非洲、澳洲语言,文学及相近科目	9	36
V 历史和哲学研究	8	43
W 创造艺术和设计	10	53
X 教育	5	19
Y 综合学科	1	未细分

参考文献:①Higher Education Statistics Agency.The Joint Academic Coding System(JACSVersion 3.0)[EB/OL].[2016-07-05].https://www.hesa.ac.uk/jacs.②许为民,张文军,林伟连,等.英国学科门类设置情况[EB/OL].[2016-07-05].http://wenku.baidu.com/view/8cb8d03679563c1ec5da713a.html? re =view.

三、德国高等教育学科专业设置与学科分类

德国在2004年制定并颁布了高等院校学科专业目录,该目录由专业群、学习范围和学习专业三个部分组成,与此相对应的是由专业群、教学与研究范围和专业领域三个部分组成的对照表。对照表将学科专业分为专业群(学科门类),学习范围、教学与研究范围(一级学科),学习专业、专业领域(二级学科)三大类。其中学科门类10大类,58门一级学科,560门二级学科(表2-11),尤其特别之处是对照表将体育、体育科学单独列为学科门类,这也是世界发达国家中唯一将体育、体育科学单独列为学科门类的高等院校学科专业门类设置。

表2-11 德国高等教育学科专业设置与学科分类

编码	专业群、学习范围和学习专业	编码	专业群、教学与研究范围和专业领域
01	语言和文化科学	A	语言和文化科学
02	体育(98体育教育学、029体育科学)	0	体育(含:2000一般体育科学、2005体育单项教学法、2010运动医学、2011体育教育学、2030运动场地)
03	法学、经济科学和社会科学	1	法学、经济科学和社会科学
04	数学,自然科学	2	数学,自然科学
05	医学/健康科学	3	医学/健康科学
06	兽医学	4	兽医学
07	农学、林业学和营养科学	5	农学、林业学和营养科学
08	工程科学	6	工程科学
09	艺术,艺术学	7	艺术,艺术学
10	学习范围之外	8	高校中央机构

参考文献:萧蕴诗,金秀芳,胡春春,等.德国学科门类设置情况[EB/OL].[2015-08-02].http://wenku.baidu.com/view/ 233ca34ac850ad02de804198.html.

四、俄罗斯高等教育学科专业设置与学科分类

2000年3月,俄罗斯联邦教育部根据本国教育的需要,重新制定和颁发了新的高等教育学科专业及其方向目录,新的目录与以往相比作了较大的调整。新目录分三个组成部分:第一部分主要是培养学士和硕士的方向目录,共五大

类,分95个方向,这一方向主要涵盖了数学与自然科学类、教育类、社会与人文类、农业类、技术科学类;第二部分是培养文凭专家的专业目录,该目录中涵盖自然科学、教育科学等170个专业;第三部分是培养文凭专家的方向目录,共84个专业方向,主要是以工艺类、艺术类、语言类和信息类为主(表2-12)。

表2-12 俄罗斯高等教育学科专业设置与学科分类

编码	Ⅰ培养学士和硕士的方向目录	
编码	学士和硕士培养方向种类和名称	职业教育等级种类及学位名称
510000	自然科学与数学	17个方向
520000	人文与社会—经济科学 (含:体育521900)	24个方向 (2—体育学士 3—体育硕士)
540000	教育科学	7个方向
550000	技术科学	38个方向
560000	农业科学	9个方向
编码	Ⅱ培养文凭专家的专业目录	
编码	培养文凭专家的专目录种类与名称	职业教育等级种类与技能名称
010000	自然科学专业	39个专业
020000	人文—社会专业(含:体育与运动022300;被改编的体育022504)	20个专业(3—体育与运动专家;3—改编的体育专家)
030000	教育学专业(含:体育教育033100)	30个专业(含:3—体育教育学家)
040000	医学专业	9个专业
050000	文化与艺术专业	30个专业
060000	经济与管理专业	13个专业
070000	信息安全性领域中的专业	6个专业
160000	军事专业	根据《军队义务和兵役法》规定
230000	服务专业	3个专业
310000	农村市场经济领域中的专业	5个专业
350000	跨学科专业以及信息安全领域中专业	15个专业
编码	Ⅲ培养文凭专家的方向目录	
编码	培养文凭专家的方向种类与名称	与OKCO相适应的职业教育等级种类与技能名称
620000	语言学与信息学	2个方向
630000	艺术与建筑学	2个方向
650000	技术与工艺(含:运动与航海控制系统652300)	77个方向
660000	农业	3个方向

参考文献:王树国.俄罗斯学科门类设置情况[EB/OL].[2015-08-02].http://wenku.baidu.com/view/80472e8da0116c175f0e4898.html.

五、澳大利亚高等教育学科专业设置与学科分类

1998年澳大利亚国家统计局发布了《研究领域、课程和学科分类代码》（Research Fields, Courses and Disciplines Classification, RFCD），2008年进行了修订。这种分类法适用于科学研究领域、高等教育课程，以及其他活动的学科分类需要。RFCD依据科学研究的领域和层次将全部学科分为：大类、一级学科、二级学科3个层次，共24大类，139个一级学科和898个二级学科（表2-13）。在医学和健康科学大类设有一级学科人体运动与体育科学（代码：3214）。

表2-13　澳大利亚高等教育学科专业设置与学科分类

大类	一级学科	二级学科
科学总论	1	—
一般人文社会科学与艺术	1	—
数学科学	3	30
物理科学	6	23
化学科学	7	46
地球科学	7	42
生物科学	9	62
信息，计算机和通信科学	6	47
工程技术	18	105
农业，兽医和环境科学	10	65
建筑，城市环境和建筑	3	12
医学和健康科学（含：3214人体运动与体育科学）	14	113
教育	4	26
经济学	5	30
商业，管理，旅游及服务	7	49
政策和政治学	3	12
研究人类社会	7	33
行为和认知科学	4	27
法律，司法和执法	5	40
新闻学图书馆学及馆藏研究	4	11
艺术	5	22
语言与文化	4	54
历史与考古	3	22
哲学与宗教	3	27

参考文献：Australian Bureau of Statistics. Research Fields, Courses and Disciplines Classification (RFCD 2008) [EB / OL]. [2015-08-05]. http://www. abs. gov. au / ausstats / abs@. nsf / 0 / 4AE1B46AE2048A28CA25741800044242.

六、日本高等教育学科专业设置与学科分类

在日本高等院校学科划分中存在着不同的学科分类方法。1992年修订学位规则前的博士学位种类有19种：学术学、文学、教育学、神学、社会学、法学、政治学、经济学、商学、经营学、理学、医学、齿学、药学、保健学、工学、农学、兽医学、水产学。1992年修订学位规则前的硕士学位种类有27种：学术学、文学、教育学、神学、社会学、国际学、法学、政治学、行政学、经济学、商学、经营学、理学、医科学、齿科学、药学、看护学、保健学、卫生学、营养学、工学、农学、兽医学、水产学、家政学、艺术学、体育学。2003年11月28日，日本中央教育审议会专门召开了关于大学分科的会议，将学科大类划分为文学、教育学、社会学、法学、经济学、理学、医学、齿学、药学、保健卫生学、工学、农学、家政学、美术、音乐、体育学、兽医学17大类。但近年来，又将学科专业领域做了调整，设置人文科学、社会科学、工学、理学、农学、医疗和看护、家政和生活科学、教育学、艺术学9个学科专业领域，下设1250多个学科专业（表2-14）。

表2-14　日本高等教育学科专业设置与学科分类

序号	学科领域	学科方向	包含学科数
1	人文科学学科领域	—	约220个学科
2	社会科学学科领域	—	约220个学科
3	工学学科领域	—	约340个学科
4	理学学科领域	—	约90个学科
5	农学学科领域	—	约110个学科
6	医疗、看护学科领域	—	约55个学科
7	家政、生活科学学科领域	—	约50个学科
8	教育学科领域	1.培养教员方面的学科； 2.体育学方面的学科； 3.教育学方面的其他学科。	约85个学科， 其中包括16个学科。
9	艺术学科领域		约有80个学科

参考文献：日本文部科学省.日本学科系统分类表：1大学（学部）教育[EB/OL].[2015-07-20]
http://www.mext.go.jp/b_menu/toukei/001/06121219/006/001/009.htm.

第三节　中国现代科学体系的学科分类与应用

一、《学科分类与代码》(GB/T 13745-2009)的学科分类

《学科分类与代码》是基于一定原则对科学体系按其内在联系加以归类并以符合逻辑的排列形式表述出来,且赋予代码的一种分类方法。对学科进行科学的分类并编制代码是学科发展、教育发展以及科学技术统计等工作的重要依据,因此,学科分类与编码在学科发展中有着特殊的地位和作用。世界各国都非常重视科学分类的标准化工作,先后制定适合本国实际的学科分类和代码标准。我国1992年首次发布国家标准《学科分类与代码》(GB/T 13745-1992),2009年进行了第一次修订。在新修订的国家标准《学科分类与代码》(GB/T 13745-2009)中,依据学科的研究特征、研究方法、研究对象、研究目的、研究目标等将学科划分为自然科学、农业科学、医药科学、工程与技术科学、人文与社会科学五个门类,体育科学归属在人文与社会科学门类之下(表2-15)。

表2-15　《学科分类与代码》(GB/T 13745-2009)的学科分类

学科门类		一级学科		二级学科	三级学科
代码	学科名称	代码	学科名称	737	2742*
A (110～190)	自然科学 (下设9个 一级学科)	110	数学	25	148
		120	信息科学与系统科学	6	19
		130	力学	11	65
		140	物理学	16	107
		150	化学	13	62
		160	天文学	15	60
		170	地球科学	12	110
		180	生物学	21	199
		190	心理学	17	53
B (210～240)	农业科学 (下设4个 一级学科)	210	农学	8	68
		220	林学	13	36
		230	畜牧、兽医科学	4	40
		240	水产学	11	7

学科门类		一级学科		二级学科	三级学科
代码	学科名称	代码	学科名称	737	2742*
C （310~360）	医药科学 （下设6个 一级学科）	310	基础医学	16	24
		320	临床医学	22	75
		330	预防医学与公共卫生学	24	4
		340	军事医学与特种医学	3	17
		350	药学	9	0
		360	中医学与中药学	5	42
D （410~630）	工程与技 术科学 （下设24个 一级学科）	410	工程与技术科学基础学科	15	13
		413	信息与系统科学相关工程与技术	5	27
		416	自然科学相关工程与技术	6	40
		420	测绘科学技术	7	26
		430	材料科学	13	36
		440	矿山工程技术	16	19
		450	冶金工程技术	10	19
		460	机械工程	9	33
		470	动力与电气工程	6	47
		480	能源科学技术	9	18
		490	核科学技术	17	26
		510	电子与通信技术	8	34
		520	计算机科学技术	7	45
		530	化学工程	20	47
		535	产品应用相关工程与技术	4	24
		540	纺织科学技术	8	24
		550	食品科学技术	8	24
		560	土木建筑工程	12	51
		570	水利工程	13	26
		580	交通运输工程	9	25
		590	航空、航天科学技术	13	44
		610	环境科学技术及资源科学技术	5	27
		620	安全科学技术	11	58
		630	管理学	12	47

续表

学科门类		一级学科		二级学科	三级学科
代码	学科名称	代码	学科名称	737	2742*
E (710～910)	人文与社会科学(下设19个一级学科)	710	马克思主义	7	0
		720	哲学	10	66
		730	宗教学	19	48
		740	语言学	10	79
		750	文学	25	29
		760	艺术学	12	35
		770	历史学	14	83
		780	考古学	7	26
		790	经济学	36	169
		810	政治学	5	46
		820	法学	5	39
		830	军事学	13	47
		840	社会学	20	52
		850	民族学与文化学	9	15
		860	新闻学与传播学	7	40
		870	图书馆、情报与文献学	6	37
		880	教育学	17	0
		890	体育科学	13	0
		910	统计学	8	15

参考文献：国家质量监督检验检疫总局，国家标准化管理委员．国家标准《学科分类与代码》(GB/T 13745-2009)[S]．北京：中国标准出版社，2009．

二、《中国图书馆分类法》的学科分类

《中国图书馆分类法》是我国1949年后编制出版的一部具有代表性的大型综合性分类法，是当今国内图书馆使用最广泛的分类法体系。1975年《中国图书馆分类法》第一版出版，2010年《中国图书馆分类法》第五版出版。通过多次修订改版，《中国图书馆分类法》全面补充新主题、扩充类目体系，增强类目的扩容性和分类的准确性，使分类法跟上科学技术发展的步伐。《中国图书馆分类法》以科学分类为依据，体现出科学分类体系所反映的各学科发展现状，以及学科间的联系和关联性，所以在一定程度上，《中国图书馆分类法》能够反映科学分类。《中国图书馆分类法》以科学分类为基础，结合图

书资料的内容和特点,采取从总到分的方法,充分反映了新学科和新事物,《中国图书馆分类法》将图书分为马列主义、毛泽东思想,哲学,社会科学,自然科学,综合性图书5大部类,22个基本大类(表2-16)。

表2-16 《中国图书馆分类法》的学科分类

基本部类	编码	学科类目
马列主义、毛泽东思想	A	马克思主义、列宁主义、毛泽东思想、邓小平理论
哲学	B	哲学、宗教
社会科学	C	社会科学总论
	D	政治、法律
	E	军事
	F	经济
	G	文化、科学、教育、体育(含:G80体育理论等学科)
	H	语言、文字
	I	文学
	J	艺术
	K	历史、地理
自然科学	N	自然科学总论
	O	数理科学和化学
	P	天文学、地球科学
	Q	生物科学
	R	医药、卫生
	S	农业科学
	T	工业技术
	U	交通运输
	V	航空、航天
	X	环境科学、安全科学
综合性图书	Z	综合性图书

参考文献:中图分类号查询[EB/OL].[2015-08-03].http://www.ztflh.com/.

三、我国高等教育学科专业设置与学科分类

高等教育学科专业目录是培养人才、组织教学、加强学科专业建设等工作的重要依据,是国家学位委员会评议学科和专业范围划分的依据,在人才培养和学科建设中发挥着指导作用和规范功能,也是社会用人单位选用高等学校毕业生的重要参考。我国教育部门分别制定颁布了《普通高等学校本科专业目录》《授予博士、硕士学位和培养研究生的学科、专业目录》《普通高等学校高职高专教育指导性专业目录》《学位授予和人才培养学科目录》。我国高等学校学科专业设置分多个门类、多个层次,对学科门类的归类既符合教育分类统计的原则,也兼顾了学科发展与我国社会对人才培养的现实需求。在学科层次的设置上体现了学科属性归类的原则,即将具有共同研究领域和共同理论基础的学科归置为一级学科,二级学科是组成一级学科的基本单元。我国高等教育的人才培养、学科管理、学位授予等工作正是建立在其学科专业设置基础上,尤其是以其学科门类和一级学科为基本依据。二级学科是学位授予单位实施人才培养的参考依据。为推动科学技术进步和社会的全面发展,国家教育主管部门每十年对学科专业目录中的一级学科进行修订和完善。《普通高等学校本科专业目录(2012年)》和《学位授予和人才培养学科目录(2011年)》明确提出本科目录和研究生目录的学科门类一致,一级学科原则上一致。《学位授予和人才培养学科目录(2011年)》分设了13个学科门类,本科专业目录中未设军事学学科门类,但预留了其代码11(表2-17)。《普通高等学校高职高专教育指导性专业目录(2004年)》原则上专业大类对应产业、专业类对应行业、专业对应职业岗位群(技术领域)。分设19个大类,下设78个二级类,共532种专业。

表2-17 我国高等教育学科专业设置与学科分类

《普通高等学校高职高专教育指导性专业目录(2004年)》		《普通高等学校本科专业目录(2012年)》		《学位授予和人才培养学科目录(2011年)》			
				学术型		专业硕士	
代码	学科专业	代码	学科专业	代码	学科专业	代码	学科专业
		01	哲学	01	哲学		
62	财经	02	经济学	02	经济学	0251、0252、0253、0254、0255、0256、0257	金融、应用统计、税务、国际商务、保险、资产评估、审计
68、69	公安、法律	03	法学	03	法学	0351、0353、0353	法律、社会工作、警务
66	文化教育	04	教育学	04	教育学	0451	教育
660211	体育教育	0402	体育学类	0403	体育学类	0452	体育
67	艺术设计传媒	05	文学	05	文学	0551、0552、0553	翻译、新闻与传播、出版
		06	历史学	06	历史学	0651	文物与博物馆
		07	理学	07	理学		
52、54、55、56、57、58、59、60、61	交通运输、资源开发与测绘、材料与能源、土建、水利、制造、电子信息、环保、气象与安全、轻纺食品	08	工学	08	工学	0851、0852、0853	建筑学、工程、城市规划

续表

《普通高等学校高职高专教育指导性专业目录（2004年）》		《普通高等学校本科专业目录（2012年）》		《学位授予和人才培养学科目录（2011年）》			
				学术型		专业硕士	
代码	学科专业	代码	学科专业	代码	学科专业	代码	学科专业
51	农林牧渔	09	农学	09	农学	0951、0952、0953、0954	农业推广、兽医、风景园林、林业
53、63	生化与药品、医药卫生	10	医学	10	医学	1051、1052、1053、1054、1055、1056	临床医学、口腔医学、公共卫生、护理、药学、中药学
		11	代码预留	11	军事学	1151	军事
64、65	旅游、公共事业	12	管理学	12	管理学	1251、1252、1253、1254、1255、1256	工商管理、公共管理、会计、旅游管理、图书情报、工程管理
		13	艺术学	13	艺术学	1351	艺术

资料来源：《学位授予和人才培养学科目录（2011年）》；②《授予博士、硕士学位和培养研究生的学科、专业目录（1997年）》。

四、我国科研和学术机构中的学科分类

科研和学术机构是指有明确的研究方向和任务,有一定数量、质量的研究人员,有组织地专门从事科学研究、技术开发和学术活动的机构。目前,我国设有中国科学院、中国社会科学院、中国工程院三个国家级科研和学术机构,隶属国务院直属事业单位。作为国家战略科技力量和全国科学技术的综合研究中心,三个国家级科研和学术机构构建了学部与实体有机结合的战略研究体系。中国科学院是国家自然科学与高新技术的综合研究与发展中心。截至2017年10月,中国科学院共拥有12个分院、100多家直属科研院所,3所大学,130多个国家级重点实验室和工程中心、210多个野外观测台站,建成了完整的自然科学学科体系。截至2017年10月,中国工程院设有7个专门委员会,9个学部,主要负责研究工程科学技术的关键性的重大问题,为其发展与应用提出对策和建议。中国社会科学院是中国哲学社会科学研究的最高学术机构和综合研究中心。截至2017年10月,中国社会科学院设有研究所31个,研究中心45个,涵盖二级、三级学科近300个。

表2-18　我国科研和学术机构中的学科分类

科学研究机构和领域	学部设置
中国科学院 (自然科学与高新技术领域)	1.数学物理学部
	2.化学部
	3.生命科学和医学学部
	4.地学部
	5.信息技术科学部
	6.技术科学部
中国工程院 (工程科学技术领域)	1.机械与运载工程学部
	2.信息与电子工程学部
	3.化工、冶金与材料工程学部
	4.能源与矿业工程学部
	5.土木、水利与建筑工程学部
	6.环境与轻纺工程学部
	7.农业学部
	8.医药卫生学部
	9.工程管理学部

科学研究机构和领域	学部设置
中国社会科学院 （人文社会科学领域）	1.马克思主义研究学部
	2.文哲学部
	3.历史学部
	4.经济学部
	5.社会政法学部
	6.国际研究学部

参考文献：萧蕴诗,金秀芳,胡春春,等.德国学科门类设置情况[EB/OL]. [2015-08-02].http:// wenku.baidu.com/view/ 233ca34ac850ad02de804198.html.

中国科学院、中国社会科学院、中国工程院分别设有6个学部、9个学部、6个学部（表2-18）。学部是国家在科学技术方面最具前沿性和基础的咨询性学术机构，其主要职责有：(1)为我国科技发展的计划、规划及相关决策等提供咨询；(2)提出重大科技问题的研究报告；(3)提出科技发展战略和发展目标等建议；(4)评议和指导科技相关的学术问题。

五、我国学术团体中的学科分类

学术团体指以从事科学研究,推动科学技术发展和学术繁荣为目的而自发组织的进行某类研究活动的公益民间组织。中国科学技术协会是中国科学技术界最大的群众性组织,对促进我国科学技术的繁荣和发展,促进科学技术的普及和推广,开展学术交流,活跃学术思想,促进学科发展,推动自主创新,传播科学精神和科学知识起到了十分重要的作用。截至2017年10月,中国科学技术协会主管的学会,包括理科学会、工科学会、农科学会、医科学会、科普和交叉学科学会等中国科协团体会员181个（表2-19）。

表2-19　我国学术团体中的学科分类

中国科学技术协会 （自然科学和工程技术科学）	理科学会
	工科学会
	农科学会
	医科学会(D-17中国体育科学学会)
	科普和交叉学科学会

社会科学界联合会 （人文社会科学）	哲学、政治学、法学、经济学、史学、教育学、语言学、文学、社会学、管理学、艺术学等学会

资料来源：中国科学技术协会官方网站以及地方社会科学联合会官方网站的相关资料。

其中，医科学会下设中国体育科学学会。中国科学技术协会是一个以自然科学和工程技术科学为主的协会，在人文社会科学方面，虽然目前还没有成立全国性的"社会科学界联合会"，但大陆31个各省（自治区、直辖市）均成立了"社会科学界联合会"。

社会科学界联合会是人文社会科学界学术性群众团体，是党和政府联系社会科学工作者的桥梁和纽带，对组织、协调社会科学界的学术活动，繁荣哲学社会科学研究，开展国际国内学术交流，组织多种形式、多层次、多方面的学术探讨、调查研究、决策咨询和科学知识普及活动发挥重要作用。随着我国哲学社会科学的繁荣与发展，"社会科学界联合会"对推动科学的发展、人类的进步等方面的作用越来越明显。

六、我国科研基金中的学科分类

科学基金是世界各国家和地区为鼓励科学创新与发展而设立的基金项目。国际上著名的基金有美国国家科学基金（National Science Foundation）、欧洲科学基金（European Science Foundation）、爱尔兰科学基金（Science Foundation Ireland）、德国科学基金（Deutsche Forschungsgemeinschaft）、捷克科学基金（Czech Science Foundation）、中国国家自然科学基金（National Natural Science Foundation of China）、国家哲学社会科学基金（National Philosophy and Social Science Foundation of China）等。美国国家科学基金会专门负责资助在各个科学与工程领域中的基础研究和教育，增强基础研究实力，培训、吸引和支持最优秀的科学家从事科学基础项目研究，确保美国的创新能力持续领先。美国国家科学基金会涉及所有的学科领域：数学、物质科学、化学与材料科学、物理科学、计算科学、地球与环境科学、天文学和空间科学、人文与社会科学、工程科学以及北极和南极研究、纳米科学、教育研究等。欧洲科学基金会是一个由隶属于24个国家的67个国家级科学研究委员会、科学院、研究院和其他资助科学研究的基金组织组成的。基金资助所涉及科学领域主要有物质科学和工程科学，生物医学科学，生命、地球科学和环境科学，人文科学和社会科学。德国科学基金是为促进德国高校和公益科研机构开展科研工作而设立的独立的经费管理机构。所涉及科学领域主要是人文科学和社会科学、自然科学、工程科学、生命科学等科学研究的各个领域。

　　我国高度重视科研基金管理工作，从中央政府到省、市地方政府都设立专门机构管理科研基金（表2-20）。根据国家发展科学技术的方针、政策和规划，有效运用国家自然科学基金，支持基础研究，坚持自由探索，发挥导向作用，发现和培养科学技术人才，促进科学技术进步和经济社会协调发展，营造鼓励创新、支持创新、保护创新的宽松环境。国家各相关部门设立的科学基金在推动我国自然科学和社会科学的研究、推动学科建设与发展、促进高素质人才的培养、提升国家和社会整体的创新能力等方面积累了丰富的经验，做出了有益贡献。在自然科学基金方面，国家设立了自然科学基金委员会。自然科学基金委员会是管理国家自然科学基金的国务院直属事业单位。自然科学基金委委员会下设有：数理科学部、生命科学部、信息科学部、化学科学部、医学科学部、管理科学部、工程与材料科学部、地球科学部8个学部（学科划分详见《2015年国家自然科学基金学科代码》）。在人文社会科学基金方面，国家设立了全国哲学社会科学规划办公室，设有包括体育学在内的23个学科评审小组。此外，另设有教育学、艺术学、军事学3个单列学科评审组（学科划分详见《2015年国家社会科学基金项目申报数据代码表》）。

表2-20　我国科学研究基金项目中的学科分类

	学部	学科
国家自然科学基金	A.数理科学部	数学、力学、天文学、物理学
	B.化学科学部	无机化学、有机化学、物理化学、高分子科学、分析化学、化学工程及工业化学、环境化学
	C.生命科学部	微生物学，植物学，生态学，动物学，生物物理，生物化学与分子生物学，遗传学与生物信息学，细胞生物学，免疫学，神经科学，生物力学与组织工程学，生理学与整合生物学，发育生物学与生殖生物学，农学基础与作物学，植物保护学，园艺学与植物营养学，林学，畜牧学与草地科学，兽医学，水产学，食品科学，心理学

	学部	学科
国家自然科学基金	D.地球科学部	地理学、地质学、地球化学、地球物理学和空间物理学、大气科学、海洋科学
	E.工程与材料科学部	金属材料、无机非金属材料、有机高分子材料、冶金与矿业、机械工程、工程热物理与能源利用、电气科学与工程、建筑环境与结构工程、水利科学与海洋工程
	F.信息科学部	电子学与信息系统、计算机科学、自动化、半导体科学与信息器件、光学和光电子学
	I.管理科学部	管理科学与工程、工商管理、宏观管理与政策
	H.医学科学部	呼吸系统、循环系统、消化系统、生殖系统/围生医学/新生儿、泌尿系统、运动系统、内分泌系统/代谢和营养支持、血液系统、神经系统和精神疾病、医学免疫学、皮肤及其附属器、眼科学、耳鼻咽喉头颈科学、口腔颅颌面科学、急重症医学/创伤/烧伤/整形、肿瘤学、康复医学、影像医学与生物医学工程、医学病原微生物与感染、检验医学、特种医学、法医学、地方病学/职业病学、老年医学、预防医学、中医学、中药学、中西医结合、药物学、药理学
国家社会科学基金	哲学社会科学	马列·科社、党史·党建、哲学、理论经济、应用经济、统计学、政治学、法学、社会学、人口学、民族问题研究、国际问题研究、中国历史、世界历史、考古学、宗教学、中国文学、外国文学、语言学、新闻学与传播学、图书馆、情报与文献学、体育学、管理学
	单列学科 教育学	A.教育基本理论,B.教育心理学,C.教育信息技术学,D.比较教育学,E.德育,F.教育经济与管理学,G.教育发展战略学,H.基础教育学,I.高等教育学,J.职业技术教育学,K.成人教育学,L.体育,M.卫生美育,M.民族教育学,N.国防军事教育学,O.教育史
	单列学科 艺术学	A.艺术基础理论·综合研究,B.戏剧戏曲(含曲艺、木偶、皮影)研究,C.电影、电视及广播艺术研究,D.音乐研究,E.舞蹈(含杂技、魔术)研究,F.美术(含艺术设计)研究,G.文化艺术管理研究
	单列学科 军事学	

资料来源:①《2015年国家自然科学基金学科代码》;②《2015年国家社会科学基金项目申报数据代码表》。

总而言之,研究从国际组织机构、各国政府和相关部门制定的关于学科分类的标准、手册等有关的文件入手,梳理了现代科学体系的分类与应用,剖析了学科分类的目的、分类依据(标准)及其在实践中的应用,掌握体育科学学科体系建设现状,了解体育科学学科分类和学科隶属关系,明确体育科学在现代科学体系中地位和归属。

结果表明,学科分类的目的是促进知识的一体化和理论的系统化,以及知识生产和演化重组。在实践中,虽然学科分类主要是根据学科内部固有的次序进行的,但也反映了分类主体对学科的定位,带有人为的因素;尤其是高等教育的学科专业设置,在一定程度上反映了社会对人才的知识结构和能力结构的需求。在分类实践中,分类的依据有学科的起源、研究对象、学科的属性、学科的形态、事物的运动形式、思维特征、学科的研究方法、学科的内在联系等,但总的来说,学科的分类并不是一成不变的,而是动态发展的。体育科学作为一门新兴的综合性科学,无论是作为一个独立的学科,还是隶属于教育、医学、生命科学、休闲健身、人文社会、文化等大类,它受到越来越多的人、越来越多的国际组织机构、越来越多的国家政府部门的重视已是一个不争的事实。

第三章　体育与体育科学的概念与术语

概念是反映思维对象本质属性的思维形式,是对事物本质、内在联系的抽象概括地反映。人类在认识过程中,对客观事物、事件、现象、过程及其特性、关系等感知的信息进行分类、归纳、推理和概括等,从感性认识上升到理性认识,把所感知的事物的特性区分为本质属性和非本质属性,撇开次要的或非本质的属性,抽象出共同的本质属性从而以区别其他事物。概念就是反映这些事物之共同本质属性的思维单位,是对事物特性的抽象而组合形成的知识单元,又是构成判断、归纳、推理、演绎的基本单位,因为判断、归纳、推理、演绎等思维活动都是建立在概念的基础上的。科学是反映现实世界各种事物的本质及运动规律的知识体系,所以,科学体系在某种意义上就是概念的体系、术语的体系。体育科学是关于反映体育的本质及运动规律的知识体系。体育科学是建立在对体育这类事物科学地判断、归纳、推理、演绎基础上的,没有对体育概念的正确认识,也就不可能有体育科学。因此,在讨论体育科学概念时,有必要认识体育的概念,对其内涵与外延有一个清晰的认识和规范界定。

第一节　体育的概念与术语

一、体育概念

现代体育源于西方,虽然体育有着悠久的历史,但是,在体育的概念和术语的研究中,用"体育"一词来表示体育是比较滞后的。我国现行的体育活动,尤其是竞技体育项目,根据国家体育总局的《体育运动项目立项管理办法》(体竞字〔2006〕124号)文件(2015年9月1日已废止),我国设立了正式开展的78大类,143小类体育运动项目,这些项目绝大多数是从国外传入的。虽然中国也有些体育运动项目,如武术、气功、导引、角力、摔跤、跳绳、赛马等,但多数为传统的、民间的竞技和游戏活动。在我国古代,作为一个词形的组合,"体育"一词最早出现在东汉时王符的《潜夫论·五德志》中:"亡于嫚以,灭于积恶。神微精以,天命罔极。或皇冯依,或继体育。"《潜夫论·五德志》里的"继体育"说的是对皇位继承者的教育,特别是对太子的教育。意思是要很好地爱护、养育自己从先王那里继承来的身体,加以养育,也可理解为继承皇位传袭的体制,对太子的培养和教育。如宋代曾巩《元丰类稿》卷二十五:"是正文字之官,实为儒学之选,宜体育材之意,勉思畜德之勤。""正文字"为宋代秘书省官名。正字一官,实为选拔儒学人才的一种,具有养育人才和积累传承美德的功能。其中"宜体"和"勉思"都是动词,意为深刻"体会到、认识到"的意思。清代刁包《用六集》:"遇之曲体育才之意,以及其门下克恭之谊。""曲"为乐曲。大意为享用这种乐曲,能起到育才功用,并身临其境,能感受到恭敬的礼仪。在古汉语中,"体"和"育"是分开解释的,《潜夫论·五德志》中"体育"里的"体"是指国体、体制或身体,"育"是指教育、培育和养育。《元丰类稿》和《用六集》中"体育"里的"体"是指"体会""认识","育"是指"培养""教育"。所以,以上古汉语中"体育"都不是今天"体育"的意思,中国古代历史上还未真正出现专门的有关体育活动的术语和概念。

体育是个舶来品,体育中的概念和术语众多,以英语为例:Gymnastics(体操、竞技操练),Physical Education(体育、身体教育),Sports(体育、竞技运动),Physical Education and Sports(体育、体育运动),Physical Culture(体育、身体文化),Physical Activity(体育活动、身体活动)以及Athletics(竞技、体育运动、田径),Movement(运动、活动),Game(游戏、比赛),Physical Exercise(体育运动、身体练习),Training(训练、锻炼、培养),Physical Fitness(健身),等等。这些专门的概念与术语都是从国外引进而来,都曾被翻译成"体育"一词,有的仍在继续使用。目前,关于"体育"的概念和术语,依然没有形成统一的认识,即使在体育高度发展的欧美国家,也未能规范、统一地使用"体育",体育的概念和术语仍然是一个尚未解决且亟待解决的基本问题。从总体上看,问题的根源主要集中在Gymnastics,Physical Education,Sports 和Physical Culture这四个单词上,这四个词历史上都作为体育的上位概念和总概念使用过。但不同的国家、不同的学者、不同的语系、不同的文化背景,对Gymnastics,Sports,Physical Education,Physical Culture这四个词的含义有着不同理解和认识。

(一)"Gymnastics"

"Gymnastics"(体操)一词产生于公元前6世纪至公元前5世纪,直到20世纪初,世界各国都曾将它作为体育的总概念使用。在希腊语中,Gymnastike源于拉丁语gymnasticus,这一概念的本来意思是指裸体训练技术和方法。古希腊哲学家柏拉图在他的《理想国》一书里,将"Gymnastics"一词解释为"身体训练的理论和方法体系"。古希腊人都是赤膊、身涂橄榄油进行各种体育活动,因为是赤身裸体进行操练,所以人们形象地称之为体操。俄国、德国和日本对Gymnastics一词的解释大致和中国相同。古代希腊将锻炼身体的一切活动统称为体操,如跑步、跳跃、投掷、攀登、爬绳项目等。体操与音乐、写、读成为希腊学校的初级课程,体操在其学校教育中发挥着培养勇敢品德和促进学生健康及强壮体格的重要作用。显然,正因为古希腊"体操"包含有身心两个方面教育的功用而成为当时学校教育中的重要组成部分。

1569年,意大利医生吉罗拉莫·麦克叶拉在研究了古希腊人和罗马人的医学文献后,系统总结了古人在饮食、运动和卫生,以及治疗疾病时运用各种身体操练、身体活动等方面的自然方法,写成了 De Arte Gymnastica 一书,这本书被称为第一本关于体育运动医学的专著。书中所使用的就是"Gymnastics"一词,后来世界上许多国家都存在着将"体操"和"体育"混用现象。如18世纪德国体育先驱古茨穆斯即是其中的典型代表,他在其《青年的体操》一书中明确用"体操"来代替"体育"一词,并强调了"对人来说是唯一的,最有价值的教育是体操"。一直到近代,实际上"体操"作为"体育"的代名词一直被沿用,即使到20世纪20年代,"体育"一词被官方定为统一的术语时,"体操"这一术语在很多地方仍然被使用,且其应用范围比"体育"一词要广泛得多。随着人们对"体操"认识的不断深入,"体操"自身的内容及其概念也在发生着改变,最初的包括跑跳投等运动形式逐渐被徒手体操和器械身体训练等内容代替,跑跳投等运动则从原先的体操体系中分化出来。到第一次世界大战之后,在体育界刮起了实用主义之风,尤其在杜威的思想影响下,本来用于军事训练的"体操"的教育价值受到了怀疑。在20世纪初期,世界各地的教育组织和机构对用"体操"来代表体育提出了不同的意见,同时关于体育目标的谈论也由此展开,使得关于"体育是以身体活动为基本手段的教育"达成共识,此后"体育即身体教育"的体育概念逐渐普及,体育与体操之间的界限初步确立起来。我国也正是在此变化的背景下,自20世纪20年代开始将学校体操课改为体育课程。

"Gymnastics"一词是在19世纪60至90年代洋务运动的后期传入中国。中国学堂的体育教育以军事操练为主要任务,因此学校的体育课的内容是"兵式体操"。戊戌变法以后,"体操"一词在我国得到普遍使用。以康有为为首的资产阶级改良派尤其重视体操。康有为于19世纪90年代初期在其所办的"万木草堂"中,设置了体操课。20世纪初,在清政府"废科举,兴学校"的改革中,近代教育制度在中国确立,"体操"被作为各级各类学校的必修课开设。

当今,体操的内容已经产生了根本的变化,特指徒手或借助器械进行的各种身体练习。内容主要包括:基本体操、竞技性体操(竞技体操、技巧运动、艺术体操和蹦床运动)、团体操和辅助性体操。现代,一般所说的体操,正式名称应是竞技体操,也称体操运动,是体操的一个分支,指一项在规定的器械上,完成复杂、协调的动作,并根据动作的分值或动作的难度、编排与完成情况等给予评分的运动项目。包括男子单杠、双杠、吊环、鞍马、自由体操和跳马六项,女子高低杠、平衡木、自由体操和跳马四项。

(二)"Physical Education"

"Physical Education"一词最早出现于法国,1760年在法国报纸上,有人曾用"Physical Education"来指代体育教育。18世纪法国著名的教育家卢梭也曾使用"Physical Education"论述对爱弥尔的教育。除此之外,德国近代学者古茨穆斯于1793在其著作《青年的体操》中也使用"Physical Education"来代替体操运动。19世纪以后,在西方国家"Physical Education"实际上已经在各类各级教科书中普遍使用。

我国的体育一词直接来源于日本,对应于"Physical Education"。"Physical Education"最初被日本人译为"身体教育""体育教育""有关身体的教育",明治九年(1876年)被日本学者近藤镇三简化为"体育"。现有的资料表明,

"体育"一词大约是在戊戌变法前夕由日本传入我国,在康有为的《日本书目志》中,列有日本学者的体育理论。显然,体育的概念从日本传入我国要晚于"体操"一词,因此,体育虽传入我国并被使用,但直到新文化运动时,其使用范围和影响力仍远远不及"体操"概念。后来,随着田径、球类运动等体育项目陆续传入,学校开设的"体操"课逐渐增加了"体操""田径""球类运动"和"体育游戏"等运动项目为主要内容的课程,"体育"(Physical Education)一词相继被启用。于是,在一段时间里,中国存在着"体操"与"体育"两词并用的现象。随着美国实用主义教育学说和西方体育教育理论的传入,我国学校的"体操课"才逐步改成"体育课",并写入政府制定并颁布的《中小学课程纲要草案》中。自此,"体育"一词便逐渐代替了原来意义的"体操"一词,并确立了它在学校教育中的重要地位。

美国权威的《韦氏新国际词典》对 Physical Education 的解释是:"旨在促进身体发育和保护的方法体系的教育,通常包括对健身、系统的锻炼,以及各种运动和游戏的指导。"可以看出"Physical Education"主要指对体育实施的指导和教育。《美国百科全书》中"体育(Physical Education)是关于人体构造、身体发展的教育,包括人体生理功能、力学原理及其有效运用的研究。"《简明大不列颠百科全书》将"Physical Education"定义"为增强体质和获得增强体质的技能而进行的训练,美国的大部分小学和中学都要求有体育课。"前联邦德国的《体育科学词典》的注释:"过去该词的概念仅限于学校中的体育教育,后来,含义有所扩大,也用来指体育的职业教育,以及学习和掌握运动技能的知识教育。"在《苏联大百科全书》中,"Physical Education"对应的解释为:"旨在形成人的专门知识与技能,发展全面身体能力的教育过程。"如同教育一样,它是个人与社会的一般范畴,这一为社会所必需的活动,其具体内容与方针取决于阶级利益、社会历史发展的特征及人们完善身体的需要。其特点在于其功能主要是传授运动动作与发展锻炼者的身体能力。在其实施的过程中,同样对人进行一般的教育,培养人们的兴趣动机、标准、行为规范和价值取向等。

实际上,"Physical Education"一词是在教育领域中出现的,主要被使用在教育科学和教育事业的范围内。随着近代教育科学快速发展和教育实践的推进,体育教育的制度也在不断完善,体育概念术语不断更新。至十八世纪中叶,普遍被接受且被广泛使用的体育概念才真正形成,并从其发源地的欧洲开始广泛传播到世界各地。"体育"概念与术语的确立推动了学校体育教育的发展,在世界范围内建立了完整的学校体育体系。"Physical Education"一词在我国一般被译为"体育教育",它同样是作为教育的重要组成部分为教育目的服务的一个辅助性工具,尽管对此译法存有不同的看法,但在我国有关的权威工具书中也基本用"体育教育"与之对应。如《英汉辞海》(国防工业出版社1988年版)、《英汉体育词汇》(人民体育出版社1985年版)等工具书就把"Physical Education"翻译为体育教育。2010年11月,国际体育科学与体育教育理事会发表了《体育教育的国际立场声明》,称"Physical Education"是学校的重要科目,其主要目的是发展身体和身体活动的能力,提高健康水平;并帮助学生发展身体、培养学生体育活动兴趣和养成健康的生活方式,为学生的全面发展奠定了基础。伴随着体育事业和现代科学的迅猛发展,体育的功能和内容也在不断深化和拓展,体育概念的内涵不断得到充实和发展而成为社会化、国际化的一种活动,现代体育已经超出了学校教育的范畴,用"Physical Education"作为总概念来反映现代体育有一定的局限性。

(三)"Sport"

"Sport"一词源自拉丁语,14世纪英国将其转换成"Sports",意为"娱乐、喜悦或愉快的离去原来工作",在户外根据体力而进行充满欢乐的行动。15世纪时出现作为名词的"Sport",16世纪"Sport"出现了复数形式"Sports",指各种体育运动及竞赛,此时的含义指游戏或娱乐的运动,特别是狩猎或关系到胜负的赌博和通过让别人观赏而引为自豪的行为与活动。随着社会和科学技术的发展,"Sports"的含义进一步得到深化和拓宽,由原来的诸如狩猎、射击等带有消遣娱乐性质的身体活动,渐变成了特指体育竞技和体育竞赛。伴随着非竞技体育项目如游戏、娱乐等运动的广泛开展,竞技性质的体育也在西方得到广泛传播而流行于各地。

《简明大不列颠百科全书》中将"Sport"解释为:"泛指那些需要身体技巧、敏锐反应、常常还有运气(尤其是在机会性的比赛中)的娱乐性或竞赛性活动。"与英国不同的是,《美国百科全书》认为"Sport"含有竞技和消遣两重含义。德意志和西班牙人认为,"Sport"是以强壮体质和文明精神为目的的各种形式体育活动的总称,这实际上和体育教育的含义基本相近。在20世纪60年代,国际体育教育委员会对"Sport"做出了具体的解释:"Sports是具有游戏特点的身体运动,是以与其本身相运动或与他人相竞争形式的体力活动",国际体育名词协会把"Sport"规定为"专门的竞赛活动,在这一活动中,个人或集体为了充分发挥形态、机能和心理能力——具体表现为本人或对手的纪录被超过——而紧张地从事各种身体活动"。欧洲理事会将"Sport"定义为"所有形式的身体活动,自发或是有组织的参与,旨在改善体能或是促进心智健康、融洽社会关系或者在各级竞赛中夺标的。"

显然,以上的各种定义强调了"Sport"的竞技性和游戏性,突显了竞技体育的本质属性。随着科学与实践的发展,人们生产劳动、生活的机械化、自动化和电气化以及居住的都市化等现代文明的急剧发展,与运动不足相关联的现代文明病相继出现,参与"Sport"活动的人数迅速增加,世界范围内的大众体育广泛兴起,"Sport"的内容在广泛的需要的刺激下也发生了变化,有了新的发展。体育的发展、社会生活需求的变化使各类具有较强的趣味性和娱乐性的体育项目受到学校和社会大众的欢迎,同时推动了体育运动的进一步普及和体育用语的不断丰富,"Sport"一词其概念无论是内涵还是外延都随着社会需求和体育实践的发展而发生了深刻的变化,其复杂性也日趋加深。加之各国的文化背景和语言习惯的差异,所以在相当长的历史时期没能对该词达成明确、统一的定义。鉴于国际交流的需要,确立一个使国际上能共同理解的"Sport"概念已显得很有必要。鉴于体育实践发展的实际需要,欧洲率先对"Sport"一词做出定义,并在1975年的欧洲共同体体育部长会议决议通过了《欧洲大众体育宪章》,将"Sport"一词解释为:"包括竞技运动、野外活动、健身和保健运动在内的广义的身体运动"。这个解释是从更加广泛的意义上去理解"Sport","Sport"的概念较以前扩大了。此后,"Sport"派生出了Sport for all(大众体育),Topsport(竞技体育)以及Lifetime Sport(终身体育)等概念。体育的内涵总是随着社会的快速发展和体育内容的不断丰富而发生着转变或变迁。原联邦德国在1965年就以"Sport"来标记体育,学校体育课被命名为Sport,将Leibes Rziehung(身体教育)改为Sport教学,体育教师联盟也改为Sport教师联盟。编写的专著与教科书基本都是以Sport为名头,如Sport心理学、Sport教授法等。如在法国,其教育主管部门将体育教材的名称定为"Sport"科目。从"Sport"的发展演化历程来看,其概念与内容随着时代和体育实践的发展而不断变迁,许多国家已将其视为广义体育概念加以使用。

(四)"Physical Culture"

"Physical Culture"这一术语所代表的现象和人类社会有着同样悠久的历史。在不同的国家,该词有着不同的解释,在德国"Physical Culture"主要指的是锻炼身体,在我国和日本指的是身体文化的意思。早在14世纪,"Physical Culture"一词最初是一个没有特定含义的多义词,欧洲人将艺术表演性质的体育活动都统称为"Physical Culture"。到18世纪,德国人将保健、按摩等活动归为"Physical Culture"。到19世纪,以英国的马克兰、美国的德勒撒尔等为代表的学者认为"Physical Culture"是指身体技艺与表演。19世纪末至20世纪初,法国顾拜旦认为"Physical Culture"是不包括竞技在内的健身操等活动。在国际学术中,"Physical Culture"被广泛认为是"广义文化的一个组成部分(领域),它综合各种利用身体练习来提高人的生物学和精神潜力的范畴、规律、制度和物质设施"。欧洲人一致认为,"Physical Culture"一词的内容丰富,既包括体育教育,也包含竞技运动、休闲娱乐活动及游戏等活动,是人类所创造的有关身体的物质及精神现象的总和。

在《苏联百科辞典》中,术语"Физическая кулътура"由法语或英语转来,读音似英语的"Physical Culture",意思为"为发展人的体质和增进人的健康为目的的社会活动"。国际体育情报协会名词术语委员会和欧洲体育用语统一国际研究会都将"Physical Culture"看成是体育的总概念或上位概念,但这个单词没有获得广泛的共识,在学术界没有形成影响,使用的范围有一定的局限。正如《体育名词术语》(内蒙古教育出版社1987年版)中对"Physical Culture"所作了定义说明一样,虽然在19世纪末,曾将它与宗教文化、社会文化等课程并用,但在20世纪时,这一概念的使用范围十分有限,在欧美国家的教育领域内已经停止使用。英国也有学者认为,"Physical Culture"一词只能在一定历史范围内使用。这就说明,在英语世界,"Physical Culture"一词的影响力或是使用范围十分的有限。在我国的一些教科书及正式的政府文件中,也很少单独使用。只是,在俄语中,"Физическая кулътура"(Physical Culture)是俄语体育领域的一个比较重要的概念。

此外，还有"Physical Education and Sport""Физическая культура и спорт"等一些词汇，一般译为"体育运动"，如《美国百科全书》中"Physical Education and Sport"是"泛指一切非生产性的体力活动，即从兴趣出发，以竞技和强健身体为目的的体力活动"。《苏联大百科全书》中将"Физическая культура и спорт"被译为"身体文化与运动"或"体育运动"，是指"社会总文化的一部分，是为增进健康，发展人的身体能力，并为适应社会实践需要而利用这些能力的一个社会活动领域"。这些词汇在一些国家和国际组织中也有使用，但它的使用范围和使用频率相当有限，其学术影响力远不及"Sport"和"Physical Education"。

二、体育概念的定义

概念是人们把握事物本质属性的一种思维形式，是人们对事物的共同属性进行抽象、提炼和上升的理性概括。而定义是通过判断或命题的语言逻辑形式，对一种事物的本质特征、词语的意义或一个概念的内涵和外延所做的简要说明和界定，以规范一个词语或者一个概念的意义，并区别于其他相关概念的语言文字表述。体育的概念和定义要体现出体育的本质属性、体育的结构与功能，考虑历史的继承性和体育的现实意义，不仅便于人们对体育的认识，而且便于体育学术交流，以及体育运动在实践中的运用。随着社会的进步，体育实践的多元化发展，体育已经超出了学校教育的范畴，成为社会化、国际化的一种活动。在此背景下，一个统一的、被广泛认同的体育概念正在酝酿之中。但由于各国语系和使用习惯的差异，不同的学者居于不同的立场，对体育的属性、本质、结构、功能认识的侧重点不同。迄今为止，国际上对这个广义的概念如何定义仍难取得一致意见，各种概念林立，尚未形成一个让人普遍接受的广义概念。由于我国体育概念的产生与发展主要受近代西方思想的影响，广义体育概念的形成与认同与国际上的情况基本一致。代表性的观点主要有《中国大百科全书·体育》（中国大百科全书出版社1982年版）、《体育大辞典》（上海辞书出版社2000年版）、《体育科学词典》（高等教育出版社2000年版）、《体育词典》（上海辞书出版社1984年版）、《体育概论》（人民体育出版社1989年版），以及《体育概论》（高等教育出版社1995年版）等对体育概念的界定（表3-1）。

表3-1　国内主要文献关于体育的定义

作者	定义	资料来源
中国大百科全书总编辑委员会《体育》编辑委员会	体育是人们锻炼身体、增强体质、延长生命的重要方法;是与德育、智育、美育等相配合的整个教育的组成部分;它以竞技的形式,成为人们文化生活的内容和各国人民之间加强联系的纽带。三者都以身体活动为基本手段,都要全面发展身体和增强体质,都有教育和教学的内容,也都有竞赛和提高技术的因素	中国大百科全书总编辑委员会《体育》编辑委员会.中国大百科全书·体育[M].北京:中国大百科全书出版社,1982:350.
中国体育科学学会、香港体育学院	广义的体育即体育运动,是以身体练习为基本手段,以增强体质,促进人的全面发展,丰富社会文化生活和促进精神文明建设为目的的一种有意识、有计划的社会文化活动。包括学校体育、群众体育和高水平竞技体育等	中国体育科学学会,香港体育学院.体育科学词典[M].北京:高等教育出版社,2000:266.
陈安槐、陈荫生	体育也称"体育运动"。人们根据生产和生活的需要,遵循人体的生长发育、生理机能活动能力变化与适应性的规律,以及动作技能形成规律与认识事物的一般规律,以身体练习(体育动作)为基本手段,结合日光、空气、水等自然因素和卫生措施,达到全面发展身体、增进健康、增强体质,提高运动成绩水平,丰富社会文化娱乐生活为目的的一种社会活动	陈安槐,陈荫生.体育大辞典[M].上海:上海辞书出版社,2000:3.
体育词典编辑委员会	体育也称"体育运动"。是指人们根据生产和生活的需要,遵循人体的生长发育和身体活动的规律,以身体练习为基本手段,结合日光、空气、水等自然因素和卫生措施,达到增强体质,提高运动技术水平,丰富社会文化娱乐生活为目的的一种社会活动	体育词典编辑委员会.体育词典[M].上海:上海辞书出版社,1984:1.
全国体育学院教材委员会	体育(广义的,亦称体育运动)是指以身体练习为基本手段,以增强体质,促进人的全面发展,丰富社会文化生活和促进精神文明为目的的一种有意识、有组织的社会活动	全国体育学院教材委员会.体育概论[M].北京:人民体育出版社,1989:18.
鲍冠文	体育是以身体活动为媒介,以谋求个体身心健康、全面发展为直接目的,并以培养完善的社会公民为终极目标的一种社会文化现象或教育过程	鲍冠文.体育概论[M].北京:高等教育出版社,1995:34.

综合以上观点,我们将体育概念定义为:以身体练习和运动项目为基本手段,为增进人的体质健康,促进人的全面发展,提高运动技术水平,丰富人

们文化生活而进行的一种社会活动。体育是人们锻炼身体、增强体质、延长生命的重要方法；与德、智、美构成我国教育的重要组成部分，是以身体为手段、或以竞技比赛等形式，丰富着人们的文化生活，并发挥着人与人、人与社会之间的纽带和联系作用。总而言之，体育运动总是以身体练习为手段，通过对身体进行一定负荷的刺激以增强体质、强壮体格、促进人的全面发展。从中不难看出，体育本身就富含教学和教育的成分，带有提高和竞赛的因素。体育具有整体性与多功能性，它包括学校体育、社会（大众）体育与高水平竞技体育，具有教育、健身与休闲娱乐功能，并通过体育活动在政治、社会、经济、文化、生态等领域中发挥其作用。体育作为健身、休闲、娱乐手段，不但在人们的日常生活中发挥着增进人的身心健康，促进人的自身发展，丰富人的文化生活等重要作用，而且在社会经济发展中占有重要地位，它已经从一个单独的健身、竞技领域成长为一个庞大的新兴产业，是助推国民经济发展的朝阳产业、绿色产业、健康产业，成为经济发展新的增长点。它还能够带动传媒业、旅游业、娱乐业等相关产业的发展，在扩大投资，改善投资环境，调整产业结构，扩大消费，加快经济发展等方面发挥着重要作用。

体育与社会政治、经济、文化之间有着相互依存和相互制约的关系，作为社会事业的一部分，体育运动的发展要受到政治、经济和文化的制约，同时，体育的发展也能促进社会的进步、经济的发展、文化的繁荣和综合国力的提升。经济与社会越是发展，体育就越会受到重视，其参与的人就越多，人们参与体育运动的意识就越强，体育的价值和功能就越能得到体现。当代体育集经济生产力、政治影响力、文化传播力、社会发展力、生态营造力五位于一体。体育是培养人健康的体魄、塑造人健全的精神、提高人的生命质量、提升人的生活质量，培养人的阳光、阳刚之气质，公平竞争之意识，活泼开朗积极向上之性格，敢于挑战追求卓越之品格，坚忍不拔拼搏进取之精神，激励人的爱国情怀、促进人全面发展的重要途径。

体育不仅是一种身体运动，还是一种社会活动，不仅是一种生活方式，还是一种生产方式，同时，它还是一种交往平台、一种教育手段、一种政治工具、一种文化载体。体育不但能增进人的身心健康，丰富文化生活，为民谋福，为民谋利，而且能够展现国家形象，扩大国际影响，提高国际地位，促进世界和平，为国争光；不但能够增加就业，拉动消费，创造社会财富，为国增利,而且能够繁荣文化活动,创造文化价值,传承人类文明;不但能够促进人际间交往,增进团结友谊,构建和谐社会,而且能够倡导回归自然,绿色生活,促进人与自然和谐发展。现代体育在人类生活、生产活动中,在经济与社会发展中的作用日益凸显,它在当今中国全面建成小康社会、加快推进社会主义现代化建设的历史进程中发挥着巨大作用。全社会会更加关注体育,越来越多的人会投身到体育活动之中,体育的活动范围越来越广,运动项目越来越多,活动形式越来越多样,现代体育正进一步朝着多样化、社会化、产业化、终身化、科学化、国际化方向发展。

三、现代体育的划分

通过对目前国内外体育概念界定的梳理,可以概括为如下四种观点:一是把体育定义为一种教育;二是把体育定义为一种身体活动;三是把体育定义为一种社会活动;四是把体育定义为一种文化。对现代体育的概念界定,国内主要有广义和狭义之分。狭义的体育被定义为一种身体教育,是人的德、智、体全面发展的一个重要方面,是教育的重要组成部分。广义的体育概念被视为人类的一种文化,包含了物质层面的身体文化和精神层面的思想文化活动。

(一)体育的狭义概念和广义概念

现代体育概念有广义和狭义之别。狭义的体育概念源于体育教育,是指人们在获得身体锻炼知识、技术、技能,发展身体、增强体质、培养意志品质和道德素养的教育过程。显而易见,狭义的体育主要是对身体的塑造和对精神的培育过程,与培养人的全面发展有着共同的价值归旨,是教育的重要组成部分。

体育的广义概念(亦称体育运动)是指以身体练习为基本手段,以增强人的体质,促进人的全面发展,丰富社会文化生活和促进精神文明为目的的一种有意识、有组织的社会活动。它是社会总文化的一部分,其发展受一定社会的政治和经济的制约,并为一定社会的政治和经济服务。广义的体育是社会文化的组成成分之一,作为一项社会文化,体育活动不仅受到社会关系的制约,也为一定的经济和政治服务。以管理、服务的对象和体育活动目的为依据将体育划分为竞技体育、社会体育和学校体育三个部分。1995年颁布实施的《中华人民共和国体育法》,分别设"社会体育""学校体育""竞技体育"专章,表明社会体育、学校体育、竞技体育已成为法定概念。从体制上看,竞技体育、社会体育隶属国家体育总局,换言之,竞技体育、社会体育受国家体育总局的领导、管理和监督。教育部主管学校体育,由体育卫生与艺术司来负责学校体育的具体工作。从世界范围来看,由于语言习惯、思维方式、传统文化,以及体育运动开展的实际情况与体育管理体制等方面存在着很大的差异,各国对体育概念的界定也千差万别。尽管如此,世界上很多发达国家,如美国、德国、英国等都将体育划分为社会体育(或群众体育、大众体育)、竞技体育和学校体育三个主要部分。我国对体育的分类基本上与大多数西方国家的分类方法保持一致。

(二)体育的三个组成部分

学校体育是以学生为主体,以促进学生身体发展、掌握体育技能并对学生施加教育为目的的教育活动。学校体育是教育不可或缺的基本内容,通过课堂教学、身体锻炼、业余体育训练和体育比赛的方式,并通过早操和课间操以及科学的作息和保健措施,来传授基本体育锻炼知识、培养体育健身技能、促进人的全面发展。学校体育的教育功能不仅在于通过体育运动促使学生身体素质和机能的提高,而且在于通过体育运动培养健全的思想,提高道德素养。学校体育是为一定社会培养全面发展的人才服务,也受社会经济与政治的影响和制约。

社会体育是与竞技体育、学校体育相对应的概念,只是参与的人群和目的不同,社会体育的活动主体是社会大众,其目的在于通过内容丰富、形式多样的体育活动达到健身、健美、修身养性、休闲娱乐等目的。社会体育作为人的全面发展的基本途径,对于人的正常生长发育、身心健康成长、预防疾病延缓衰老,有着独特价值;作为体育的基础部分和主体部分,对于扩大体育规模,提高体育水平,培养体育人才有着重要的影响;作为社会发展的组成部分,对于提高人们生活质量,传承丰富民族文化,促进物质文明和精神文明有着重要作用。

竞技体育亦称"竞技运动",是以比赛为形式,旨在追求运动成绩和体育技术水平的提高,最大限度地发挥人的智力、体力等方面的潜能而进行的一类体育活动。主要通过运动员选材、运动训练、运动竞赛,不断提高运动员的竞技能力,挖掘和表现人类身体、精神的巨大潜力,在竞赛中创造出优异运动成绩,为国家和民族争取荣誉。

四、体育术语

术语(Terminology)是用来表达或限定科学概念的语言文字符号,是特定学科、专业领域中用来表示概念称谓的具有约定性的文字指称,是人类思想和认识交流的工具。术语在我国又被称为名词或科技名词。术语是一个词,或者一个词组,用来标记生产、技术、科学等专门领域中的事物和现象,及其特性、关系和过程。术语与概念之间是一一对应的关系。具体地说,就是一个术语只表示一个概念,一个概念由一个术语来表示,否则会出现异义、多义、同义的现象。

术语是概念的语言文字形式,是概念的名称,是交流和沟通的手段;概念是术语所表达的内容,概念只有借助于术语才能够形成、存在和表达出意义,词或词组能够存在必须有它能够存在的依据,有它代表的内容——概念,便于对客观事物的认识和交流,所以,术语是科学的基础,术语对科学技术的发展和社会的进步起着规范作用。在国际上,许多国家成立了全国性的术语委员会,专门负责整理审定各种术语。早在1936年,国际标准化组织(ISO)就设立了第37技术委员会:术语、其他语言与内容资源技术委员会(ISO/TC 37),该委员会由下设的161个术语分委员会组成,共同负责完成术语的制定、协调和组织工作。在20世纪末,术语标准化委员会按照术语学的国际标准制定和发布了术语标准334个。早在1962年联合国教科文组织的术语委员会颁布了《制定运动词汇分类的指南》。《制定运动词汇分类的指南》强调,为避免大量使用"同义异语"和"同义语",促进各语言间交流和沟通,要求各专业研究都要统一术语,并给予术语准确、明晰的定义,以促进图书分类标准化,以及学术情报交流和沟通。1971年还成立了国际术语情报中心。1986年术语与知识学会成立了。1971年联合国教科文组织主办的国际术语信息中心(International Information Centre for Terminology, Infoterm)在维也纳成立。1989年,国际网络术语网(TermNet)作为一个国际的术语网络成立了,国际术语研究的机构(IITF-国际术语研究院)也同时成立。1996年,Infoterm按照奥地利法律再次作为国际性的组织组建,国际术语信息组织仍然主持ISO/TC 37秘书处的工作。在科学技术高度发展的今天,术语标准化的现实意义日益凸显,其发展水平不仅反映了全社会知识积累的程度,而且直接反映着科学进步的程度。科学规范的术语是学术研究、交流和传播的基础,为解决术语规范化问题,避免术语使用混乱对学术交流的不利影响,需要术语学专家和广大科技工作者共同努力,以使术语统一和标准化。与此同时,也形成了专门研究概念、概念定义和概念命名基本规律的边缘学科——术语学。术语学的建立对认知、科学和文化的加速发展具有重要的意义。

1950年5月,我国成立了全国性的"学术名词统一工作委员会"。该委员会隶属政务院文化教育委员会,下设五个组,涉及自然科学、社会科学、医药卫生、文学艺术与时事。1985年4月25日,"学术名词统一工作委员会"更名为"全国自然科学名词审定委员会"。1996年12月13日,再度更名为"全国科学技术名词审定委员会",该委员会作为国家授权的权威机构,负责规划和制定我国各类科技名词工作;同时也负责国家各类科技名词的应用推广、协调和审定工作;开展大陆、台湾、港澳等地区科技名词的交流、协调和统一工作;协调、组织、举办国内外各种科学技术名词的学术交流、科学研究等活动。不仅推动了各个学科的建设和发展,而且促进了国内外科技知识的交流与传播,尤其重要的是推动了现代信息技术的应用和普及。全国科学技术名词审定委员会对国内各类科学技术术语的使用以规定的形式确立了基本原则和方法,其原则和方法成为我国当前科学技术术语工作的基础标准。该委员会组织出版了专门的术语学术刊物《中国科技术语》,发布了《术语工作:原则与方法》(ISO DIS 704)、《确立术语的一般原则与方法》(GB/T 10112–1999)、《术语工作:概念与术语的协调》(GB/T 16785–2012)、《术语标准编写规定》(GB/T 1.6–1997)等国家标准,使得我国的术语理论与实践获得了进一步的规范和统一,促进了我国科学技术术语的规范化和标准化。此后,全国科学技术名词审定委员会和中国知网项目建立了"中国规范术语网"(http://shuyu.cnki.net/index.aspx)科学技术名词数据库,根据全国科学技术名词审定委员会历年审定公布并出版的数据制作,供读者免费查询。

孔子说:"名不正则言不顺","正名"就是术语的规范化。随着现代社会和各类科学技术快速的发展,不同学科之间的交叉、渗透和融合已经成为科学发展的潮流。在不同学科的交叉、渗透和融会过程中,必然产生大量的新概念和新术语。这些新的科学技术术语又常常被不同的学科引用、修改、延伸。正因为如此,新的科学术语需要得到及时的协调和统一,以免在不同领域和学科,以及在不同语种翻译时造成语义的差异和变化,因此,在科学知识的生产、传播与交流过程中,规范统一术语的需求日益凸显。近年来,我国国际体育交往和学术交流日益频繁,体育情报信息流量不断增长,如果在交流和沟通中没有共同的用语,缺乏统一的概念,势必会阻碍交流的正常进行,甚至会产生误解。因此,对体育概念和术语的研究,关于体育术语的统一和规范问题引起了许多国家和国际组织的高度重视。

早在19世纪,德国就对体育概念的术语进行过多次整理。1816年,德国的杨氏(弗里德里希·路德维希·雅思)出版了他的主要著作《德意志体操术》,其后,施匹斯出版了名为《体操术语的概念》的著作。此后,德国语言学家瓦斯曼斯道夫和体育学家利奥恩对杨氏和施匹斯著作进行了重新整理,分别发表了题为《统一德国体操术语的建议》《体操理论与术语的假定》《体操形式体系》等著作。这样,杨氏和施匹斯在实践中使用的传统体育词汇,就作为体育术语研究内容而逐渐统一,并规范化和系统化。

1916年,在柏林体育工作会议上确立了体育运动术语四条使用原则。分别是:第一,体育运动的术语在语言使用上要简洁;第二,在语言表达上要准确到位;第三,能为大多数人理解和接受;第四,体育术语的确立要建立在体育运动本质的基础上。1918年,德意志体育协会统一组织,库纳德负责编撰出版了《器械运动术语的标记》。当时,德国、奥地利等国家的体育学者和语言学家对此付出了努力,虽然取得了丰硕成果,但未能解决体育概念和术语规范的问题。1953年,有40多个国家的代表参加了在美国举行的第一届国际体育会议。会议就体育的概念与术语问题进行了专题讨论。美国、苏联、加拿大、日本、民主德国和联邦德国等国家都曾就此问题进行了专题讨论。

1962年召开了以有关体育文献的搜集和整理为目的的国际会议"身体练习的文献学和文件证书国际会议"。这次会议在奥地利术语研究专家茨舍尔内的倡导下,成立了体育术语统一研究会。次年,名为"统一体育术语国际研究会"的国际体育术语研究会成立。同年,联合国教科文组织的术语委员会承认了"统一体育术语国际研究会",该研究会于当年举办了第一届"国际体育术语统一研究会",也是国际上首次以讨论体育的基本概念为主题的会议。会议的报告和研究成果逐渐得到发表。如1962年德国人贝内特编写的《体育术语小辞典》;1964年茨舍内尔编辑出版了统一体育术语国际研究会的研究报告《身体练习的术语》;1965年,施纳伯尔出版了《论运动学的术语》;等等。同时在体育杂志也刊登了许多有关体育基本概念的学术论文,1965年,"统一体育术语国际研究会"曾就德语Bewegung(Sport)这一议题进行了专门的讨论。

在主席尼古·阿莱克塞博士领导下,1974年国际体育名词术语委员会在罗马尼亚出版了《体育运动词汇》一书,该书收录的体育运动词汇共218条,包括体育运动基本概念、运动词群和训练及其相关词汇的定义三个部分,用英语、俄语、德语、法语、西班牙语、罗马尼亚语共六种文字出版。2012年8月11日,国际在线术语网(TermNet)发布了在线的《水上运动词典》。该词典收集了与水上运动有关的术语约700条,涉及游泳、花样游泳、跳水、水球和公开水域五个项目,每个术语用加泰罗尼亚语、西班牙语、法语和英语四种语言对照提供了名称和定义。虽然,体育名词术语在国际上的研究工作已开展了50多年。但是,目前仍然存在着诸多的现实问题,影响着国际间体育文化和体育科学的交流,在1980年,体育概念被世界科学大会列为亟待解决的研究课题之一。

1956年,中华人民共和国体育运动委员会运动司组织编写了《体操术语》,由人民体育出版社出版。1983年,由卢先吾、熊斗寅合译,国家体委百科全书体育卷编写组编印发行了中文版《体育运动词汇》。1989年,王希贤编译的《竞技体操术语(汉英法日对照)》由人民体育出版社出版。为迎接2008年北京奥运会,在全国科学技术名词审定委员会与国家语言文字工作委员会的组织下,我国体育、术语、翻译、语言等学界专家合作完成了《奥运体育项目名词》,并于2008年7月1日,北京奥运会开幕前一个多月,由商务印书馆出版,该书涵盖了北京夏季奥运会中的28个体育大项,以汉语、英语、法语、西班牙语四种语言对照列表的方式呈现,收入9000余条体育专业术语。北京奥运会之后,全国科学技术名词审定委员会进一步开展体育专业名词的审定和公布工作。

体育是一种复杂的、全球性的、独特的社会文化活动,并随着社会的发展、全球化进程在世界范围内迅速发展和广泛传播。当今,体育是现代人类生活和生产活动的重要组成部分,成为人类的一种生活方式和生产方式,不仅在人们的日常生活中,而且在社会与经济发展中占有重要地位,并逐步形成相对独立、完整的知识、理论和方法体系。为了便于交流和准确表达它的完整内容,必须使用专有的名词术语。目前,世界各国仍然存在着各国文字表达不同、语言交流理解上的差异。就体育概念及其术语的使用而言,虽经长期努力取得了一些成效,但其规范程度并不理想,在一定程度上,国际社会对体育概念和术语的使用仍然处于比较混乱的状态。由于中国的体育基本概念和术语由外来语经构词翻译而成,对此无疑有较大的影响。由于文化的差异,不同语种间的翻译也常造成种种语义变化。一些术语从外文译成对应的汉语比较困难。例如汉语中"运动"一词,与"sport""movement""exercise""motion""move""motor"都可以对应,它们在英语中都有着较为明晰的区别。"sport"有运动、体育、竞技之意,强调通常根据规则进行的需要体力努力和技巧的运动。"movement"有运动、活动、动作、姿势之意,强调的是人的动作、人体姿势和位置的变化运动,一般指具体动作,强调运动保持一定的方向,并且是有规律的。"exercise"有运动、练习、作业、操练之意,强调通过操练和肢体动作而进行的增强体质运动。"motion"主要指抽象的、与静对立的运动以及运动变化,不管是自己在运动还是受外力而动。多指一系列运动的各个过程。"move"多指具有明确的目的性的运动,强调一次具体的运动或动作,以及改变本身所在位置的运动。"motor"有马达、发动机、运动肌等之意,解剖学中强调的是指运动的,肌肉运动的。这六个英语单词一旦译成汉语"运动"一词后就不能反映出它们之间的区别。总之,无论哪种语言都存在一词多义和一义多词的现象,由译语构成的概念和术语自然更难以统一,即使是正式的国际组织、政府部门、社会团体组织、部门文件、学术刊物等也存在术语使用不规范的现象。

五、体育术语的使用

术语往往与文化如影随形,不同的文化往往用不同的术语来表现和说明同一个概念。现代体育主要是外来文化,随着社会的进步,体育的发展,国际间体育活动交往的增多,体育的文化交流、学术交流的频繁,体育新概念大量涌现,必须用科学的方法定义、指称这些概念。中国在吸收外来体育文化时,必须吸收外来体育术语。术语是学术的前提,术语的规范化意味着科学的进步和文化的繁荣发展。体育术语的规范,是体育学科建设当中必不可少的重要环节,也是体育学术和体育活动交流的重要条件。术语规范化的目的是统一认识和文字指称,便于沟通和交流。目前,国际上体育术语规范化和标准化建设方面还存在着许多问题,有待国际组织和各国体育工作者共同努力,进一步加强交流合作。

(一)国际组织中体育术语的使用

(1)联合国教科文组织政府间体育运动委员会(International Committee for Physical Education and Sport of UNESCO)。

(2)国家体育组织国际大会(International Assembly of National Organizations of Sports,IANOS)。

(3)国际军事体育理事会(International Military Sports Council,CISM)。

(4)国际健康、体育、娱乐、运动与舞蹈理事会(International Council for Health,Physical Education,Recreation,Sport,and Dance,ICHPERSD)。

(5)国际大众体育联合会(International Sport For All Federation,FISPT)。

(6)体育与大众传播媒介委员会(Sport and Mass Media Committee)。

(二)政府部门机构中体育术语的使用

(1)国家体育总局(General Administration of Sport of China),其前身为中华人民共和国体育运动委员会(Commission for Physical Culture and Sports of the PRC)。

(2)香港康体发展局(Hong Kong Sports Development Board)。

(3)澳门体育发展局(Macau Sports Development Board)。

(4)美国的总统健身和体育理事会(The President's Council for Physical Fitness and Sport,PCPFS),现改为美国总统健身、运动和营养委员会(President's Council on Fitness, Sports & Nutrition)。

(5)澳大利亚体育委员会(Australian Sports Commission, ASC)。

(6)教育文化体育科技部(日本文部科学省)(Ministry of Education, Culture, Sports, Science and Technology,MEXT)

(三)国际组织文献中体育术语的使用

(1)联合国教育、科学及文化组织(UNESCO)的国际体育运动宪章(International Charter of Physical Education and Sport)。

(2)欧洲体育内阁首脑会议通过的欧洲体育宪章(European Sports Charter)。

(3)联合国大会通过的反对体育领域种族隔离国际公约(International Convention against Apartheid in Sports)。

(4)联合国体育运动国际年(The International Year of Sport and Physical Education)。

(5)联合国体育促进和平与发展(Sport for Peace and Development)。

(6)联合国第六十届大会秘书长的报告:体育促进和平与发展:体育运动国际年(Sport for Peace and Development: International Year of Sport and Physical Education)。

(四)我国政府部门的文件中体育术语的使用

(1)在《授予博士、硕士学位和培养研究生的学科、专业目录(1997年)》中,一级学科体育学(Science of Physical Culture and Sports),下设四个二级学科:

体育人文社会学(Humane and Sociological Science of Sports);

运动人体科学(Human Movement Science);

体育教育训练学(Theory of Sports Pedagogy and Training);

民族传统体育学(Science of Ethnic Traditional Sports)。

此外,在其他学科门类下,与体育学科相关的二级学科:

军事教育训练学(含军事体育学)[Military Education and Training (including Military Physical Training)]、运动医学(Sports Medicine);

(2)体育学一级博士学位授权点:First Grade Program to Confer Doctorates in Physical Education。

(五)主要的体育学术刊物中体育术语的使用

(1)《体育科学》(China Sport Science)。

(2)《体育学刊》(Journal of Physical Education)。

(3)《山东体育学院学报》(Journal of Shandong Institute of Physical Education and Sports)。

(4)《国民体育季刊》(National Sports Quarterly)。

(5)《学校体育》(Physical Education of School)。

(6)英国《运动科学杂志》(Journal of Sport Science)。

(7)美国《运动与体育研究季刊》(Research Quarterly for Exercise and Sport)。

(8)美国《体育教学杂志》(Journal of Teaching in Physical Education)。

(9)美国《体育运动医学和科学》(Medicine and Science in Sports and Exercise)。

(10)法国《科学与体育》(Science and Sports)。

(11)德国《国际体育医学杂志》(International Journal of Sports Medicine)。

(12)日本《体育学研究》(Japanese Journal of Physical Education)。

(13)日本《体力与运动医学杂志》(Japanese Journal of Physical Fitness and Sport Medicine)。

(14)澳大利亚《体育科学与医学杂志》(Journal of Science and Medicine in Sport)。

(15)新西兰《运动医学》(Sport Medicine)。

(16)意大利《体育医学与健康杂志》(Journal of Sports Medicine and Physical Fitness)。

(17)荷兰《人体运动科学》(Human Movement Science)。

(18)台湾《体育学报》(Physical Education Journal)。

(19)香港运动医学和体育科学杂志(The Hong Kong Journal of Sports Medicine & Sports Science)。

此外,由中国大学生体育协会、中国中学生体育协会(Federation of University Sports of China, China School Sports Federation)主办的《中国学校体育》(China School Physical Education)。

(六)主要的体育学术组织中体育术语的使用

(1)国际体育科学与体育教育理事会(International Council of Sport Science and Physical Education,ICSSPE/CIEPSS)。

(2)欧洲体育科学学会(The European College of Sport Science,ECSS)。

（3）美国运动医学会（American College of Sports Medicine，ACSM）。

（4）英国体育运动科学学会（British Association of Sport and Exercise Sciences，BASES）。

（5）澳大利亚体育运动科学学会（Exercise and Sports Science Australia，ESSA）。

（6）中国体育科学学会（China Sport Science Society，CSSS）。

（7）巴西体育科学学会（Brazilian College of Sport Science，CBCE）；

（8）中国台湾的中华民国体育学会（National Society of Physical Education of the Republic of China，ROCNSPE）。

（9）香港运动医学及科学学会（Hong Kong Association of Sports Medicine and Sports Science，HKASMSS）。

（10）台湾身体活动与运动科学学会（Taiwanese Society of Physical Activity and Exercise Science）。

（11）澳门体育暨运动科学学会（Macao Society of Sport Science and Physical Education，MSSSPE）。

（12）埃及体育科学学会（Egyptian Society of Health, Fitness and Sport Science，ESHFSS）。

以上各国际组织机构、政府部门和社会团体，以及发布和出版的文件文献，权威的学术刊物中在体育概念名词术语的表述都存在着差异。在对外交流中，"体育"一词应根据不同历史和文化背景、不同的国家和地域环境，以及不同的语境，酌情选用相应的英文词汇来对应。一般来说，"Physical Education"侧重于教育，尤其是学校领域内的体育活动，强调通过体育活动对于人和人的身体的培养和塑造，是利用身体运动和游戏作为教育手段的一种正式的教育活动；"Sport"侧重于运动竞技与游戏比赛的活动，尤其是指那些需要身体技巧、体力智力、灵敏反应的身体活动，其结果往往带有不确定性、偶然性，是一种有完善规则的娱乐性竞赛活动；"Physical Culture"原本是体育的一个上位概念，有着比体育更广泛的含义，但译成体育是强调体育的文化因素和文化内涵，作为整个文化的一部分；"Physical Education and Sports"是一个联合词组，从体育概念的内涵和外延上强调"Physical Education"和"Sport"整合，即是强调体育的概念包括"Physical Education"和"Sport"

的全部内容。但反过来说，这个词组也反证了"Physical Education"和"Sport"是有区别的两个不同的概念；"Physical Activity"是强调人体进行的各种体力活动，包括与生活和劳动相结合的一般性的体力，需要一定体力的体育活动；"Exercise"主要是为了提高人体的身体活动能力，提高人的体质健康水平而进行的各种身体练习；"Fitness"主要是提高人的体质健康水平而进行的各种身体活动，包括各种运动游戏、休闲、娱乐活动；"Athletics"在以英国为代表的英语世界主要作"田径运动"，等同于"Track and Field"，如国际田径联合会(The International Association of Athletics Federations)，但美语中则更多地表示"运动"和"竞技"之意。可见，不同的国家和组织间，体育概念和术语的使用存在一定程度的差异，这种差异必将引起体育的知识体系认识上的差异。

第二节　体育科学的概念与术语

体育作为一种社会现象是伴随着人类的劳动、教育、军事、娱乐游戏、医疗保健、宗教祭祀等等活动发展起来的，它的起源并不晚于教育、军事、医疗保健等人类社会实践活动。体育曾经是，现在仍然是教育的重要内容、军事训练的重要手段、医疗保健的重要方法。但是，由于过去人们不重视体育，从事体育科学研究的人很少。如果说古今中外有关教育、军事学、医学的学术思想、学术论文、著作等科研成果像江河一样涌流，而有关体育的科学研究成果则至多只是若干小溪流淌而已。体育科学不仅研究成果较少，且多数与教育学、军事学、医学、养生学、民俗学等掺杂在一起，也没有系统地归纳、整理、概括，没能像教育学、军事学、医学那样较早地形成相对独立的知识体系。因此，可以说体育科学正处在新兴发展阶段，许多基本概念、基本理论都还在研究之中，许多学科还处在前学科和潜学科阶段，可供引用的权威性的科学结论还很少，虽然整个体育科学已形成相对独立的学科体系，但这个体系还有待于进一步丰富、完善和发展。

现代体育科学研究开始于文艺复兴运动，在人文主义思潮的影响下，体育开始成为人类认识的对象和改善与发展自身的特殊途径。达·芬奇最先尝试用解剖学和力学观点解释人体运动，他还研究了运动与血液流动和动脉硬化的关系。到了17世纪，人们对体育的一些基本问题已经形成了大体一致的认识，这一时期，按照活动的形态、目的、功能、过程等特征对体育活动进行分类认识成为体育研究的普遍倾向，体育开始把医学、教育学等学科作为自己的科学基础。

19世纪欧洲国民教育改革和自然科学取得的巨大成就，带动了体育科学研究的发展，体育科学多个分支学科开始利用母学科的理论与方法进行独立的探索。菲特的《体育辞典》分卷介绍了体育史、运动解剖学、运动生理学和运动力学。

20世纪初，人们综合生物学、医学、教育学等多学科的理论对体育进行研究，体育科学研究开始进入多学科探索时代；《肌肉运动生理学》《运动员手册》《运动心理学》等许多体育科学有关论著的出版，以及国际体育教育联合会、国际运动医学联合会等体育学术组织相继成立，标志着体育科学的初步形成；到了20世纪中期，随着健身运动的广泛开展、竞技体育水平的迅速提高、学校体育日益受重视以及体育产业的蓬勃兴起，体育科学进入快速发展时期，体育科学为了解决体育运动中所面临的问题，与哲学、教育学、心理学、生物学、社会学等学科相结合，形成了体育科学各个分支学科的专门知识体系。

中国的体育科学研究开始于20世纪初。随着现代学校体育制度的确立，南京高等师范学校体育专修科和北京高等师范学校体育专修科相继建立高等体育教育专业。1918年，南京高等师范学校体育科创办了学术性体育刊物《体育季刊》，并编写了一批体育教材和学术著作，这意味着我国体育科学研究已经开始。

中华人民共和国成立以后，1952—1957年先后建立的11所体育学院和原有38所高等师范院校体育系（科），成了推动体育科学发展的主力军。1954年中央体育学院在苏联专家的指导下开始培养研究生，1959年我国开始独立自主培养体育学研究生。1958年以后，北京体育科学研究所（现国家体育总局体育科学研究所）和一些省（自治区、直辖市）、体育学院相继成立了体育科研机构。1960年第一次全国体育科学工作会议的召开和《1963—1972年科学技术发展规划》的出台推动了我国体育学研究的全面开展。1978年以后，各体育院校陆续恢复或开始招收研究生。1980年中国体育科学学会的成立，1986年北京体育学院和上海体育学院获得体育学博士学位授予权,更推动了我国体育科学的长足进步。

体育科学是随着科学技术进步和体育运动实践的发展而发展起来的年轻的新兴学科群,早期的体育科学主要是从教育科学中发展起来的。随着生物科学的发展,特别是生理学的发展,使得自然科学大量向体育科学领域渗透。在第一次世界大战后,体育科学的名称开始出现。第二次世界大战后,随着世界科学技术、教育文化的高速发展,大众体育的兴起,体育科学迅速崛起。20世纪中期,社会学、心理学、管理学等社会科学大量涌入体育领域,使体育科学的研究内容日益丰富,领域更加广泛,已形成了一个众多学科聚集的学科群。随着现代科学和体育的发展,体育科学日益显示出它的重要性,体育科学不仅是现代体育事业的重要组成部分,而且对现代体育的发展起着先导、桥梁和催化剂的作用。一个国家体育的发展程度与它的体育科学发展水平是密切联系在一起的。只有树立了正确的体育科学观念,正确认识体育科学的本质特征、属性,明确了现代体育科学的系统、结构、层次,认清了体育科学的地位和作用,才能适应形势的发展,才能发挥体育科学促进人类体育,乃至促进经济与社会发展的巨大作用。

体育科学是研究体育现象及其规律的科学。它以人们对体育需求的认识和体育实践的发展为直接动力,主要任务是揭示体育活动的自然科学基础和体育活动中人体变化的规律,揭示人类生活和生产各个领域中所发生的体育现象的规律,以及利用这些规律指导体育实践。体育科学的研究对象是体育,是社会现实中人的体育活动过程以及体育过程中的体育现象和内在规律。体育的活动主体是人,人是自然的存在物,是社会的存在物,思维活动和精神活动的主体,是自然属性、社会属性、思维属性的统一体。各种体育活动现象不仅仅包括人类发明的田径、足球、体操、武术等精彩纷呈的运动项目,以及丰富多彩的民间、民族、民俗体育游戏,而且也包括与之相应的一切如体育教育、运动训练、运动竞赛和体育锻炼等体育活动现象。这些人类社会特有的体育活动现象与生物现象、社会现象、人类的精神现象等有着内在的联系。体育科学研究的目的就是在于揭示这些体育活动现象的内在联系与规律,包括人的有机体在体育运动作用下的发展规律,如:动作技能形成的规律、人体生理机能活动能力变化规律、超量恢复以及人体机能适应性规律;体育运动项目发展、体育运动技术发展、体育场地器材的发展、公平竞争规则发展的规律;体育活动与其他社会活动的本质联系,如体育与政治、经济、文化、教育、军事、宗教、艺术等之间的联系,体育与经济社会互动发展的关系。因此,体育科学研究,体育科学的发展必须与自然科学、人文社会科学、工程技术科学等众多学科交叉、渗透、融合,从中汲取丰富的营养,促进体育科学学科的分化与综合,进一步推动体育学新学科诞生,不断优化学科体系结构,完善体育科学学科体系。

一、体育科学概念

概念是反映客观事物的共同属性及其本质的思维形式。事物总是处在发展变化之中,对事物属性及其概念的认识亦是如此。体育科学最早作为概念出现是在19世纪。随着社会与体育实践的发展,体育科学的内涵在不断丰富,外延也在不断拓展,由单一的体育知识形态构成的概念,逐步发展成为涵盖理论知识、生产和运用知识、认识和改造客观世界的方法、工具,以及社会现象和社会建制等丰富内涵的概念体系。体育科学是科学的一个内容或分支,其体系中的概念既离不开科学理论的指导,也离不开体育自身实践的丰富。

确切说来,体育本身并非是科学,而是一种社会活动现象。一般为了表达它的科学性才有体育科学一说,也只有研究这种社会现象的学问才是真正的体育科学。据查考,体育科学这个词,大体上是在第一次世界大战后开始出现,第二次世界大战后才在国际上通用。"体育科学"是由"体育"和"科学"两个概念构成。"体育科学"是关于"体育"的"科学",既关乎全部体育运动的实践与方法,又关乎科学领域的知识体系。这里的体育应该就是体育运动现象和过程的总和,体育科学则是阐释体育运动现象和过程的内在规律的知识体系。

对"体育科学"的全面把握,明确体育科学的概念、定义和与之相应的术语,对正确认识体育科学的特点、范围、性质和规律,对研究体育科学学科体系十分重要。历史地看,对体育科学的定义国内外主要观点有以下几种(表3-2)。

表3-2　国内外关于体育科学的定义

作者	观点和定义	资料来源
胡晓风	体育是人类社会中比较复杂的一种社会现象。体育学，或者说体育科学，是以这种现象为研究对象的科学。体育是一个自然历史发展过程，体育学就是反映这个过程本质联系的客观规律的科学	胡晓风.大体育观[M].成都：四川教育出版社，1989:39.
周西宽等	体育学是从宏观上研究体育的一门学问，它从整体上认识体育全过程的一般规律，抽象地反映出体育的主要特征，准确揭示其本质，以便使体育这种社会实践活动朝着更有利于人类的方向发展	周西宽，胡小明，惠蜀，等.体育学[M].成都：四川教育出版社，1988:4.
熊斗寅	体育科学是研究社会各种体育现象，最大限度发挥人体运动能力和通过身体练习有效地提高人类健康水平等规律的综合性科学	熊斗寅.体育现代化[M].南京：江苏省体育科学研究所，1987:54.
[日本]川村英男	体育学是综合的学问，可大致分为人文科学、社会科学、自然科学。这些系列的知识，已经构成了体育学的独立体系……以知识体系为基础的，叫做理论体育学；依附于实践体系的，叫做实践体育学，两者兼备的叫做广义体育学	川村英男.体育原理[M].王德深，译.北京：国家体委百科全书体育卷编写组，1982:16-19.
[日本]前川峰雄	体育科学可分为运动科学和体育学。运动科学是指对人在进行运动时的运动过程进行研究的诸学科。特别是指对运动过程中的实际问题进行研究。体育学研究目的是为了使进行身体活动的学习者和练习者，能够朝着所期望的方向发展和变化	前川峰雄.体育原理[M].鲁彩云，译.北京：国家体委百科全书体育卷编写组，1982:11.
[德国]舍格尔	所谓体育学就是与身体文化(Physical Culture)有关的科学，过去所使用的竞技科学也包含在内，这里的身体文化包含有从保健养生的身体现象到竞技锻炼的运动现象，同时，为此服务的社会制度和政府机构，甚至个人生活都纳入其中	岸野雄三.体育史学[M].白澄声，李建中，胡小明，译，北京：国家体委百科全书体育卷编写组编印，1982:8-9.

从上述学者对体育科学的定义来看，国内学者多关注体育科学的研究对象和研究内容，强调体育科学的性质、功能和目的性。国内大多是从科学的内涵来定义体育科学概念。如，胡晓风认为体育学，或者体育科学是以体

育社会现象为研究对象;周西宽等认为以体育全过程为研究对象;熊斗寅认为体育科学以社会各种体育现象为研究对象。胡晓风强调,体育科学是反映"本质联系的客观规律";周西宽等强调,"准确提示其本质";熊斗寅强调,"研究……规律的综合性科学"。

国外学者多关注体育科学的"知识"和"知识体系",强调体育科学知识性、学术性、解释性和价值性,并注重体育科学知识性分类。和国内不同的是,国外对体育科学的定义是从科学的外延来界定的。如,日本的川村英男认为体育科学是"系列的知识……独立体系";日本的前川峰雄认为"运动过程进行研究的诸学科";德国的舍格尔认为"是与身体文化有关的"。川村英男强调,体育科学包括"理论体育学,实践体育学";前川峰雄强调,"运动过程中的实际问题",也就是强调解释性、指导性和价值性;舍格尔强调,"与身体文化有关的",包括"保健养生"和"竞技锻炼"的科学。

工具书,尤其是百科全书,是一个国家和一个时代科学文化发展的标志,其对各门科学相关概念的界定具有权威性和代表性。下面列举了国内外工具书中几个有关体育科学的概念(表3-3)。

表3-3 国内外主要工具书关于体育科学的定义

作者	定义	资料来源
[罗马尼亚]尼古·阿莱克塞	体育运动科学(physical education and sports science)是"有关身体练习的全部知识,这些知识是同整个概念体系相联系并作为一种理论——它确定那些可以预见、评价和证实社会生活实践中生物学精神的效果的原则。它的研究对象,是处在社会整体化过程中,借助于身体练习以求机体与心理得到改善并提高其社会效果的人"	阿莱克塞.体育运动词汇[M].卢先吾,熊斗寅,译.北京:国家体委百科全书体育卷编写组编印,1983:3.
中国体育科学学会、香港体育学院	体育科学(sport science)研究体育现象,揭示体育内部和外部规律的一个系统的学科群。体育科学是人类现有科学中的一个分科,由于体育科学研究的主体是人与人体运动,因此其领域涵盖自然科学、人文科学和社会科学。体育科学是由四五十门之多的学科,按照体育内在的和外在的本质联系构成的一个有序的知识体系	中国体育科学学会,香港体育学院.体育科学词典[M].北京:高等教育出版社,2000:291.

作者	定义	资料来源
中国大百科全书总编辑委员会《体育》编辑委员会,中国大百科全书出版社编辑部	"现代体育科学是一门新兴的科学,它是随着现代社会的发展,现代科学的形成和进步,以及体育运动的发展而逐渐形成和发展起来的","体育科学研究的主要对象是非常复杂的人","用科学的方法来探求体育的本质和规律"	中国大百科全书总编辑委员会《体育》编辑委员会,中国大百科全书出版社编辑部.中国大百科全书·体育[M].北京:中国大百科全书出版社,1982:354.
中国百科大辞典编委会	一门新兴的正在发展中的综合性交叉科学,反映体育运动客观规律的知识体系,研究体育运动这一社会现象和最大限度发挥人体运动能力,以及通过身体练习作为教育手段有效地提高人类健康水平和建设精神文明等规律。经历了派生、迭加、综合的过程,涉及社会科学、自然科学和管理科学的许多领域。和整个科学体系有重要依附关系,但也形成了自己独特的知识体系	中国百科大辞典编委会.中国百科大辞典[M].北京:华夏出版社,1990:480.
[德国]《体育百科词典》编委会	体育科学(Sportwsenschaft)是一个从单项学科的各个专业角度出发,专门针对体育运动及其分支的科学研究、学说和实践的体系。它是一门联系实践的,由多种系统知识组成的综合科学。它采用各有关学科的不同方法并从不同角度来研究"身体的社会存在"以及人类运动发展	熊斗寅.体育现代化[M].南京:江苏省体育科学研究所,1987:53.
[日本]相贺彻夫	体育学在历史上还是一个新概念。它把指导体育实践的各种课题系统化,或者把关于体育的特点、历史、目的、内容和方法等方面的研究成果系统化。近来,人们多用"体育科学"一词	熊斗寅.体育现代化[M].南京:江苏省体育科学研究所,1987:53.
[日本]今村嘉雄	体育科学是以体育运动的应用为前提,研究运动参加者和非运动参加者在内全人类的身体和身体运动的科学。它是横跨人体科学、生物学、社会学和人文科学领域应用各种专门知识所构成的综合科学	今村嘉雄.日本新修体育大辞典[M].东京:不昧堂出版社,1976:767.

　　从上述工具书对体育科学所下的定义看,它们分别从不同角度、不同侧面、各有侧重地对体育科学进行界定。其共同点是:首先,它们都各自明确

了体育科学研究的对象、研究领域和研究内容。如:《体育运动词汇》明确将"借助于身体练习以求机体与心理得到改善并提高其社会效果的人"作为体育科学研究的对象;中国体育科学学会和香港体育学院的《体育科学词典》明确将"人与人体运动"作为体育科学研究的对象;《中国大百科全书·体育》明确了"体育科学研究的主要对象是非常复杂的人";《中国百科大辞典》明确了研究对象是"体育运动客观规律的知识体系";西德的《体育百科词典》明确了研究对象"身体的社会存在以及人类运动";日本的《大日本百科事典》明确了研究对象是"体育实践";日本的《日本体育新修大辞典》明确了"研究运动参加者和非运动参加者在内全人类的身体和身体运动"。其次,它们都强调了体育科学是"系统化知识、规律性知识"。《体育运动词汇》强调"全部知识,这些知识是同整个概念体系相联系";《体育科学词典》强调"有序的知识体系";《中国大百科全书·体育》强调"体育的本质和规律";《中国百科大辞典》强调"综合性交叉科学";德意志联邦共和国的《体育百科词典》强调"多种系统知识组成";日本的《大日本百科事典》强调"研究成果系统化";日本的《日本新修体育大辞典》强调"应用各种专门知识"。

二、体育科学概念的定义

综合上述国内外关于体育科学的定义,结合体育科学的研究对象、研究方法和研究内容、研究领域,以及体育科学的本质特征和属性,我们对体育科学作了如下定义:体育科学是以人的体育运动和体育运动的人为研究对象,运用现代科学的理论与方法,揭示各种体育现象本质及其规律的系统的知识体系。之所以这样定义体育科学,首先,它明确了体育科学的研究对象是人的体育运动和体育运动的人,既是人的有机体的运动,以及人的心理和思想活动,也是社会现实中人从事的各种体育社会活动,是人类社会实践的一种特殊形式。其次,明确了体育运动与科学之间的内在关联,明确体育科学研究的对象与领域、研究的内容与范围、研究的方法与手段,体育科学研究必然涉及自然科学、人文科学、社会科学,也涉及工程技术科学领域,明确了体育科学是一门综合性科学。再次,明确体育科学是一门应用性科学,研究主要是借助于现代科学技术的最新成果,运用现代科学技术中的手段、方法来揭示体育运动现象的本质和规律,解决体育运动实践中的现实问题。

最后,强调体育科学不仅仅是体育运动实践经验的高度概括和总结,还是要运用现代科学的理论与方法、概念、范畴、命题、原理、法则和逻辑的形式反映体育现象及其内在规律的系统的知识体系。上述定义反映了体育科学活动的本质特征,指出体育科学概念在科学的概念体系、体育运动概念体系中的确切位置,并将体育科学概念同相关概念有效地区分开来。

三、体育科学术语

科学的体系,在某种意义上就是概念的体系、术语的体系。术语是学科专业领域中概念的文字指称。在任何一个学科的知识体系中,概念都是用定义来描述和界定的,并用规范的约定术语来表示(即文字指称),也就是为某一事物特别规定的文字符号。在某一特定学科、专业范围内一个术语仅标记一个概念,而且使其精确,以与相似的概念相区别,并在这一学科、专业的整个概念系统中规定每个术语的地位。

目前在汉语中,体育科学常用的术语有"体育科学""体育学"和"运动科学",大陆多用"体育科学""体育学",港、澳、台地区多用"运动科学"。这可以从体育科学的学术组织、学术刊物、学术会议,以及政府部门、相关组织机构的文件中,看出体育科学术语的文字指称的使用状况。

(1)使用"体育科学"的有:

学术组织:中国体育科学学会;

学术刊物:《体育科学》;

学术会议:全国体育科学大会、中国学校体育科学大会;

正式文件:中华人民共和国国家标准《学科分类与代码》(GB/T 13745–2009):体育科学(890)。

(2)使用"体育学"的有:

学术组织:国务院学位委员会体育学学科评议组;

学术刊物:《体育学刊》;

学术会议:全国博士生学术论坛(体育学);

正式文件:《学位授予和人才培养学科目录(2011年)》:体育学(403)。

(3)使用"运动科学"的有:

学术组织:台湾身体活动与运动科学学会、香港运动科学会、澳门体育暨运动科学学会。此外,台湾的"国立"体育大学(桃园校区)设有运动与健康科学学院、运动科学研究所。"国立"台湾体育运动大学(台中校区)设有运动健康科学学系、运动科学研究中心。香港中文大学设有运动科学与体育系,香港教育学院设有体育及运动科学系。

学术刊物:《身体活动与运动科学学会会刊》(台湾地区)。

学术会议:台湾身体活动与运动科学学会举办"国际身体活动与运动科学研讨会"。

正式文件:台湾《教育程度及学科标准分类》(第四次修正),将第三次修正版中体育学类调整为:竞技运动学类、运动科技学类、运动休闲及休闲管理学类三大类。

此外,在体育科学的分支学科中其指称也多冠以"运动××学"如:"台湾运动心理学会""台湾运动生物力学学会""台湾运动社会学会""台湾运动健康学会""台湾运动教育学会""台湾体育运动史学会""台湾体育运动管理学会""中华运动休闲产业管理学会""台湾运动生物力学学会""台湾运动医学学会""香港运动心理学会",香港《运动医学和体育科学杂志》,以及《台湾运动医学学会会讯》,"运动科学咨询网"等。但也存在使用"体育学"的个别情况,如:"中华民国体育学会"会刊《体育学刊》,香港浸汇大学体育学系。

在大陆,体育科学的二级学科,在自然科学、工程技术类学科中多用"运动××学",在人文社会科学类学科类多用"体育××学"。如体育自然科学、工程技术类的二级学科就有运动解剖学、运动生物力学、运动医学等;体育人文社会科学类的二级学科有体育哲学、体育史学、体育社会学、体育经济学、体育教育学等,这也是体育科学术语使用客观存在的一种现象。

四、体育科学术语的使用

术语往往与文化如影随形,不同的文化往往用不同的术语来表征和说明同一个概念。现代体育主要是外来文化,随着社会的进步,体育的发展,国际间体育活动交往的增多,体育的文化交流、学术交流的频繁,体育新概念大量涌现,必须用科学的方法定义、指称这些概念。中国在吸收外来体育文化的同时,必须吸收外来体育术语。术语是学术的前提,术语的规范化意味着科学的进步和文化的繁荣发展。体育术语的规范是体育学科建设当中必不可少的重要环节,也是体育文化交流的重要条件。术语规范化的目的是统一认识和文字指称,便于沟通和交流。目前,国际上体育术语规范化和标准化建设方面还存在着许多问题,有待国际组织和各国体育工作者共同努力,进一步加强交流合作,提高体育术语规范化和标准化程度。

目前大陆地区体育科学的术语主要有"体育学""体育科学"这两个文字指称。体育学与体育科学这两个词组,从汉语构词法上看,它们都是名词性偏正结构,是由修饰语和中心语两部分组成,前一部分描写、修饰或限制后一部分,后一部分是整个词组的核心,一般把前一部分叫作修饰语,或称定语成分,把后一部分叫作中心词,也称体词性成分,形成了"定语+中心词"的"偏"和"正"结构。偏正结构包括起修饰作用的定语与被修饰的中心词,定语主要从领属、范围、质料、形式、性质、数量、用途、时间、处所等方面描写、修饰或限制中心。"体育"是定语成分,"学"和"科学"是被"体育"描写、修饰或限制的中心词。"体育"主要是从范围、领域和性质等方面来描写、修饰或限制"学"和"科学",旨在表达它是有关体育系统的知识或知识的体系。"体育""学"和"科学"是构成体育科学这一概念对应其术语的三个基本要素,这三个基本要素构成体育科学这一词组的词素,词素是构成单词的不能分割的有意义的语言中语音和语义的最小结合体,是意思或语法功能的最小单位。语素构成词,词构成短语,同时也和短语构成句子。因此,分析体育科学的术语"体育学""体育科学",有必要分析构成体育科学术语词组的词素:"体育""学"和"科学"。

"体育"作为一个词素,可以独自成为一个完整意思或者组成一个词语,构成意思或语法功能的最小单位。对体育完整的意思和概念前面讨论过。从广泛的意义上看,体育是以身体练习和运动项目为基本手段,为增进人的体质健康,促进人的全面发展,提高运动技术水平,丰富人们文化生活而进行的一种社会活动。"学":一是指效法、获得知识,钻研知识和掌握知识。二是指学问(简称"学"),学问指系统的知识,也泛指知识。所以人们通常把有知识说成"有学问"。三是指学说,是指根据自己所学到的某方面知识并加以总结,而得出的最终结果,是在学术上自成系统的主张、观点、见解、理论。学说可能是指:理论,又称"理论学说",英语 Theory,源自古希腊文 θεωρία。假说,又称"假设学说",英语 Hypothesis,源自古希腊文 ὑπόθεσις。四是指学术。在我国古代，学术是一切学问的总称，表示追寻研究学问的方法与水平，在现代则指专门系统的学问。从科学的角度看，"学"是正确反映客观事物的，对客观事物及其规律进行学科化论证的、专门的系统的知识，也泛指高等教育和科学研究，所以从事高等教育和研究的科学与文化群体常被称呼为学术界或学府。英语的学术一词"academic"，来自"academy"，意思是"学院的"。五是指学科。在《教育大辞典》中，学科(discipline)是"一定科学领域的总称(如人文学科等)或一门科学的分支(如自然科学部门的生物学、化学,社会科学部门的经济学、史学等)"。在《汉语大词典(第四卷)》中，学科是"按照学问的性质而划分的门类。如自然科学中的物理学、化学;社会科学中的历史学、经济学等"。在《辞海:1999年缩印本(音序)4》中，学科是"学术的分类。指一定科学领域或一门科学的分支。如自然科学中的物理学等;社会科学中的史学等"。在国家标准《学科分类与代码》(GB/T 13745-2009)中，学科是"相对独立的知识体系"。

从上述各工具书的权威性定义看，学科强调的是分化的科学领域，是学术的分类或科目，某一门类系统的知识以及某一门科学的分支。可见学科是分门别类的有系统的知识，各门学科都是以建立统一的、逻辑严密的、关于现实世界某一方面的知识体系为前提的;是人类探求客观事物过程中，从不同角度、不同层次，运用不同方法、不同手段，对不同领域、不同过程等进行研究而不断分化和深化所形成的相对独立的、系统完整的知识体系。

科学是"以范畴、定理、定律等形式反映现实世界多种现象的本质和运动规律的知识体系"[1]，是"反映客观世界(自然界、社会和思维)的本质联系及其运动规律的知识体系，组织科学活动的社会建制"[2]，是"反映自然、社会、思维等的客观规律的分科的知识体系"[3]。

科学强调是"知识体系"，它具有系统性、有序性和完整性，是根据一定的理论原则和方法整理出来的。"知识体系"内的知识构建有一定的逻辑联系和内在机制，按一定的秩序排列组合，构成一定的层次和类型，呈现出一

① 中国大百科全书总编辑委员会《哲学》编辑委员会.中国大百科全书·哲学[M].北京:中国大百科全书出版社,1987:404.
② 《自然辩证法百科全书》编辑委员会,于光远,等.自然辩证法百科全书[M].北京:中国大百科全书出版社,1995:264.
③ 中国社会科学院语言研究所词典编辑室.现代汉语词典[M].2版.北京:商务印书馆,1983:639.

定的组织和结构。科学知识的系统性和完整性是客体组织和结构真实、客观的反映,是客体的组织和结构在科学知识组织和结构中的折射和再现,科学知识体系的形成过程反映了人们对客观世界认识的逐步分化和深化。

"体育学"从它的词组构成看,是"体育"+"学"的偏正结构。这里的"体育"描写、修饰或限制中心词;中心词"学",其本义是由学问知识逐步引申为理论知识和系统的专门知识,最终上升到学科;学科是分科之学,是科学整体中划分出相对独立的局部,强调的是科学局部的相对性和科学分科的独立性。"体育学"是指体育的学科,简称体育学,应理解为体育科学学科体系内众多学科中的一门学科。

关于体育学,国内权威的界定主要有:

体育学(Sport Science)是指研究体育科学及其发展方向的一门学科。其研究内容主要有体育科学在科学中的价值与地位;体育科学体系的层次、结构及其演变;体育科学的性质;体育科学包含的学科以及各学科之间、各学科与相关学科之间的互相渗透与综合发展的关系。很显然,这里所说的体育学实际上是体育科学中的一门学科,但它又用英文"Sport Science"注释,显然又是指体育科学。

体育学(Science of Physical Culture and Sports)是指研究体育运动及其规律的科学。体育科学以人类社会中的体育行为以及体育行为的主体人为研究对象,它的主要任务是研究如何使体育运动与社会相互促进并能良性运行;如何促进人们更加全面、协调和完善地发展;如何传授体育运动知识和技能,提高参加者的运动能力、健康水平和竞技选手的运动水平,以及如何弘扬民族传统体育文化,使其更好地为现代社会的发展服务。这里所说的体育学显然不是体育科学的一门学科,实际上是指整个体育科学。

体育学是从宏观上研究体育的一门学问,它从整体上认识体育全过程的一般规律,抽象地反映出体育的主要特征,准确揭示其本质,以便使体育这种社会实践活动朝着更有利于人类的方向发展[①]。这里所说的体育学实际上是指体育科学中的一门学科。

体育学是从整体上揭示体育的本质特点,剖析体育的社会地位、功能、目的任务及其与各种社会文化现象之间的关系,阐明体育的组织和方法手

① 周西宽,胡小明,惠蜀,等.体育学[M].成都:四川教育出版社,1988:4.

段以及国际体育、未来体育等,从整体上去研究和认识体育,进行高度综合与概括,是体育实践的理论反映。这里所说的体育学实际上是指体育科学中的一门学科。对于"体育学"这一体育科学概念的文字指称的使用,在国内相对于"体育科学"要少。尤其是在体育、科学、教育领域相对少见。从现有的材料看,对于"体育学"国内存在三种不同的认识和用法:

一是认为体育学就是体育科学。在《授予博士、硕士学位和培养研究生的学科、专业目录(1997年)》中,体育学被确立为体育学硕士研究生、博士研究生培养一级学科,下设体育人文社会学、运动人体科学、体育教育训练学、民族传统体育学4个二级学科。在《普通高等学校本科专业目录(2015年)》中,体育学被确立为一级学科,下设体育教育、运动训练、社会体育指导与管理、武术与民族传统体育、运动人体科学5个二级学科专业。《体育学刊》刊物名称中的体育学,指的是体育科学。

二是认为体育学就是体育科学的一门原理性的学科,是对体育这种社会实践活动的理论总称,相当于体育概论、体育理论、体育原理等;也指研究体育科学的学科,相当于体育科学学,体育科学体系学。

三是认为体育学是体育科学的一个学科群。《2015年国家社会科学基金项目申报数据代码表》设立了体育学门类,列出了11门体育学科,而这里的体育学仅指与有关体育的人文学科和社会学科,也就是指体育人文社会学。

"体育科学"从它的词组构成看,是"体育"+"科学"的偏正结构。这里的"体育"描写、修饰或限制中心词的定语成分,中心词"科学",是知识的整合和总体,强调的是体育科学知识的完整性和系统性。体育科学是由相对成熟的约60门各类分支学科构成的学科群体。在体育科学的孕育、形成和发展的过程中,既出现了体育学、体育理论、体育原理等研究体育一般规律的学科,也出现了研究体育领域某一方面规律的各门体育学科,体育科学就是所有这些学科的总称。

目前,国内关于"体育学"与"体育科学"这两个术语在体育、教育和科学领域都有应用。国家标准《学科分类与代码》(GB/T 13745-2009)中,使用的是"体育科学"(代码:890);科研机构、学会、刊物的名称使用的是"体育科学",如:国家体育总局体育科学研究所、中国体育科学学会及其会刊《体育科学》等;在大学中设置的学院名称中使用的是"体育科学",如:华南师范大学体育科学学院、南京师范大学体育科学学院、沈阳师范大学体育科学学院、天津师范大学体育科学学院、曲阜师范大学体育科学学院、吉首大学体育科学学院、南通大学体育科学学院等;在国务院学位委员会和教育部联合下发的《授予博士、硕士学位和培养研究生的学科、专业目录(1997年)》中使用的是"体育学"(代码:0403);在教育部关于印发《普通高等学校本科专业目录(2012年)》中使用的是"体育学"(代码:0402)。

综上所述,"体育学"与"体育科学"这两个术语应当是可以互换的,与"教育学"与"教育科学","生物学"与"生物科学"一样,实际上指的是一个意思。我们说的体育学的学科体系实际上就是说体育科学的学科体系,我们说的体育科学的学科体系也就是说体育学的学科体系。在这里,体育学不只是一门学科,而是具有几十门分支学科的学科群,是体育学所属各分支学科构成的学科群的总称。

但是,体育学和体育科学是有区别的,因为两个词组的中心词"学"与"科学"的含义不同。"学"主要表达的是学科的含义,强调的是对体育的某一领域、某一方面、某一过程系统地认识,这种认识所形成的一门专门的学问,是体育科学知识的分化和深化;而"科学"则是强调对各种现象的本质和规律进行系统的认识,所形成知识的系统性和完整性,体育科学是强调体育科学知识的系统性和完整性。从产生的时间早晚来看,"体育学"在前,"体育科学"在后。从内涵来看,"体育学"所指范围较窄,"体育科学"所指范围较宽。

在欧美国家的英语中,体育科学常用的术语有"Sports Science""Sport and Exercise Sciences"或"Exercise and Sports Science""Kinesiology and Exercise Sciences"或"Kinesiology"。

(一)使用"Sports Science"情况

1.学术组织

(1)International Council of **Sport Science** and Physical Education(国际体育科学与体育教育理事会);

(2)The International **Sports Sciences** Association(国际体育科学协会);

(3)The European College of **Sports Sciences**(欧洲体育科学学会);

(4)Institute for Scholastic **Sports Sciences & Medicine**美国(学校体育科

学与医学学会）；

（5）German Society of **Sports Sciences**（德国体育科学学会）；

Bundesinstitut f ü r Sportwissenschaft（BISp）；

（6）Canadian Association of **Sports Sciences**（加拿大体育科学协会）；

（7）Japan Society of Physical Education，Health and **Sports Sciences**（日本体育教育、健康与体育科学学会）；

（8）Hong Kong **Sports Sciences** Association（香港运动科学会）。

2.学术刊物

（1）European Journal of **Sports Sciences**（英国《欧洲体育科学杂志》）；

（2）Journal of **Sports Sciences**（英国《体育科学杂志》）；

（3）Sportwissenschaft（德国《体育科学》）；

（4）Medicine and **Sport Science**（瑞士《医学与体育科学》）。

3.学术会议

（1）International Convention on **Science**，Education & Medicine in **Sport**（国际奥委会、国际残奥委会、国际运动医学联合会和国际体育科学与教育理事会联合举办：国际体育科学、教育与医学大会也称奥林匹克科学大会）；

（2）International **Sport Sciences** Congress（国际体育科学会议）；

（3）International **Sports Science** Sports Medicine Conference（国际体育科学与运动医学会议）；

（4）International Conference on **Sports Science** and Sports Engineering（国际体育科学与体育工程会议）；

（5）Annual Congress of the European College of **Sport Science**（欧洲体育科学年会）；

（6）International Congress of the African Association of **Sports Sciences**（非洲体育科学学会国际会议）；

（7）Asian Games International **Sport Science** Congress（亚运会国际体育科学大会）。

4.正式文件

（1）The Directory of **Sport Science**（《体育科学手册》由国际体育科学与教育理事会联合ICSSPE编辑出版）；

（2）JACS Subject Coding System ：C600 **Sport Science**［英国通用的学科专业目录共同学术编码系统，设有体育科学（代码C600）］；

（3）Working Party of National Experts on **Science** and Technology Indicators：3.3 Health sciences：**Sport** and fitness sciences（国家科学技术专家工作组在代码3.3健康科学下，设有体育与健身科学）；

（4）Charter of the European College of **Sport Science**（欧洲体育科学学院宪章）；

（5）Australian and New Zealand Standard Research Classification：Codes 11 Medical and Health Sciences，1106 Human Movement and **Sport Science**。［《澳大利亚和新西兰研究分类标准》：医学健康科学（代码11），运动和体育科学（代码1106）］。

（二）使用"Sport and Exercise Sciences"或"Exercise and Sports Science"的情况

1.学术组织

（1）British Association of **Sport and Exercise Sciences**（英国体育运动科学学会）；

（2）**Exercise and Sports Science** Australia（澳大利亚体育运动科学学会）；

（3）**Sport and Exercise Science** New Zealand（新西兰体育运动科学学会）；

（4）Asian Council of **Exercise and Sport Science**（ACESS）（亚洲体育运动科学学会）；

（5）Philippine Association for **Sport and Exercise Sciences**（PHASES）（菲律宾体育运动科学学会）。

2.学术刊物

（1）**Exercise and Sport Sciences** Reviews（美国《体育运动医学评论》）；

（2）Journal of Applied Case Studies in **Sport and Exercise Sciences**（英国《体育运动应用科学研究杂志》）。

3.学术会议

（1）Asia-Pacific Conference on **Exercise and Sports Science**（亚洲太平

洋地区体育科学大会）；

（2）International Conference on **Sports and Exercise Science**（国际体育科学大会，每年由国际经济发展研究中心举办）。

4.正式文件

Classification of Instructional Programs（Canada 2000）：31.0501 **Exercise and Sports Science**［加拿大2000年版《学科专业分类系统》设有体育科学（代码31.0501）］。

（三）使用"Kinesiology"或"Kinesiology and Exercise Sciences"的情况

1.学术组织

（1）American Academy of **Kinesiology and Physical Education**（美国国家运动科学学会，现改名为全国运动科学学会 National Academy of Kinesiology）；

（2）National Association for **Kinesiology in Higher Education**（全美高校运动科学学会）；

（3）American **Kinesiology Association**（美国运动科学学会）。

2.学术会议

（1）International Conference on **Kinesiology and Exercise Sciences**（国际运动科学大会）；

（2）International Scientific Conference on **Kinesiology**（国际运动科学大会）。

此外，美国的全国运动科学学会（National Academy of Kinesiology）每年都举办围绕Kinesiology学科发展的不同主题的学术年会，如：2006年举办的主题为Kinesiology: Defining the Academic Core of Our Discipline（运动科学：定义我们学科的学术核心）；2007年的主题为Kinesiology into the 21st Century（21世纪的运动科学）；2008年会的主题为Advancing Research in Kinesiology（运动科学的高端研讨）；2009年会的主题为Kinesiology within the Academy（学术中的运动科学）；2010年会的主题为Thriving and Surviving: Bridging Kinesiology and Society（成长与生存：运动科学连接社会）；2011年会的主题为Kinesiology Research: It's Impact on Society（运动科学研究：对社会的影响）。

3.正式文件

Classification of Instructional Programs（2010）：National Center for Education Statistics31.0505 – Kinesiology and Exercise Science：[2010年版《美国教育部学科专业分类系统(CIP)》设有运动科学(代码31.0505)]。

用"Kinesiology"代表体育科学主要是在以美国为代表的北美地区。我们可以从美国高等学校体育专业和体育学术组织、研究机构、体育学科名称的改变中发现这种变化。20世纪30—80年代,所使用的名称主要是Physical Education、Physical Culture。到80—90年代,上述名称逐渐被Sports Sciences、Movement Sciences、Exercise Sciences等代替。从90年代开始,向Kinesiology转变。在美国,由于受笛卡尔身心二元论的影响,体育(Physical Education)被解读为身体教育,其教育界、学术界认为,"只有思想的东西才能成为学术的","Physical（身体）"颇具身心二分的意味,而"Education"只是通过身体活动进行的一种教育活动而已,是一种职业准备,并狭隘地认为是运动技能的培养和训练,缺乏科学思想和科学实质,无法成为专门的学术体系。因此,在美国,很多体育学科教授不愿意被称为"体育"教授。体育学科不仅影响"体育"教授的薪酬和职称提升,而且影响他们的学术地位和科研经费的获得。在这种观念的影响下,在许多传统体育院(系),体育师资培养不再是唯一或主要的专业发展方向,以体育师资培养为目的的身体教育研究活动被弱化,有的甚至被取消。经过大量的讨论研究,美国大部分体育院(系)用"Kinesiology"（运动学）,或者运动科学的引申词作为学位专用词。因而,美国高校体育院、系纷纷更名,强化学科导向,拓展学科领域,构建学科体系,提升学术地位,摆脱从属于其他学科的印象,提高教学和科研的水平。1989年,Cottle等在对680个高等学校中的体育院(系)的调查中发现,在过去的12年中,约33%体育院(系)更名换掉了Physical Education（体育）之名。新使用的名称有：Human Movement Studies（人体运动研究）、Physical Culture（身体文化）、Physical Activity（身体运动）,以及Kinesiology（人体运动学）等。Kinesiology（人体运动学）是使用频率最高的新名称,现已成为北美地区体育学科的通用名称。2006年,美国国家研究委员会(The National Research Council)将人体运动学正式纳入学科目录中,并进行了正式的评估,人体运动学隶属于生命科学。美国人体运动学与体育学会分别于2004年和2009

年两次对全美人体运动学科的博士点进行评估。2007年,美国人体运动科学协会(The American Kinesiology Association)的成立促进了高等学校中的人体运动学院(系)的合作,拓展了人体运动学的研究领域,并强化了人体运动学的应用。Kinesiology的学科建设的中心目标从以学术研究为主转变为以科学应用研究为导向。2010年,美国人体运动学与体育学会(American Academy of Kinesiology and Physical Education,AAKPE)更名为美国人体运动学学会(American Academy of Kinesiology,AAK)。从此,美国体育学科发展进入了新的一页。

"Kinesiology"源自古希腊文和古英文。"Kin"代表运动,"-logy"代表学科。20世纪30年代,就有人用"Kinesiology"表达运动生物力学的前身——"运动学"。以美国为代表的北美地区高等学校的体育院(系)和学术部门,以及学术组织和研究机构使用"Kinesiology"一词较为广泛。

此外,在美国体育科学也还有其他指称,如2010年版《美国教育部学科专业分类系统(CIP)》新增了"Sports Studies"(体育研究),类似中国的"体育学",或体育人文社会类学科。2010年版CIP将"Sports Studies"解释为:是一组有关体育运动方面的心理学、社会学和历史学,包括体育教学理论、运动心理学等内容,例如体育和运动心理学、社会心理方面的运动。

恩格斯曾经说过:"一门科学提出的每一种新见解,都包含着这门科学的术语的革命。"[1]体育科学概念的形成,也必然伴随着这场"术语的革命"。在某个学科专业领域中,术语反映了客体的根本特征。通常一个概念具有多个特征,但对于概念的文字指称——术语来说,最重要的是区别特征。区别特征是指能据以区分该概念和它概念的特征,即组成其事物独具个性并起支配作用的存在或物质现象。作为反映各种体育现象客观规律的知识体系的术语,"体育科学"被赋予作为约定的指称,具备显著的区别特征:一是透明性。其术语应能准确扼要地表达定义的要旨。顾名思义,体育科学是关于体育的科学,是关于体育的知识体系。该定义突出体育一般真理或普遍规律的知识或知识体系,强调体育科学知识的系统性和完整性。突出体育科学是对体育进行多层次、多视角的全方位的研究,通过观察、实验、假设等方法获得或验证知识体系,强调体育科学知识的学术性和真理性。二是稳定性。在我国,"体育科学"

---

①马克思,等.马恩列斯思想方法论[M].北京:中共中央党校出版社,1983:250.

已成为使用频率较高、范围较广、约定俗成的术语,被科学界、体育界、教育界等学界广泛认同。又比较符合本族语言习惯,便于用字遣词,不容易引起歧义,比较容易协调和容纳国际上不同语言的相应术语体系,也便于文字语言间、学科专业间的交流。三是协调性。用"体育科学"指称,便于科学术语体系、体育术语体系等术语体系间的协调,有利于不同学科间的交叉融汇和跨学科的借用,有助于概念体系间的协调和不同语种术语间的协调,在体育学科专业领域内及相关领域之间保证术语的一致性和逻辑上的完整性。四是派生构建性。构词能力越强、区分度明显,有利于构建体育科学的学科专业领域概念体系,使概念体系的结构、层次、类型规范化、系统化形成概念的子系统,使每个概念在该概念体系确定应有的确定的位置。不仅可促成体育相关学科专业的概念和术语体系有序归纳聚类,而且必将促进体育概念和术语的运用及概念和术语体系的发展。

总而言之,体育科学的学科体系,在某种意义上就是概念的体系、术语的体系。体育与体育科学的概念与术语在研究现代体育科学学科体系中起着基础性和规定性的作用。通过对体育与体育科学的概念和术语演进历史的逻辑学考察分析,探索了体育实践的发展历史和体育科学的演变历史以及两者之间的联系,探讨了不同国家、不同组织机构对体育与体育科学的概念和术语的解释、认识和界定,正确认识和规范使用体育和体育科学概念、术语。

结果表明,体育与体育科学概念的演进历程反映了体育实践的发展历史,体育与体育科学术语的演进历程则反映了人们从认识论的视角对体育所进行的逻辑学考察历史。从体育实践的演进历程看,体育实践的内容和形式不断丰富;从体育概念和术语的演进历程来看,体育的内涵和外延都随着体育实践的发展演化而发生着变迁或转变。体育科学与体育实践之间存在着密不可分的联系。然而,由于在社会、经济、政治、文化等方面存在差异,不同的国家对体育和体育科学的概念和术语有着不同的理解和认识,并没有形成统一的认识,即使是正式的国际组织、政府部门、社会团体组织的文件、学术刊物、学术组织等也存在术语使用不统一的现象,这已成为体育科学发展中亟待解决的基本问题。

第四章　体育科学的形成与发展

自人类有了体育活动以来,它一直沿着两条逻辑轨迹向前发展。一条是沿着体育的实践活动轨迹发展前行,创造了系统全面的体育教育、高超精湛的竞技运动、丰富多彩的健身娱乐,以及以体育运动为事业的精神文化活动和以体育运动为产业的社会经济活动;另一条则沿着体育的科学思想和科学理论轨迹发展前行,探寻体育的思想观念、精神追求和文化价值,揭示体育运动的人体运动科学规律、教育科学规律、人文社会科学规律以及工程技术科学规律。体育科学是以人们对体育运动需求的认识和体育实践的发展为直接动力,以人的体育运动和体育运动的人为研究对象,以体育的现象与本质、体育与人的发展、体育与经济社会发展、体育与科学文化的关系等为主要研究内容,揭示体育活动的自然科学基础和体育活动中人体运动变化的规律,探索人类社会经济和文化生活各个领域中所发生的体育现象、本质及其规律,并利用这些规律指导体育运动实践。通过对体育科学的形成和发展轨迹的梳理,不仅可以全面了解体育科学发展的历史进程,增强对体育科学的性质、历史定位、社会文化价值以及作用模式的认识,对掌握其发展规律或趋势、拓展体育科学研究领域、增强理论和方法创新、建设体育新兴学科、完善体育科学学科体系都有着十分重要的意义。

体育科学作为一种相对独立的知识体系呈现于科学大家庭中的历史并不长,不像生物学、历史学、医学、社会学、教育学、心理学等科学经历了漫长的学科发展历程。体育科学的起源可以追溯到欧洲文艺复兴时期,但作为单一科学的发展和形成相对独立的知识体系,成为一个专门的研究领域,有组织、有计划地进行专门的科学研究,则是20世纪初。1912年世界上第一个医学学会在德国成立;之后,日本国立的体育研究所于1924年建立;在这些体育专门的研究机构的影响之下,国际运动医学联合会于1928年成立;1932

年对体育科学具有重要影响力的苏联"莫斯科体育科学研究所"的前身莫斯科体育学院科学研究部得到设立。种种具有世界权威影响的体育研究机构的设立表明了作为一个学科体系,体育科学研究真正在世界范围有组织地开展起来,体育科学研究的有序发展使得众多的分支学科开始从体育科学的母学科中分化出来,形成相对独立的专门研究领域,随着这些独立研究的拓宽和深化,逐渐形成了独立的体育学科。总的来说,体育实践是体育科学研究的专门领域,体育科学是在体育实践的土壤中诞生,并随着体育实践的发展而不断发展,体育科学是体育实践在学科上的必然反映。随着人类社会的发展,科技的进步,文化的繁荣,以及体育实践活动的发展,特别是在第二次世界大战后,体育健身、运动休闲的广泛开展,竞技体育水平的迅速提高以及体育产业的蓬勃发展,体育运动成为一个相对独立的人类社会实践活动形态,在促进人的全面发展,促进社会与经济发展的作用越来越显著,有力地推动了体育科学研究,促进了体育科学各学科的发展。同时,现代科学技术向体育科学领域广泛渗透,推动了体育科学与自然科学、人文社会科学、工程技术科学,特别是与生物学、医学、教育学、文化学、经济学等众多相关学科的交叉、整合,并从中吸取丰富的营养,一系列新兴的体育学科不断孕育产生,建立起自己具有鲜明特征的庞大学科群,并逐渐形成一个学科门类齐全、结构合理、相对完整独立的学科体系。

第一节　早期体育科学思想的产生

无论从认识论的观点出发,还是从历史发展的实际情况看,人类总是先有实践,而后由经验知识、科学概念,并逐步概括、总结、抽象成系统的科学理论。最初的体育总是与一定的社会实践或文化艺术活动相结合,并没有一开始就以一种独立的活动形态存在,主要与生活方式和生产方式、宗教祭祀活动、文化教育活动、游戏娱乐活动、医疗保健活动、军事训练活动等密切关联,由于社会发展的局限,在这种情况下,有体育的形式与功能而无体育的观念和意识,人们对体育的认识只能停留于局部、表面和形式层面,对体育还缺乏系统的、全面的、本质的认识,对体育的认识绝大多数是人们在认识其他社会实践活动,如宗教、文化教育、游戏娱乐、医疗保健、军事训练等活动进行时所得的副产物,虽然某些体育科学思想已具雏形,但都是伴随教育学、文化学、医学、民俗学、军事学等而存在的,只是在认识某些体育方式、运动形式以及身体运动的效果等方面,人们有了比较深刻的印象,并积累了一些经验,体育活动实践与体育科学思想均处于萌芽状态之中。

人类自脱离原始蒙昧状态进入了文明时代以后,随着体育实践活动内容的丰富、形式方法的多样,人们在身体和心理方面获得的知识和经验为体育的形成创造了条件,人类开始把某种身体活动与某种身体变化、功效联系起来认识,对体育的认识逐步加深,对运动与自身生存发展的关系初步有了自觉,体育已被用作改造和完善人类自身,促进社会繁荣和进步的特殊活动,成为人类社会一种特有的社会实践活动形态,并逐步发展成为与社会实践活动有着紧密联系而又相对独立的一门知识体系。体育运动的实践活动和思想认识活动不断丰富和发展,有力地推动了人们对体育运动认识的提高和深化,有关体育的科学思想也在其中萌发,对体育运动的形式与内容、技术与方法及其影响的经验性知识构成了体育科学形成与发展的基础。

一、国外体育科学的诞生

要对国外体育科学作一探讨,就不得不对古希腊文明及其科学思想进行考察。作为众多科学思想之源的古希腊科学,给我们深入认识体育和体育思想以极大的启示。体育科学思想和体育科学问题在古希腊并没有作为一个独立的学问而出现,哲学家或是科学家所研究和讨论的问题包含了哲学和自然科学在内的科学问题,当然体育科学也涵盖其中,包括体育思想和体育科学问题。古希腊一些著名的哲学家、思想家、教育家在探讨自然世界、人类社会和人的本身等一系列问题时,必然涉及人类对身体活动和体育思想的认识,这些思想和认识对西方体育科学的形成和发展有着深远的影响。至今为止,我们仍有众多学者认为现代西方体育的精神与思想是在古希腊的科学思想与科学方法的基础上形成与发展起来的。如对西方体育科学有着深入研究的著名学者黄汉升教授指出:"对发端于古希腊的西方体育思想发展史的研究,是了解体育理论的性质及其发展逻辑的基本出发点。因为西方的体育理论家第一次把体育这个领域的研究理论化、体系化。用意义明晰的范畴和概念来表征与探索体育现象及其发展规律,建立了体育科学这一独立的科学。"①各民族传统的神话、传说是人类所享有的主要思想资源之一,在"描述古希腊科学起源时,人们一般会从荷马(Homer)这位传说中的古希腊吟游盲诗人及其他的两部伟大英雄史诗《奥德赛》《伊利亚特》,这两部史诗'成了古希腊文化和教育的基础,并且仍然是我们评价古希腊思想的内容和形式的一个最好尺度'"②。

荷马时期希腊人的体育多以体育竞技的形式表现,对此,很多古希腊文学作品多有描述和生动的记载。在古代希腊,生活和劳作之余大家围坐一起进行竞技几乎成为一种风俗习惯。《伊利亚特》的第二十三章记载了帕特洛克罗斯的葬祭竞技:大家围坐在一块较平坦的地方,便开始了竞技。第一项战车赛,有五人自愿报名参加比赛,并抓阄选定位次,五辆战车平行排开,比赛场地有跑道和路标,有裁判员。比赛场面非常壮观和激烈。第二项拳击赛、第三项摔跤赛、第四项是赛跑、第五项是比武、第六项是掷远、第七项是射箭、最后是投枪比赛。《奥德赛》第八卷记载了徘依基王举行的宴乐竞技的场面,描写了近千人贵族共同参加赛跑、跳高、斗拳和脚力等竞技的场面和盛况。从两部作品中可以发现,当时体育竞技的活动兴盛和体育思想已经出现。而体育活动和思想是与古代希腊发达的哲学和教育有着不可分割的必然联系,灿烂的古希腊文明也带来了体育活动和体育思想的繁荣。古希腊伟大的哲学家对体育有着深刻思考,尤其是对体育与人的发展有着精辟论述。

苏格拉底认为,一个有用的人,必须具备高尚的灵魂和强健的体魄,因为战争对人的体力和体魄提出了很高的要求,思维活动和健康的体魄是必要的生存条件,每个人应该养成运动的习惯,运动可以增进食欲,保证良好的睡眠,是一种免费的获得健康体魄的好方法,且不受年龄的限制。他主张教导人锻炼身体,他自己就是一个坚持终身体育锻炼的人。他认为健康的身体不是天生的,只有通过锻炼才能使人身体强壮。就身体训练而言,所有的公民都无权袖手旁观,保持良好的身体状态,随时准备为自己的国家服务是每个公民的职责。

---

① 黄汉升.论现代体育科学研究的方法学特征[D].北京:北京体育大学,1999.
② 王琪.西方现代体育科学发展史论——基于知识图谱视角的实证研究[D].福州:福建师范大学,2011.

柏拉图认为,教育中应将体育包含在内,体育教育应贯穿人的终身,教育不仅是包括读、写、算,还要有骑马、投枪、射箭等健康术。他还把体操等活动内容具体到身体活动的方法与体系中,提出体育造就健康公民的思想。他从教育的角度提出了"以体操锻炼身体,以音乐陶冶心灵",是教育和培养公民的原则,艺术与体育是一个理想国家的公民应当兼具的两种素质。针对体育竞技化和职业化的趋势,柏拉图提出了反对和抨击,认为这是忽视体育思想和内在精神的一种结果。柏拉图在他的身心调和论教育设计中,提出了"对青少年儿童实施为造就完美和谐发展的人而健身"的教育思想,明确提出了体育是一种文化教育,与其他课程一样,不可偏废。"那种能把音乐和体育配合得最好,能最为比例适当地把两者应用到心灵上的人,我们称他们为最完美和谐的音乐家应该是最适当的,远比称一般仅知和弦弹琴的人为音乐家更适当。"①柏拉图的体育教育思想和行为对亚里士多德等科学家以及西方体育科学的发展起到了深远的影响。

亚里士多德,他十分重视体育的教育作用和价值,强调体育与其他课程一样是学生全面发展的不可或缺的课程。他认为体育对不同年龄人产生的效果是不一样的,主张在学术阶段无需使用严格的训练,要以轻、巧、简、便等体育活动为主来促进学生的身体正常发展,并从理论上提出体育与其他课程之间的联系与区别,他也最先提出了"体育应先于智育"的教育思想。他在他的《政治学》一书中指出,教育的习常的分科是四种:(一)阅读、书写;(二)体育锻炼;(三)音乐;有时还增加(四)绘画。其中,阅读、书写和绘画被视为在各种生活中有多种用途,而体育锻炼则被认为是可以鼓舞勇气的。显然在教育上,实践必先于理论,而身体的训练须在智力训练之先。因此,必须将儿童们交给能培养他们身体正当习惯的教练员,和教导他们体育锻炼的角力教师。他同时还设计了"按年龄分期参加运动量不同的项目的课表"以及体育教学方法。亚里士多德还被称为"人体运动学之父",他的多部著作涉及人体运动学内容,如《动物论》《动物运动论》《动物造化论》。他在《动物运动论》中说:如果地面不是静止的,步行将是不可能的,如果空气和水不能作为阻力而流动,那么飞行和游动也将是不可能的。在他的论文《动物的肢体,动物的运动与动物的行进》中,运用几何分析方法,首次对肌肉的

---

① 柏拉图.理想国[M].郭斌和,张竹明,译.北京:商务印书馆,1986:123.

作用进行了描述:"……运动着的动物是靠推离它身下的支承物使它的位置发生变化的。……因此,如果运动员手拿重物要比他空手跳得远一些。跑步运动员如果摆动臂就跑得快些,因为在双臂伸展时,有一种对两手和两腕的依靠"①。

在体育的自然科学方面,早在公元前6至公元前3世纪,古希腊的阿尔克梅翁、希罗费罗等人就进行过人体解剖,试图揭开人体构成与人体活动的奥秘。古希腊著名的医生希波克拉底,被西方尊为"医学之父"。他对骨骼、关节、肌肉等都很有研究,在《希波克拉底全集》中,虽然没有系统的解剖学和生理学等基础知识,却强调具体的解剖结构,为医学的实证研究开了先河。他提出的牵引、复位这一科学治疗骨折的方法影响深远,现代医学中用于牵引和其他矫形操作的臼床被称为"希波克拉底臼床"。他认为体力是个人生命力抵御疾病能力的一标志,疾病有一个自然过程,而人的身体亦有自我痊愈的机制。患者每天需要采用正当合理的饮食、处方,以及一切可能的方法使其身体保持体力,从而战胜疾病。

古希腊的医生、动物解剖学家和哲学家克劳迪亚斯·盖伦,对许多动物进行活体解剖研究,取得了前所未有的解剖学成就,首创了实验生理学。他的见解和理论在他死后的一千多年,仍是欧洲具有支配性地位的医学理论。他曾在当地的一个角斗士学校当了三四年医生,这段时间里他积累了治疗运动损伤的实践经验。后来他编撰《论解剖》著作22卷,其中第17卷《人体各部位的作用》精确地描述了大约300块肌肉的形态、起止点和功能。他在《论肌肉运动》一文中,对运动神经与感觉神经作了区分,对主动肌与对抗肌作了区分,描述了(肌肉)紧张性,采用了活动关节与不动关节这样的专门术语,这些术语在人体解剖学中至今仍旧极为重要。肌肉可以收缩这个概念也是由盖伦提出来的。他认为肌肉收缩是由"动物灵魂"从脑子经过神经传到肌肉所引起的。盖伦在其创立的医学和解剖学知识体系中就体育运动和营养对健康的影响作了深入研究。把运动按身体部位、激烈程度和动作节奏分为三类,并就体育运动对人体匀称、协调发展以及身心健康的重要作用,进行了科学论证。

达·芬奇对与动作有关的人体结构,对重心与平衡之间的关系,以及阻

---

① 菲利普,洛奇.运动学和应用解剖学[M].胡勋,廖咸锐,译.北京:人民体育出版社,1985:1.

力中心等问题进行了研究。他叙述了身体在站立、上坡和下坡、从坐姿起立,以及跳跃时的力学原理。达·芬奇可能是第一个记载关于人类步态的科学数据的人。为了说明各种肌肉在动作中活动的情形及其相互作用,他提出了在肌肉的起点与止点是由索状组织附着到骨骼上的。古希腊哲学家还在一些具体的运动方法和手段,包括运动设施方面进行了比较深入的研究。公元前3世纪前后,古希腊就出现了《体操论》《阿纳卡西斯》《希腊竞技论》《舞蹈论》以及有关古奥林匹亚竞技的编年史著作。美尔库里亚利斯,意大利医学家,由于他的成长环境特殊,加之其侍医的职业身份,使得他有机会获得大量的关于运动方面的医学专著知识。在兴趣的引领下,他用了七年左右的时间潜心研究古代希腊的体育运动。1569年,经过总结、归纳与整理最终以专著的形式出版了《体操术》一书。在该书的题记中指出:"这是古代非常著名,而今天已湮没无闻的《体操术》六卷,这里详细叙述了古代体操运动的内容、种类、场所、实施方法和效果,一切有关人体运动的事都包括在内。它不但对医生有用,也对历史学家、热心维护健康的人非常有益。"美尔库里亚利斯不但在书中指出其内容和价值,也明确说明了体育运动与劳动之间的区别、为增进健康在运动中应该遵循的原则和方法。

在印度,瑜伽已有数千年的历史,公元前300年的著名瑜伽大圣哲——帕坦伽利创作了《瑜伽经》,这本书是重要的瑜伽经典著作,阐释了瑜伽的理论和知识,构建了完整的瑜伽理论体系和实践系统。在这部著作里,他重点对什么是瑜伽、瑜伽的内容、瑜伽运动对人体健康的作用机理等作了深入研究,提出了瑜伽运动与日常生活的必然联系和方法,阐释了瑜伽运动与人的生理、心理、精神、心灵等之间互为统一的机理和要求。古印度学者罗迦从理论角度,将"营养、睡眠和节食"视为人体健康的三大要素。医学家卡拉卡又把按摩分为"运动、医疗、卫生"三大类型,论述了通过运动增进健身、预防疾病、减少肥胖、帮助消化、修整容貌、推迟老化的道理。在古印度,民间的身体运动、涂油按摩等维持和恢复健康的方法极为流行。

阿拉伯医学家伊本·希纳是11世纪的波斯人。他对医学方面研究有着惊人的成绩,如他的代表作《医典》被后人称为"古代穆斯林全部知识的总汇"。17世纪,《医典》仍为欧洲各大学的医学教科书,其学说基础与核心是人与自然的协调。他的思想对文艺复兴时代的许多巨人,如达·芬奇、洛克等都产生了巨大影响。体育科学知识和思想在《医典》中也被涉及,如体育锻炼的作用与价值、体育活动对人的身心的影响、体育锻炼的方法和重要性等在书中都有论述。

二、中国体育科学的形成

在古代中国的体育科学研究方面,有许多关于人体解剖、生理病理、保健养生的精辟研究和记载。"消肿舞"是中国古代的医疗体操。相传原始时代洪水泛滥,气候阴湿,民众气血不通,筋骨瑟缩,部落领袖名阴康氏,教人舞蹈,使关节活动,血脉畅通。《吕氏春秋·仲夏纪·古乐》:"昔陶唐氏(应作阴康氏,辨见《汉书·司马相如传》颜师古注)之始,阴多,滞伏而湛积,水道壅塞,不行其原,民气郁闷而滞著,筋骨瑟缩不达,故作为舞以宣导之。"这种舞具有消肿作用,故又称"消肿舞"。可以说这是中国古代一种具有实效的医疗体操雏形。战国时代成书的《扁鹊难经》《黄帝内经》和秦代的《吕氏春秋》等著作中,对于人体运动和气血运行与健康的关系作了探索。促使了运动医疗、导引养生术和多种民间体育活动的广泛开展。荀子提出"养备而动员时,则天不能病;养略而动罕,则天不能使之全"的主张,同"天命为宰"的唯心主义思想抗衡,把人们对体育的认识推到一个新的高度。

由于受"以善身之道,增进健康、延年益寿"的思想影响,体育已被列入教育之中。例如,孔子的教育内容"六艺"中的"射""御",老子养生观中的"节制嗜欲"的主张等。这些推崇尚武健体的教育思想,对后世产生了极大的影响,中国封建社会历来就注意国民"尚武"精神的培养,尚武精神被视为国家动力的源泉。国家之强盛,也需要文武结合,我们在高喊"科学技术是第一生产力"的同时,需要重振国民的尚武雄风,"尚武"精神是天行健的最佳注释,文武兼备,方为完人。

在军事体育方面,武舞早期出现于公元前10世纪,用于郊庙祭祀及朝贺、宴享等大典,舞时手执斧盾,内容为歌颂统治者武功。武舞的出现是军事化训练带来的结果,武舞作为一项技击术是用来提高军队作战能力的一种手段且一直沿用到清代。随着社会的演变,武舞活动不断分化融合逐渐演变成一种娱乐活动形式。应该说中国古代武舞是一种具有军事训练作用的军事体操雏形,如"干戚舞"是古代乐舞的一种,指操干戚的武舞。《礼记·

乐记》：“干戚之舞，非备乐也。”《后汉书·崔寔传》：“干戚之舞，足以解平城之围。”《明堂位》云：“朱干玉戚，以舞大武。戚，斧也。是武舞执斧执楯。”《新唐书·礼乐志十一》：“为国家者，揖让得天下，则先奏文舞；征伐得天下，则先奏武舞。”

古代中国也有许多有关具体运动项目的著作。汉代名医华佗，依据运动能增强体质的生理机制，创编了强身健体的《五禽戏》，隋代的《巢氏病源补养宣导法》，总结隋以前医疗气功导引诸多方法，以姿势分为偃卧、侧卧、端坐、跪坐、踞坐、蹲坐、舒足坐等，以动作来分为伸展手臂、屈伸足部、前屈后仰、旋转引伸等，以炼意分为内视丹田，存守五脏，存念引气等。此外汉代的《剑道三十八篇》《手搏六篇》《却谷食气》《导引图》《八段锦》《达摩十八罗汉手》，宋代的《角力记》，元代的《丸经》，明代的《蹴鞠图谱》《耕余剩技》《手臂录》等，成为我国独特的民俗体育学、运动医学、体育史学、体育教育学、军事体育学的重要内容，成为中国体育科学中的宝贵遗产。

总之，在15世纪以前，人们已经认识到运动的健身、保健、娱乐和教育作用，对一些体育运动方式有了比较深入的认识，并总结出重要的理论与方法，其中有许多至今仍然在发挥着作用。但总体来说，这些认识或总结，不可否认存在着历史局限性，没有上升为对事物内在本质和普遍规律的认识，没有深入事物的内部细节，只停留在经验的总结和对现象的描述，对其内在规律的准确性、规定性和必然性的把握不够，没有对体育现象形成系统和科学的概括和总结，也没有形成完整的知识体系，只能依附于一些最早形成的古老学科——历史学、民俗学、教育学、医学和军事学[①]。

第二节　体育科学的发展

14—18世纪，欧洲文艺复兴、宗教改革和启蒙运动三大运动，认为人是现实生活的创造者和主人，要求肯定人的价值和尊严。主张以人权反对神权、以人性反对神性、以人道反对神道，崇尚理性和科学，追求知识、自由和平等。人文理性精神获得胜利，大大解放了人们的思想。在自然科学方面，提倡科学实验，注重实践，催生了近代自然科学的产生。三大运动倡导用文

---

① 谭华.体育科学的形成和发展[J].体育文史,1989(1):4-10.

学艺术反映人的真实情感,用科学技术增进人的福利,用教育体育发展人的智能和体能,复兴古希腊体育文化。把人类带入了自觉审视人类自身的新阶段,关注人的自身发展,追求人的幸福生活,人成为一切发展的最终目的。人和人体乃至人的生活都逐渐对象化,逐步成为人类认识乃至改造的对象。人们开始重新审视给人带来身心发展、带来幸福快乐的体育运动。意大利文艺复兴三杰之一的达·芬奇说:"运动是一切生命的源泉。"并在力学和解剖学基础上,对人体运动器官的形态和机能提出解释。随着近代科学技术的发展,极大地扩展和提高了人类的认识能力和实践能力,促进了体育运动和体育科学的发展。随着体育活动内容的丰富,体育活动领域的拓展,体育活动范围的扩大,人们对体育的认识进入了一个新的阶段,开始运用生理学、医学和教育学等多学科理论与方法来认识和分析体育运动的各种现象和问题,为体育学科的深入研究提供了不同的视角。人体活动与人类自身自然变化之间的联系及其规律一步步被揭示、被认识。人类不仅自觉地运用身体活动,而且利用已经获得的对身体活动的科学认识有意识地设计、改革和完善自身。体育学科的建立与科学的体育理论的构建,反映了近代体育科学化的发展趋势。

一、体育教育科学的发展

体育科学是随着社会的进步和发展而产生的,早期的体育科学主要是从教育科学中发展起来的。体育教育科学是研究体育教育过程的本质特征和基本规律的一类科学。它以体育教育为研究对象,运用教育学、生物学、心理学、社会学等学科理论知识与方法手段对体育教育实践中各种现象和问题进行研究而形成的学校体育学、体育教育原理、体育教学论、体育课程论、体育教育史等一类学科。教育是广泛存在于人类生活中的社会现象,通过教育传承人类文明成果,传授和学习各种知识、技能和社会生活经验,培养社会人。社会实践为教育科学的发展提供了现实要求和发展的动力,而自然主义教育思想为教育科学产生与发展奠定了理论基础,两者都是教育理论发展的历史根据和有机组成部分。追根溯源,自然主义教育形成于文艺复兴时期的古希腊,兴盛于18世纪的欧洲。自然主义的体育教育思想和科学理论对人类的教育至今影响很大,其代表人物有捷克的夸美纽斯、英国的洛克等。由于受到文艺复兴和人文主义思想的影响,自然主义提出了教育要回归自然,应遵循自然发展的规律,认为有效、良好的教育应是以自然为准则,提出教育尊重学生的天性、以儿童的成长为中心,无需压抑其自然的本性和规律。自然的教育就是要在儿童教育中遵循其学习的主动性和主动地位,而不是进行强制的灌输。这种以学生为中心、尊重学生学习的主动性和主动地位的自然教育理念对教育科学的快速发展起到了催化作用,促进了以教育现象、教育问题为研究对象,围绕教育活动的实际问题和产生机制的探究得到进一步发展。同时也推动了体育教育学研究,如研究人的全面发展和素质提高的过程中体育教育地位与功能、体育教育的基本规律与科学方法等。使体育研究逐渐成为一个专门的研究领域,一个包括体育教育的概念、本质、规律和范畴的科学体系结构正在教育科学的强力推动下逐渐形成。

在17—18世纪,人们主要是从教育的角度去认识体育,当时的很多教育家和科学理论工作者甚至包括思想家在内几乎都将体育作为教育的一个组成部分,尤其是自然主义教育家进行了大量的近代教育、体育的理论探索和科学实验。

夸美纽斯,17世纪捷克的资产阶级民主主义教育家。他是第一个建立班级授课制的教育家,其思想与理论著作《大教学论》对教育的目的与价值、旧有教育机制的缺失、人的价值等问题进行了全面又深入的论述,创立了"通过体育活动达到使身心健康的"教育理论,适应自然是其体育思想的基本原则。他的理论思想和教育举措为体育教育的发展奠定了理论基础和方法来源。他提出了班级授课制和学习、运动与休息的合理交替的理论,其中,班级授课制的教育理论主张集体教学,为体育教育的跑跳投等活动的开展设计了具体的教学方法,为近代学校开设体育课和课间操奠定了基础。

约翰·洛克,17世纪英国资产阶级唯物主义哲学家、政治思想家和教育思想家。洛克继承了自亚里士多德以来的"身心和谐论"思想,把体育纳入并列为"三育"之首,开启了体育以"人的全面发展"为终极目标的新时代。他将教育的内容划分为体育、智育和德育三个方面,在《教育漫话》一书中比较系统地提出了一些体育教育思想:教育的内容与方法应包括体育、德育、智育及其锻炼法。他的体育思想集中体现在四个方面:首先,"健康之精神寓于健康之身体"是其体育思想的核心,他认为"凡是身体精神都健康的人就不必再有什么别的奢望了,身体精神有一方面不健康的人,即使得到了别的种种,也是徒然";其次,体育是教育的基本要素;第三,体育锻炼和健康教育相结合;第四,创立"绅士体育"的特殊理论。要想有幸福之人生,健康的身体与健康的精神都是必不可少的,身体健康是基础,可以通过各种户处运动来锻炼,增进身体健康。他认为儿童应"多过露天生活,即使在冬天,也应尽量少烤火。多让孩子作户外运动,让他们经受风吹、雨淋、日晒,虽然这样不能把他养成美貌的男子,但可以把他培养成一个有用的人才。"

让·雅克·卢梭,法国伟大的思想家、教育家。卢梭为教育理论的发展做出了杰出的贡献。他提出了针对不同年龄阶段的儿童进行教育的理论与方法,并撰写了著名的《爱弥儿》一书,在该书中,他详细地论述了自己的教育理念和主张。认为体育教育是优秀人才培养的不可缺少的教育之一,健康的体魄是优秀人才的物质基础;提出儿童身心的自由发展是教育应该遵守的基本原则,"儿童应经常由游戏、运动、手工艺与直接熟悉自然的方式学习","体育乃是由儿童至成年整个发展过程的一部分"等一系列主张。卢梭的教育观念对体育科学的意义和价值在于他的"年龄分期"原则在体育领域得到延伸和运用。卢梭认为,人的成长有多个发展阶段,这些发展阶段如童年、少年再到成年和老年等各个阶段中人的生理与心理有着本质上的区别和不同,同时也相互联系。在各个阶段中教师要遵循其身心发展的特征加以引导,使其在各个阶段的身心都能获得均衡发展。卢梭的教育理念与主张对世界体育教育的发展起到了很大的推动作用。

在夸美纽斯和卢梭的教育思想的引领和推动下,随后一大批有志于体育事业的工作者对体育教育理论与方法、体育教育的内容与理念、体育运动技术与手段进行了全面系统的探讨和研究,并推出了一系列的研究成果。如:德国的P·菲劳梅在1787年发表了《关于身体形成问题》一文,把体育归属于教育;德国的古茨穆斯1793发表了《青年的体操》;德国的施匹斯在1841—1851年先后发表了《体操术语的概念》《体操论》《学校体育论》。随后,瓦斯曼道夫和利奥恩也发表了《统一德国体操术语的建议》《体操理论与术语的假定》等著作。F·L·杨,又称杨氏,是德国著名体操家。他是第一个研究体育术语学的专家,他在1810年出版的《德意志国民性》一书中,出于对德国语言的尊重,把"体操术"一词由希腊文换成德文的"Turrknnst",称"体操"为"Turner",称"体操场"为"Turnplafs",在此基础上,又派生了其他体育词汇。他在体操的内容和形式上也有所创新,采用的"体操练习"内容十分广泛,l816年,他和艾泽伦合写了《德国体操》,对近代体育产生了极大影响。

F·H·林对解剖学、生理学和体操理论进行过长期研究,创立了瑞典式体育运动体系,即"瑞典体操"。F·H·林认为体操具有教育的功能,即"体操的目的在于通过人类自身的正确运动使之受到教育",其最终的目的是达到身体各方面的协调发展,进而实现精神和身体的均衡发展。他从科学的角度来看待体操活动,主张在生理学、解剖学基础上建立体操运动体系,为体操运动确定了科学化的发展方向。他根据体操运动的性质将体操划分为教育性体操、健美性体操、兵士性体操和医疗性体操。他为了使教育体操和医疗体操有效地发挥作用,创造了体操凳、肋木、体操梯、木马、平衡木、跳箱和体操梯等辅助器械。1836—1840年,他整理出版了《体操的一般原理》《军事体操和剑术教程》《剑术一览》等著作。林的儿子H·F·林完成了林的未尽之业,他制订了教育体操的教学图样,编制了系统身体练习形式,进一步把林的教育体操引入普通学校。此外,瑞士的裴斯塔洛齐在1746年、1847年分别出版了《体操及其一般原则》《体育实践经验》等,他把体操分为自然体操、基本体操和教育体操三类,认为体育是人的和谐发展教育的一项重要的内容,体育教育与劳动教育应紧密联系。1828年,英国教育家阿诺德正式把民间流行的户外运动板球、足球等竞技、游戏项目纳入学校教育课程体系,并很好地利用学生自治,使这类运动组织化,初步形成了学校体育教学体系。丹麦医生弗罗杰·萨多林在其1900年出版的《体操和儿童》一书中,用一系列有充足依据的事例证明,强迫低年级学生像高年级学生或成人那样集中注意力是毫无根据的。他认为呆板的动作和刻板的运动公式对儿童特别有害,强调发展具有想象力的儿童游戏。一些体育专家从体育的社会作用的角度对体育进行研究。他们认为,体育教学的实质是传播历史过程中所积累的体育教育素材。因此,体育教育应建立在科学基础之上,应适应社会发展的需要,这样,人的身体才能获得健康正常的发展。俄国的彼得·弗兰采维奇·列斯加夫特从体育的社会作用角度对体育进行了研究。他认为,体育教学的实质是部分地传授历史过程中所积累的教育素材。体育是培养协调发展的人的必须手段,而协调发展的基础是人的体力和智力的统一,这种发展是受意识的主导作用而实现的。只有当"体育教学"建立在科学基础之上,身体才能获得正常发展。列斯加夫特虽然没有触及体育的社会本质,但他所制订的理论原则仍对世界的体育教育理论起到了重大影响作用。这一时期,法国教育家顾拜旦撰写了《竞技运动教育学》等体育科学论著,由于他的卓越贡献,促使第一届现代奥林匹克运动会于1896年举行,把竞技体育推向国际范围,顾拜旦从而成为现代奥运会的奠基人。

在中国,严复受西方资产阶级的政治思想、庸俗进化论的影响很深。他的体育思想来源于两个方面,一是受斯宾塞的影响,他曾将其书《德育、智育、体育》翻译为《劝学论》,在国民教育中倡导德、智、体"三育"并重;另一方面主要来源于体育对国计民生的重要作用,提倡通过体育强健身体,有"血气体力之强",以此来提高保家卫国的能力。他认为每个人要想具有强壮有力的身体,除了讲究卫生之外,需要通过参加体育锻炼方能获得。梁启超在他的维新思想中,非常重视发扬尚武精神和勇敢的精神。在他著的《新民说》的第十七节《论尚武》,专门讲尚武和锻炼身体、振作精神的问题,表达了他系统的体育思想,议论精辟、慷慨激昂,是前人少有的思想。近代思想家康有为以社会理想为蓝图,写成《大同书》,该书名的大同是其希望建立一个大同社会。该书中他将学校教育分为四个等级:分别是婴儿院、小学、中学和大学,对各级的教育目的、教育课程内容、教育实施举措都有系统的安排,其中包括体育教育课程。

这些理论著作对世界体育运动,尤其是体育教育的发展产生了极大的影响。他们的辛勤探索与卓越贡献,使学校体育有了严密、完备的内容和形式,丰富了体育教育思想,为体育教育科学的概念、原理、理论的形成与发展奠定了基础。

二、体育生物科学的发展

体育生物科学是生物学与体育运动结合的产物,在我国又称之为"运动人体科学",其任务在于揭示体育运动增进健康、增强体质的生物学规律以及开发人的生物潜能的内在生物机制和一般规律。它以学科群的形式存在,根据不同的研究方向而分为运动解剖学、运动生理学、运动医学、运动生物力学和运动生物化学等,其研究方法主要遵从自然科学的范式。

　　近代欧洲自然科学的发展和社会科学的进步,使得一些体育科研人员开始运用近代科学技术手段来开辟认识体育的途径。他们运用自然科学成果和科学实验探索、观察体育运动中人体变化和人体活动规律。有力地推动了运动人体科学各学科的产生与发展。运动人体科学主要是从解剖学、生理学、生物化学以及心理学等学科入手,研究在体育运动影响下,人体形态结构、各种生理功能、人体机体内化学组成的发生变化规律和提高人类运动能力的一门学科。在研究过程中,他们发现人体的运动同周围环境有着不可分割的联系,并会对人体内部器官功能和人的思维过程产生影响。同时他们还发现,人的身体活动和心理活动的关系,人体的整体活动和各组织器官活动的关系。体育科研人员的这些研究活动,无疑促进了近代体育科学化,以及近代体育科学发展的进程。近代体育在内容结构上发生了新的变化,在发展趋势上有了更加明确的目标,在理论指导上,也更加科学化,这一切标志着近代体育的人体科学各学科的快速建立和发展。

　　早在15世纪,人们逐渐开始运用自然科学,尤其是医学来研究运动和运动中的人体,由此而逐渐分离、形成了一系列的运动生物学学科。文艺复兴时期,著名的画家、数学家、力学家兼解剖学家达·芬奇的一生是探求自然之谜的一生,给我们留下了许多宝贵的研究成果,如与身体运动有着密切关系的肌肉活动、身体运动和重心的关系等。他继承了古代解剖学知识,研究人体的肌肉结构,创造性地运用力学原理,叙述人体重心、平衡与阻力中心间的关系,人体站立、步行以及肢体在运动中的协调作用等。1680年,意大利数学家、天文学家、力学家阿尔方索·博雷利,曾对人体运动的力学原理作了深入的研究,并在动物实验的基础上建立了运动力学模型。他也曾探索各种肌肉发力的数值,利用杠杆原理测量人体重心的实验方案,指出了人体中心的位置,提出肌肉的作用符合数学、力学原理的论点,将人体的运动分为三种方式:一是诸如跑跳形式的蹬离支点的运动;二是如攀登形式的拉引运动;三是如游泳形式的推离运动。英国植物学家和化学家哈尔斯,继1727年出版《植物静力学》后,于1733年出版《动物静力学》,将力学实验法导入生理学,其内容涉及动作的力学分析。1794—1818年,德国的维特,陆续出版了三卷本《体育辞典》,其中第二卷以解剖学和生理学为基础对身体运动进行了分类,并根据数学和物理学进行了各种体育动作技术的分析解释。爱尔兰科学家、动物学家塞缪尔·汉顿,发表了《肌肉作用的新理论纲要》《关于动物力学的笔记》和《从力学和生理学观点论悬垂》等。英国摄影师埃德沃德·马布里奇,发明了"动物活动实验镜"(Zoo Praxiscope)。该装置是一种可以播放运动图像的投影机,首先将连续图像绘制在一块玻璃圆盘的边缘,然后应用投影机将影像投射出去,随着玻璃的旋转,影像能表现出运动的图景。他将摄影技术应用到人类和动物的运动研究中,他还拍摄运动棒球、板球、拳击、摔跤、铁饼投掷等活动用于研究,对运动生物力学和运动的机制研究做出了重大的贡献。他分别于1899年、1901年出版了《动物运动》《人体外形运动》两部颇有影响的著作。1836年,在对运动人体进行分析的基础上,德国的韦伯兄弟出版了《人走步器官的运动力学》一书,对走、跑以及其他运动结构进行了力学分析。德国人汉斯·格罗尔从体育的角度对运动本身进行更深入系统的研究,并总结以前的研究成果出版了《运动学》一书。被誉为医疗体育创始人的德国科学家D·施莱贝,在1852年和1855年先后出版了《运动医治法》和《室内医疗体操》两本专著。这两本专著是其从医学角度结合其临床实践进行研究的成果。1871年比利时人格特勒发表了《人体测量学》。1883年,法国的F·拉格朗热对运动中的人体生理变化规律、肌肉营养的调节机制以及运动时人体能量的变化等进行了研究,并发表了体育运动生理学方面的专著,为体育生理学的发展奠定了基础。1889年,他在总结运动生理方面的深入系统的研究基础上,出版了第一本运动生理学的教科书《人体运动生理学》以及《身体练习的医疗措施》。意大利的A·莫索于1892年发表了有关肌肉收缩的理论。1911年,法国儒安维尔体育师范学院正式出版了《运动生理学》。1912年,该校建立了生理学、解剖学和力学实验室、放射性实验室、化学实验室,开始有组织地进行运动生理学、运动解剖学、运动生物力学、运动生物化学研究,取得了大量的研究成果;1920年,出版了《运动医学百科全书》,系统地整理了过去的运动医学研究成果。1918年,法国教育家马黎用仪器和电影技术记录观察人体运动现象,成为现代生物力学研究的创始人。英国生理学家阿奇博尔德·维维安·希尔,发现了肌肉内热量的产生和氧气的使用,获得1922年的诺贝尔生理学或医学奖。他用青蛙腿上的肌肉做实验并用人来研究肌肉运动时热量的产生和氧气的消耗。

希尔的研究使得人们对这些肌肉运动过程有了科学认识。在20世纪20年代，三部伟大的运动生理学名著得以问世，分别是《人类的肌肉运动》《肌肉活动》《有生命的机械》，这三部著作是希尔在运动生理研究领域的经典成果，他也因此被学界誉为"运动生理学之父"。

美国近代体育的兴旺，是与美国先进的体育科学研究分不开的。19世纪下半叶至20世纪初，美国开展了以人体测量和体力测验为主要内容的体育科学研究。进行人体测量研究的开创人是埃姆赫斯特学院的希迟考克博士。他对每个学生从入学到毕业的年龄、体重、身长、手指伸展幅度、胸围、肺活量以及体力的测量情况都有记录。他通过这些测量资料来进行解剖学和生理学的研究，从比较中去探寻学生身体发展状况与体育运动的关系，从而提出适合于青年学生生理和心理特点的运动项目、运动程度。1885—1900年，人体测量和体力测定在美国得到广泛应用。1891年，美国体育促进会和基督教青年会采用了沙金特博士的人体测量指标体系，用于测定和评价学校青少年的体质状况。沙金特博士也大力提倡对人体测量的科学研究。1887年，沙金特写了一本关于体育测验与测量的手册，又在杂志上发表了许多有关这方面的文章，还亲自测量过一些著名的职业运动员身体指标。美国体育促进会采纳了沙金特的测量项目、测量方法以及项目标准，供各大中学校使用，青年会还把他的测量标准作为国际体格检查的基础。关于体力测验的研究是由沙金特博士开始的。他经过多次观察和实验认为，只凭皮尺测量不足以衡量体力和成绩。因此，他于1880年利用8年前布里海姆从巴黎带回的测力器制定了一系列体力测验项目，并创造了一套体力测验方法。1898年，沙金特统一了大学校际比赛用的测验标准，使体育运动竞赛中成绩的衡量有了依据。美国对人体测量和体力测验的科学研究，不仅提高了近代美国体育的科学化程度，更为美国体育后来的强劲发展奠定了科学基础。

1927年由世界著名的生化学家亨德森建立的哈佛疲劳实验室（Harvard Fatigue Laboratory），掀开了运动生理学系统实验的新一页，该实验室成为当时国际运动生理研究人才的摇篮。实验室由斯坦福大学的一位年轻的生化专家蒂尔牵头，他带领一批年轻且极具才华的科学家在哈佛疲劳实验室从事了不少关于耐力运动的生理机制、运动与环境（如高原环境、热环境）中的生理反应、营养、衰老和高海拔气候的应激性等的研究。第二次世界大战爆发后,哈佛疲劳实验室进行了由政府资助的服务于陆军、海军和空军部队军事体能方面的研究。20世纪30—40年代末期,哈佛疲劳实验室成为世界研究运动生理学的中心,而且成为美国和世界各地的其他实验室的发展的最初模式,为后来的现代运动生理学研究的蓬勃发展奠定了基础。哈佛疲劳实验室不但为世界运动生理学发展培养了大量遍布世界各地的杰出人才,而且为在世界范围内掀起新的运动生理学研究热潮开拓道路。1968年,库伯的第一本名为《有氧运动》的书问世,它第一次向人们介绍了有氧运动的概念。1971年,他在美国达拉斯建立了库伯有氧运动中心,也使他得到了"有氧运动之父"的尊称。以后又相继出版了《有氧运动与全面身心健康》等一系列有关有氧运动与研究方面的著作。

20世纪50年代,美国著名的生理学家卡波维奇提出了一个重要的"运动处方"概念,这一概念在六十年代就得到世界范围内的认可,同时被世界卫生组织正式使用。

俄国著名生理学家伊凡谢切诺夫,在实验科学研究的基础上,提出了人体运动的统一性原则。根据他的研究,人的思维与肌肉、心理与生理、外在运动与内部器官功能之间,存在着不可分割的统一关系。他的研究成果使体育科学走出了以往狭隘的纯生理研究体系,确立了人的身心全面发展这一近代体育最重要的原则,深化了人们对体育运动的认识。谢切诺夫除了在生理学方面做出贡献外,还涉及运动生物力学,在他所著《人体功能运动概论》一书中详尽阐述了"人体运动装置的结构是骨杠杆,产生杠杆运动的是肌肉张力及其神经支配"等问题。同时代的俄国学者佛·列斯加夫特是一位机能解剖专家,他把人体形态结构功能与体育动作结合起来,开创了《身体运动的理论》,并于1877年讲授《体育练习生物力学教程》课程。几乎在同一年代,在大量实验资料基础上撰写出的运动生理学方面研究论文及论文集得到公开出版,如苏联的克列斯托夫尼柯甫出版的《运动生理学论文集》,为身体运动和科学训练起到重要作用。苏联学者伊万尼斯纂和科奇柯娃等人在20世纪30年代出版了《动力解剖学笔记》《运动生物力学》等著作,使运动生物力学更加成熟。苏联伯恩斯坦从20世纪30年代开始注意用系统论、信息论和控制论的观念,尤其从神经控制的视角来揭示人体运动规律和人体运动行为结构,这对于现代运动生物学学科的发展具有极其重要的价值,伯恩斯坦也因此被誉为运动生物力学的创始人。在亚洲,1916年日本的吉田章信曾著有《运动生理学》,阐述运动的生理效果,其内容还只是偏重于形态学的体格测量。其后东龙太郎主持东京的体育学科讲座,他的研究室也为运动生理学研究领域培养了专门人才,为体育运动生理学的发展做出了一定的贡献。

早在1924年我国的生理工作者程翰章即已编写了中国近现代早期的运动生理学专著《运动生理》。全书分总论和各论两部分,介绍体育锻炼、功能状态、生长发育的重要性以及体育对人体各器官的生理影响。书中引用了大量日本、德国、瑞典等东西方国家学者对人体各系统在运动时的机能变化的研究文献,主要是以人体为研究对象。全书编写体系与现代运动生理学大体相同。1940年生理学家蔡翘出版了《运动生理学》一书,十年后《实用运动生理学》等为数不多的运动生理学类教科书相继出版。相应的运动生理学实验室和研究器材从国外引进到部分高校,使得我国运动生理学学科的建设取得很大进展。其进展表现在运动生理学实验室、专门从事运动生理学研究的科研机构得到设立,且取得了一批有价值的研究成果。从1957年之后,从事运动生理学研究的研究生得到培养,从事运动生理学的学术交流逐渐频繁,部分研究已经达到世界先进水平。

三、体育人文社会科学的发展

人文社会科学是旨在揭示人类在社会实践中对自身的理性认识的科学,可分为人文科学和社会科学两大类。人文科学以人的精神文化现象为对象,目的是探讨人类的生存价值和意义;社会科学以人类社会为研究对象,目的是探讨客观的人类社会的结构、功能及其发生、发展规律。二者都与人类的教养和文化、智慧和德行有关。

经过中世纪文艺复兴,"人文主义"对人的命运、价值、尊严以及幸福的维护、追求和关切等理念逐渐深入人心。同时,随着社会的发展,自然科学逐渐从哲学中分化出来,并得到全面快速发展。自然科学的发展不仅为认识人文社会现象提供了新的思想和模式,而且提供了新的方法和手段,从而使人对其自身和社会的认识变成了科学。19世纪中叶以来,以社会文化和社会现象为研究对象的政治学、经济学、社会学、文化学等人文社会学中的主干学科逐渐发展成熟,在科学体系中取得了相对独立的地位。体育人文社会学是从人文社会学的视角探究体育与人的发展、体育与人类社会发展及其规律的科学。它以体育的本质、价值、结构、功能、制度、管理等为研究对象,现已形成了体育哲学、体育史学、体育法学、体育社会学、体育经济学、体育管理学等诸多构成的新兴学科群,是人文社会科学向体育科学中渗透融合的结果。

第一次世界大战以后,在已经形成的体育教育科学、体育生物科学进一步成熟的同时,人们相继从人文社会科学的角度,运用历史学、社会学、心理学、文化学、经济学、政治学、法学等学科的理论与方法研究体育社会现实活动中各种现象和问题,逐渐形成了体育史学、体育社会学、体育心理学、体育文化学、体育经济学、体育政治学等学科。一系列新的学科形成,各种国际体育学术团体相继成立。世界范围的体育科学研究,也随着体育运动的国际化,开始打破国家界限,相继开展了包括生理学、心理学、医学、教育学、经济学、文化学等多种内容的联合研究。1911 年北欧国家建立国际体育学会;1912年在德国第一次召开医学大会;1913年在巴黎又召开了国际体育学术会议;1924年国际体育科研所正式成立。国际间有组织、有计划地开展体育科学研究,体育科学进入了新的发展阶段。

体育科学是研究人类社会的体育运动与人体运动规律、人的全面发展,以及体育运动与人类经济与社会发展现象和规律的综合性科学。体育科学的发展离不开人文社会科学的指导和人文关怀。体育科学离开了人文社会科学,就失去了思想,失去了理性和方向,同样离开了自然科学就失去了标准,失去了基础,体育科学的科学性就会缺失。在体育科学的发展进程中,体育人文科学和体育社会科学的发展逐渐融合形成体育人文社会科学。实际上,体育人文科学和体育社会科学在某种程度上是很难区分的,都是揭示体育与人、体育与经济社会之间内在的必然联系和一般规律。体育人文社会学是在体育科学和人文社会科学两个母学科基础上发展起来的综合性学科。其研究方法多数以沿袭、模仿、移植相关学科或母学科的范式为主,发展曾经相对滞后,这不仅与人们对体育运动的概念、结构与功能等的认识有关,而且也与人们对体育科学的性质与体系的看法有关。

在人类文化体系中,作为身体语言文化的体育运动既包含着身体文化的诸多要素,如身体竞技、身体教育、身体语言和身体娱乐,也包括体育精神思想、体育文化教育、体育科学理论等。从某种角度来看,体育就是一种人文社会现象,只是在发展初期,受认识水平和认识能力的限制,人们只能从生物的角度来认识其功能和价值,注重体育运动过程中人的有机体的结构与机能的变化。逐渐转变到更加关注从人文社会科学的研究,从人文社会科学的角度去考察和研究体育对人的意义,尤其关注体育运动对提高人类生命质量和生活质量的作用,考察和研究体育运动在促进经济与社会发展中的价值与功能,从而有力地推动体育人文社会科学各学科的繁荣与发展。

在体育史学研究方面,从文艺复兴时期对古典体育的研究开始,体育史学研究一直在不断发展。体育史学是研究体育发生、发展过程的一门学科,是体育人文社会学科研究的基础。对体育的发展过程进行准确的描述和对体育发展进程中所表现出的内外部规律进行客观把握是体育史学研究的基本任务。体育史学研究建立在对全部体育科学研究成果把握的基础上,因而体育史学应该、也能够为体育科学各学科提供研究的史实和理论基础。由于研究对象的特殊性,使得体育史学在体育人文社会学研究中占有特殊的地位。体育学科史的研究,不但可以了解各体育学科的发生、发展情况,把握其学科特点和学科体系,而且有助于了解学科研究前沿动态、发展趋势,从而为学科建设服务。在文艺复兴时期,人们对古代希腊体育文化产生了浓厚的兴趣,16世纪时在威尼斯出版的古希腊学者波桑尼亚关于古代奥运会的著作和古希腊诗人歌颂古代奥运会的诗歌,更是激起了人们对古代奥运会的热情,古代奥运会成为文艺复兴运动中的一个热门话题。1569年赫·美尔库里亚尼发表《论古典体操》一书,该书的内容主要包括体育起源、体育发展概况和体育文献资料三个部分,这是从近代科学角度研究体育史的最早、也是影响最大的著作。

在体育史学研究领域,其研究水平较为领先的当属德国。德国对体育史学的研究由来已久,早在18世纪便有学者对体育史进行探讨和研究,如德意志学者维特是"使体育史成为专门著作的创始人"。1795年,维特将其编撰的《体育百科全书》的第一卷《体育史卷》单独出版,书名为《对身体运动史的贡献》,1818年再版时简化为《体育史稿》。该书是使体育史学成为专门学科的奠基性著作。随着古代奥运会遗址的重见天日,19世纪后期欧洲出版了多种体育史学著作。19世纪以德国人为中心的一批学者极大地推进了体育史研究,他们不但进行了高水平的古典体育研究,而且还开辟了体育通史、竞技运动史、民族体育史和游戏史等专门史的研究领域。吉勒施是在体育史学研究上有着积极贡献的另一个学者,其主要贡献是初创了东方学。他在对中国马球游戏和足球运动进行考察的基础上,撰写出版了他的代表作《支那的蹴鞠和马球》一书。

德国是用德式体操来振兴国民体育,而英国则是用竞技和游戏来推动大众体育。19世纪初,英国文化史学家斯特鲁特出版了《英国国民的竞技运动和娱乐》一书,这本有关竞技运动史的书被视为体育史的经典著作。它论述了竞技运动与娱乐的关系,详细介绍了英国贵族重视的田园式竞技游戏、普通百姓欢迎的乡村竞技,以及城镇居民开展的各种竞技活动。与此同时,法国的外交家、竞技运动史学专家朱索朗出版了其代表作《古代法兰西的竞技和游戏运动》一书,书中对从法兰西传统的骑士比武到平民喜欢的各种游戏竞技活动的起源和发展都做了比较详细的论述。他还出席了在1892年为复兴奥运会而召开的巴黎会议,在有关竞技运动史的讨论中,以“中世纪竞技史”为题发表演讲。克劳塞1841年出版了《希腊人的体育和竞技》一书,书中引用大量的绘画和雕刻等方面的资料,运用文献学的手法,对希腊的体育、竞技以及祭祀活动都进行了深入的研究,探讨希腊的体育、竞技、体操等对自由民众进行教育培养的意义。格拉斯伯格尔于1864—1880年先后出版了他的研究成果《古典教育和教学》三卷教育史著作,其中第一卷《希腊和罗马人的身体教育》,对以后教育史、体育史的研究影响深远。可以说,史学著作中凡以教育为题的讨论几乎都涉及体育教育。例如,社会教育学者伍迪1949年编撰出版的《古代社会的生活和教育》一书,其内容包含了对古代体育的专门研究。此外,弗里德伦德1889年出版了《罗马风俗史》三卷,其中第二卷大部分内容均属于罗马竞技的研究,成为后继者研究罗马体育的一部必备读物。

19世纪的俄国学者列斯葛夫特从理论的高度去认识体育发展史,把体育史分为经验阶段、思辨阶段和科学阶段。20世纪30年代,络毕柯夫主编出版了《体育史》三卷,该书较为全面地介绍了从古代到近代的世界体育史和苏联体育史。至30年代末,苏联体育史学家西尼岑出版了《古代社会的身体文化》一书,从咒术和宗教的角度论述了游戏和竞技运动的起源。

1919年,郭希汾先生为上海爱国女学和东亚体育专科学校体育史课程编写的教材《中国体育史》正式出版。该书记述了中国古代体育活动的起源和发展,并讨论了中国体育学说与宗教的差别,详细论述了中国体育与西方体操运动的同与异,记述了体育在我国的传播与发展的过程及其历史背景。这本书为中国体育史学研究奠定了基础。

体育社会学是以体育的社会文化现象为研究对象,运用社会学的理论与方法探索体育的社会机制和发展规律,旨在推动体育和社会合理发展的一门应用性分支学科。早在十八世前,英国就有很多关于打猎、拳击、足球和橄榄球等运动的发展和历史方面的研究。随后,19世纪末的凡勃伦在《有闲阶级论》中提到了美国的高校体育。而20世纪初的马克斯·韦伯,在其名著《新教伦理与资本主义精神》中,论述了英国清教徒的体育运动与社会变迁的关系。后来德语和英语国家的一些教育社会学的研究中也有关于体育的部分。在这个时期,虽然专门的体育社会学研究并没有形成,但是主流社会学已经关注到了体育研究。

准确来说,体育社会学是19世纪末才出现的一门新兴学科。据有关资料记载,首先涉及体育社会学领域研究的是美国学者。1898年,杰布林和阿米里克在《美国社会学杂志》上分别发表了两篇有影响性的论文:《芝加哥的市立运动场》和《小型运动场的运动》,成为体育社会学这一学科出现的标志之一。此后,波兰一家名叫Ruch的杂志将德国学者斯塔尼亚对体育文化的评论陆续刊载了近一年的时间。1914年,美国学者吉林出版了涉及体育运动的《娱乐社会学》。1921年,德国哲学家、社会学家阿多诺的学生,德国社会学家里斯在柏林出版了世界上第一部以学科命名的专著《体育社会学》。该书延续了霍克海默、阿多诺等人所创立的法兰克福社会研究所和法兰克福学派的研究,探究了学校体育与当时的社会背景之间的关系。尽管该书没有明确触及体育社会学的概念,也不能算是系统的、层次分明的研究,但其首次将体育运动作为一种生活方式,对体育运动进行了社会学的考察,较之从前的研究,无论在理论性方面,还是在系统性方面都有了新的进展。

运动心理学是一门研究人们在体育活动的专门条件下的心理现象及其

发生、发展规律的科学。早在1830年,德国的科赫发表了《从保健法和心理学看体操》。1898年,美国印第安那大学的心理学家诺曼·特里普利特发表了第一个有关运动心理的实验报告。特里普利特将他的研究重点放在自行车比赛的观众效应上,他认为自行车选手在有竞争对手的情况下能取得比没有竞争对手情况下更好的成绩,在相互合作的情况下取得的成绩更好。"运动心理学"一词最早出现在顾拜旦所发表的《运动心理学浅论》一文中。在该文中,顾拜旦还提出了一系列运动心理概念。在顾拜旦的倡议和影响下,第一次国际运动心理学会议在洛桑举行,将运动心理的研究,第一次提上了国际体坛议事日程,它标志着运动心理学学科步入科学发展的行列,进入独立发展阶段。1910—1940年,苏联、德国、美国、日本等国对运动心理学方面的问题展开了一系列研究。1923—1925年的三年时间里,被学界誉为"美国运动心理学之父"的格里夫斯第一次建立了心理学实验室、开设了心理学课程,并对运动心理展开实验研究。这一事件在运动心理学学科发展中有着重要的历史价值与影响。他的主要研究领域有运动技能学习,运动技能操作以及体育运动中的个性问题。1926年,他编写了世界上第一部运动心理学教科书《教练心理学》;1928年,又出版了《运动心理学》。1923年,日本江上秀雄和大河内泰分别出版了《体育运动心理》《运动心理》。这些著作都是把运动作为体育的基础来进行心理学问题的探讨。1924年成立的日本国立体育研究所也开展了运动心理学、运动生理学的研究。1927年,日本儿童心理学家用宽之出版了《运动心理学》。1928年,德国舒尔特出版了《运动心理学》。1932年,松井三雄出版了《体育心理学》,此后,松井三雄和中付弘道合著出版了《竞技运动心理学》,此书收录了日本体育研究所的许多重要的研究成果。

第三节　体育科学的特征

体育科学作为科学的一个分支具有科学所具有的系统性、客观性、实践性、理论性、开放性等一般性质。然而它作为一门年轻的新兴学科,作为一个拥有多重属性的综合知识体系,也具有自己的个性特征。体育科学是以人的体育运动和体育运动的人为对象,其目的是应用自然科学、人文社会科学、工程技术科学等众多相关学科的最新成果,解决体育运动实践中的实际问题。人是体育运动实践的主体,而人既具有自然属性,也具有社会属性,同时又是心理活动的主体。体育科学的研究对象、研究领域、研究方法和手段等决定了体育科学具有应用性、复杂性、广泛性等科学属性。

一、体育科学的应用性

从体育科学的产生发展、学科性质和功能上看,体育科学是一门应用性学科。应用性学科是基础学科在人类社会生产、生活实践中的应用,是应用基础研究的成果以及应用学科中的理论和方法解决人类社会与经济发展中出现的现实问题。作为应用性学科的体育科学的发展源泉是体育运动实践活动的发展。体育科学的知识的积累、理论的完善、技术与方法的进步,乃至体育科学的发展,都是体育科学在实践过程中不断发现实际问题,探索实际问题、运用和吸收现代科学技术的最新成果,解决体育运动实际问题的结果,又是对体育运动实践中所获得的经验的高度概括和总结。随着体育科学的学科规模不断扩大,体育领域内交叉性、综合性应用性学科不断出现,体育科学理论转化为体育运动实践发展动力的速度不断加快,这也是体育运动实践发展趋势在体育学科上的一种体现。而体育科学的实践,需要一批熟练掌握理论知识且具有较强实践能力的高层次人才在体育运动实践中实现体育科学的价值和功能,一方面促进体育科学的一些理论应用到具体的实践领域,推动体育,进而推动整个社会的发展,另一方面在实践的过程中及时发现新的体育问题,并在详细分析新问题的基础上解决新问题,甚至创造出新的理论和新的学科。

二、体育科学的复杂性

体育科学是关于体育的知识体系,其研究对象是体育运动现象和过程,研究内容涉及人参与的体育运动和参与体育运动的人两个方面。人体以及人的体育活动的复杂性、体育运动项目和运动技术的多样性、体育运动环境的多变性等特征决定体育科学研究也必然具有复杂性。运动中人体机能活动及其心理活动和思想活动的变化,不同的细胞、组织、器官、系统以及有机整体参与协调统一的活动,不仅需要体力、技术和技艺,更需要智力和精神力量,只有在同时具备上述条件时,才能充分发挥人的能动性和创造性完成各种高难动作,在快速、多变的动作过程中,体现出不同的力度、速度、精度,体现出勇敢、顽强、拼搏精神。体育运动是物质与精神的统一、体力和智力的统一、身体活动和心理活动的统一。参与体育运动的人是复杂多样的,具有千差万别的特征,之间的差异不仅表现在思维、个性、性别、年龄,以及健康水平、智力水平、道德水平等个体特征上,而且表现在专项类型、训练年限、训练水平,以及技术水平、战术风格等方面。因此,研究对象的复杂性是体育科学的一个非常显著的特点。

随着社会经济和体育实践的发展,人们的闲暇时间不断增多,人们的体育观念不断增强,体育人口不断扩大,体育运动项目越来越多,运动技术水平越来越高,目前我国经国家体育总局批准正式开展的体育运动项目共有78大项143小项(体竞字[2006]123号文件),加上各种大众体育健身项目、民间体育活动、民族传统体育项目,体育运动项目的数量达上千种,全世界体育运动项目数量数以千计,且数量还在逐年增长。由人参与的体育运动也具有千差万别、复杂多样的特征,各个体育运动项目之间的差异不仅表现在迥然不同的技战术结构上,而且表现在评定成绩的方法上,对体能的具体要求上。因此,各运动项目的技战术水平的提高都有自己的特点和发展规律,各个体育运动项目的训练方法与手段各不一样。体育运动项目的多样性,也决定了体育科学的复杂性。

三、体育科学的广泛性

体育科学的本质属性与体育运动以及运动的主体人的本质属性是有密切联系的。体育运动是人类社会特有的现象,是人的机体运动和人的社会运动中多种运动形式的综合反映。从基本方面说,人是自然界长期变化发展的产物,具有自然属性,同时人又是心理活动的主体,具有心理属性,人还是社会劳动的产物,具有社会属性。人的自然属性、心理属性、社会属性以及运动技术(体育运动中运用的技能、技巧、方法、手段和相应知识的总和)的多样性、复杂性,决定了体育运动涉及多种因素,如:人的体力、智力等个人因素;气温、气压、风速等自然环境因素;同伙、对手、裁判、场地器材,以及政治、经济、文化等社会环境因素。体育科学研究过程中必然涉及自然科学、人文社会科学、工程技术科学三大科学门类,不仅涉及生理学、生物化学、生物力学等自然科学的领域,涉及哲学、历史学、经济学、社会学等人文社会科学领域,也涉及材料学、人类工程学、建筑学等领域,因此,人的机体运动和人的社会运动综合形式的体育运动,反映了体育科学的广泛性。现代科技在体育运动领域广泛应用(如:F1赛车、体育场馆、兴奋剂、"鲨鱼皮"等都涉及先进的科学技术),体育已成了现代科学技术的一个橱窗,北京奥运会顺应体育科学的发展提出了"科技奥运"的理念。现代体育与体育科学决定了体育科学必须从自然科学、人文社会科学和技术科学学科中移植、借鉴并综合运用多学科的理论与方法进行跨学科研究,因此,大量的分支学科、边缘学科、交叉学科和技术学科的产生和发展、体育科学的研究领域不断拓展是体育科学发展的必然趋势。

从体育科学整体发展现状看,存在着整体水平不高,高水平的研究成果少,科学体系不完善,学科发展不平衡,潜学科多、前学科多、新学科多,体育科学绝大多数学科是母学科的分支学科,"元"科学不在体育科学内等现实问题。许多学科发展不成熟,处于前科学、潜科学阶段,经验的成分多、科学的成分少,理论体系不完善、研究方法不成熟,一些学科得不到科学界承认,一些研究项目难以在科学界交流,一些研究成果难以得到科学界认同。许多学科基础理论相对薄弱,学科理论建设的规范性不够,有的学科缺少科学研究方法,学科建设和新学科创建游离在"规范化"的边缘,学科理论对一些复杂的体育现象不能够做出合理有效的解释,更缺乏提供有效解决现实问题的科学方法,学科的发展不能够满足体育实践的需求,不能为快速发展的体育运动实践提供理论与方法的指导和技术与手段的支撑。

总而言之,研究追溯了体育科学思想的产生、形成和发展,全面梳理了体育教育科学、体育生物科学和体育人文社会科学的形成和发展轨迹,阐释了体育科学发展的历史进程,揭示体育科学发展的内在动力和外部条件,归纳了体育科学的特征,掌握其发展变化规律。

结果表明,社会文明的每一次进步都引起了体育实践的发展,而体育实践的每一次发展都引起了体育科学的突破。随着社会的发展,体育在包括医疗、军事、休闲娱乐等在内众多领域得到普遍应用,并发挥广泛的影响,为揭示体育科学的本质,人们从健康、教育、人的发展、生理、医疗、军事等多个角度对体育进行了系统的研究,体育教育科学、体育生物科学、体育人文社会科学等均得到充分的发展,体育科学已成为一门具有应用性、复杂性、广泛性的科学。但相对于体育实践而言,体育科学的发展相对滞后。从其发展进程看,体育科学的功能总是在社会和体育实践已经得到发展后,在解决实践中面临的各种问题时才得以展现,缺乏前瞻性的预测力。

第五章 体育科学的学科发展

人类进入 20 世纪以来,尤其是第二次世界大战之后,随着核能、电子计算机等科学技术的发展,一场空前的科学技术革命在全球范围内得到迅猛发展,掀起了一股高新技术产业化、经济全球化的浪潮。这不仅引起人类生产方式的变革,而且引起了人类的生活方式的变革,传统生产面貌发生了极大的变化。人类生产和生活的自动化、智能化、电气化、信息化,将人们从繁重的生产劳动、家务琐事中解放出来,劳动生产力的提高,物质财富的积累,使人有了充足的物质条件,也有了充裕的闲暇时间投身各种体育活动之中,促进了世界范围内的大众体育的兴起。同时,竞技体育的职业化、精英化和产业化、国际化,不仅使得体育在人们的日常生活中,而且在经济与社会发展中占据重要地位,体育已经从一个单独的健身、竞技领域成长为一个庞大的新兴产业,成为经济发展新的增长点,体育在国民经济与社会发展中的地位日益凸显。同时,体育在发展过程中出现了各种各样新问题、新矛盾,引起社会各界广泛关注,迫切需要我们去研究、去解决。现代科学技术的快速发展,研究领域的不断拓展,也向体育领域广泛渗透,新的理论与方法在体育科学研究中广泛应用,促进了现代体育科学的发展。

第一节 现代体育科学的学科建立

从物质的属性来看,科学研究的对象——客观世界具有物质统一性。物质的属性和存在形式,或者说物质的表现形态构成了世界上的一切事物和现象,包括意识现象。世界的物质统一性以具体物质形态的差异性、多样性为前提,是无限多样的统一,物质世界的多样统一性决定了人们对世界的认识既有分析,也有综合。从人的认识过程来看,人们首先需要获得反映现象的感性认识,然后才能通过抽象思维获得反映事物本质的理性认识。感觉只解决现象问题,理论才解决本质问题。现象是人或事物在发展、变化中所表现出来的外部形态。本质是指事物本身所固有的根本属性,是某类事物区别于其他事物的基本特质,是事物存在的根据。从感性到理性、从现象到本质、从具体到抽象的认识以分析为主;一旦人们获得了本质认识,就要用此来解释和说明现象,这就是建立科学理论的过程,这一过程以综合为主。感性认识是指人们在实践的过程中,通过感觉器官直接感受到事物而获得的关于事物的现象及其外部联系等方面的认识。理性认识是指人们在感性认识的基础上,通过对所掌握的感性材料进行概括、整理而获得的,关于事物的本质及其内在规律的正确的、全面的认识,并经过逻辑论证和实践检验形成的系统化的科学知识——理论。分析是在思维中把作为对象的事物分解为各个要素、部分和特性,分别考察事物的属性、各个部分和各个方面,及其发展变化的阶段、过程和影响因素,进而揭示事物的本质。综合是把事物各个部分、方面、阶段、过程、因素、属性按内在联系有机地统一为整体。人类对事物世界的认识经历着从感性具体的整体上升到抽象思维的分析阶段,再回归到综合的多样性的整体思维的具体,表现为每一认识阶段深化和细化都是分析和综合的相互作用和联系。分析与综合,互为条件,循环往复,推动认识的深化和发展。人类这一认识规律反映到科学的发展之中,也决定了人们对世界的认识既有分析,也有综合。物质世界的多样统一性,人类认识世界的规律,以及人们认识世界的分析与综合相结合的方法等,决定了科学发展的过程是不断分化和整合的过程。

科学的分化是指从原有的基本学科中分离出若干个独立的分支学科。科学经过分化,分支学科各自具有相对独立的研究对象、研究方法和比较完整的理论体系。与原有的学科相比更加专门化,其研究对象的范围缩小了,而认识的内容却更为具体、细致和深入,精准地反映了自然界、人类社会和精神世界活动的特殊性、针对性、层次性和多样性,体现了认识活动由表及里、由浅入深、由粗到精、逐步深入具体的过程。科学的分化是学术研究深化和细化的必然结果,是现代科学发展的必要条件和必要环节,它有效地促进了科学的发展。第一,科学分化是科学发展的一种必然形式。科学分化过程就是科学成长、成熟、壮大和完善的过程,仅靠一门学科不可能描述自然界的全部运动规律。尽管21世纪以来科学发展整体化的趋势日益加强，但是科学分化的势头丝毫没有减弱，反而以更大的规模，在更广的范围和更深的层次进行着。第二，科学分化是人类认识的深化和细化，是科学进步的重要标志。在科学分化过程中，通过限定或缩小研究范围，突出研究对象，就会把科学认识活动引向深入、具体的境界。对自然界的认识越接近真理，科学分化越发达，科学体系越完善。第三，科学分化是推动科学发展的一种有效途径。在科学知识不断加速积累的今天，任何人都不可能完整地掌握人类几千年积累起来的全部科学知识。因此有必要划分研究领域，进行科学活动的分工。这样，不仅有利于提高科学劳动的效率，而且有利于搞好科研和教学活动的管理，从而推动科学的发展。第四，科学分化为科学的综合打下了基础，促进了科学整体化发展的进程。科学分化把科学认识推到了更深入的层次、更具体的内容，通过对自然界专门的研究，建立了大量的分支学科。这不仅为打破学科之间的人为界限提供了极大的机会，更重要的是揭示了物质和物质运动形式之间的内在联系，为不同学科的综合准备了大量材料，从而奠定了科学综合的基础。

科学分化虽然对科学的发展起着重要的推动作用，但单纯的分化是有其局限性的。它把本来存在着内在联系的运动形式人为地分割开来，形成学科的边界化，容易在学科之间设置鸿沟，造成学科之间的差别、分离和排斥。虽然科学分化反映了由表及里、由浅入深、由粗到精、逐步深入具体的认识规律，各学科和分支学科逐渐形成了各自独特的研究对象和相对独立的研究方法，但这也是造成学科间差异的主要原因。正因为学科之间存在着差异与分离，很多问题也需要多学科来加以共同研究，需要多学科理论来共同探索。比如，法学和政治学共同关注的社会公平问题也正是伦理学、社会学和体育学所要探讨的问题之一，不同学科研究的不同之处在于其关注的焦点不同，传统的研究方法不同。不难看出，如果我们将学科之间的划分当作是研究对象、研究领域、研究方法的分离与独立，势必导致各个学科之间的孤立和分割，对涉及多学科的共同问题所获得的视野与方法显得非常单一，势将造成对事物真理认识的片面化。实际上，所有的学科都是人类社会实践的产物，属于人类认识的范畴，在现实问题面前无论哪种学科、何种方法，其实质都是为分析、考察与解决问题服务，各学科之间并不存在绝对的分界线。所以，当科学分化发展到一定程度,就需要对现有的科学知识加以综合。

科学综合,即科学的整体化,是指两门或两门以上的分支学科相互作用影响、相互交叉、渗透、融合,知识要素的重新调整组合,即学科的边界被重新划分,从而打破原有学科之间的界限,超越学科边界化束缚,连结成为科学知识的有机整体而产生的一门新学科的过程,是世界的物质统一性的反映。科学综合是通过对特定对象的整体性研究而建立起来的完整认识,它不是简单地将若干门学科的知识机械凑合起来,而是以特定的形式和方式融会相关学科的知识,形成一个具有新质内容的知识体系。科学综合可以是同一部类不同学科的综合,也可以是不同部类学科的综合,整合后产生的新学科,其认识程度更为深刻、全面和系统。

首先,科学综合是科学自身发展的要求和必然结果。随着科学认识的深入,人们发现许多分支学科中都含有原来认为与己无关的其他学科所研究的过程和属性。对这些过程和属性的全面而详尽的研究,必然有利于获得不同学科的研究对象所共有的规律性认识。在一定的范围内,这些带有一般科学性质的概念、原理和方法对科学研究具有普遍的、重要的参考价值和应用价值。随着人们对科学认识的深入及科学的发展,对综合的内在要求也就愈来愈强烈。其次,科学综合对科学的进步起着极大的促进作用。与科学分化所带来的研究的个体性、单一性不一样,科学综合更加强调集体研究和多学科的联系、渗透和整合,注重多值、多维研究,从而开辟了横向、综合的研究新领域。科学综合带来了科学研究的组织、方向、程序等方面的变化。正是这些变化极大地推动了科学的发展。许多新学科,虽然是在原有理论、概念、方法、手段的基础上产生的,但由于综合的结果,而使其具有全新的性质。这种多学科的综合日益成为现代科学的前沿和瓶颈的突破口。再次,科学综合加快了科学分化的速度,促使新的科学分化形式不断产生。19世纪以前,科学分化在科学发展中起着主要作用。新学科的诞生往往都是在各自领域的研究中取得突破性进展的结果。由于科学分化是在学科之间相互隔离的孤立状态下进行的,因而呈现出一幅纵向直线延伸的分化图景。而科学综合加强了学科之间的横向联系,在运动形式的交叉处形成了大批分支学科。这种从直线式发展转变到纵横交错的立体发展,为科学分化提供了前所未有的机会和可能性,从而大大加速了科学分化。这种在综合基础上的分化取代了传统的以分化为目的的分化,增加了科学分化的内容,给科学分化注入了新的活力。最后,局部性的科学综合过程是实现科学整体化的必要条件。科学的全面整体化,必须建立在高度综合的基础上。持续不断的科学综合,就会在学科之间出现许许多多层次不同、类型不同、跨度不等的局部性的渗透和联系,从而弥合不同学科之间的空隙。正是这些局部性、小范围的渗透和交叉成为科学整体化的强大潮流。

　　分化与综合推动着科学的发展。科学分化是科学研究朝纵深方向发展,使科学研究越来越专门化;科学综合是科学研究朝横向扩展,使科学研究越来越整体化、综合化。科学发展的过程就是一个不断分化与整合的过程,科学分化和科学综合作为科学发展的两种形式,既相互对立,又相互作用和相互转化,科学分化是科学综合的基础,科学综合又是科学进一步分化的前提。只有把握对知识的整体性认识,形成一定的知识领域,才能使其分化。同时,综合又是以分化为前提的,只有积累和掌握了多种专业知识,才能把它们加以综合,以求得认识过程中的质变。科学的高度综合只有在科学高度分化的情况下才能实现,而科学的高度分化也只有在科学高度综合的情况下才能进行。分化中有综合,综合中有分化,两者是相互依存的,成为科学发展的重要形式和内在动力。首先,二者相互区别。分化是综合的基础,综合是分化的结果,同时又是更高层次分化的必要条件。学科的分化有可能填补原有学科的空白,加强原有学科之间的联系。学科要向深度与广度进一步发展,就要冲破事物之间原本认为是不可逾越的界限,从而成为综合的基础。其次,二者相互包含。分化与综合,不是简单地分离与结合,而是对立统一的,即分化和综合互为条件,相辅相成,分化之中包含着综合,综合之中也包含着分化。在科学发展过程中,一种理论或一门学科的建立是分化和综合相互作用的结果,绝对的分化和单纯的综合都不足以建立一门学科。最后,二者在一定的条件下相互转化。综合学科既可以看作科学体系的一个部分,也可以看成是综合多门学科知识而形成的新的知识体系;边缘学科既可以认为是科学体系中分化出来的一个分支,也可以认为是多种学科相互渗透的产物。从本质上讲,科学分化与科学综合的辩证运动就是科学不断向广度扩展、深度延伸的发展过程,这一过程促使各门学科之间产生了重重叠叠的多层次、多角度和程度不等的交叉和联系,呈现出学科结构更加合理完整的体系。

一、现代体育学科的分化综合

当今体育学科的分化、综合倾向也日益加剧,各体育学科相继从母学科分离出来,逐渐形成了相对独立的学科。体育学科的分化是体育科学研究深化和细化的必然结果,但在体育科学越分越细的同时,研究的综合性也越来越强。体育科学研究对象的复杂性,研究领域的广泛性,体育科学具有跨越多个学科的研究主题和研究领域,需要运用多个学科的理论与方法,表现出交叉、融合和渗透等趋势,体育科学各学科的边界逐渐消失并形成了许多综合性学科,使体育科学各学科的知识连结成为一个有机的整体。体育学科的高度分化与综合也有效地促进了体育科学的发展,分化和综合始终贯穿在体育科学的发展进程中,体育学科领域的拓展,研究问题的具体、深入、细致、全面等,使得体育科学不断地分化与整合,新学科不断地孕育、产生与发展,学科体系更加完善。

(一)体育学科的分化

体育学科的分化有着不同的表现形式,主要有三种形式:第一,科学的母子分化(表5-1)。

表5-1 体育科学的分支学科

序号	母学科 (自然类)	子学科(自然类)	序号	母学科 (人文社科类)	子学科 (人文社科类)
1	解剖学	运动解剖学	11	哲学	体育哲学
2	生理学	运动生理学	12	法学	体育法学
3	生物力学	运动生物力学	13	经济学	体育经济学
4	生物化学	运动生物化学	14	社会学	体育社会学
5	心理学	运动心理学	15	管理学	体育管理学
6	医学	运动医学	16	教育学	体育教育学
7	营养学	运动营养学	17	文化学	体育文化学
8	免疫学	运动免疫学	18	新闻学	体育新闻学
9	保健学	运动保健学	19	政治学	体育政治学
10	运动	运动遗传学	20	行为学	体育行为学

运用母学科原有的理论、方法,针对体育运动这一特殊对象和领域的某一方面、某一部分的问题进行深入细致研究,使之细化和具体化,并积累大量科学事实材料和应用范例,产生了明确的概念、术语,以及形成了假说、原理、定律等,形成相对独立的研究对象、研究方法和比较完整的理论体系,因而从母学科中分化出相对独立的体育分支学科。也可以理解为,母学科的理论、方法移植到体育科学中和体育学科交叉,产生新学科,这类学科的元学科理论不在体育分支学科中。体育科学绝大多数学科都是此类分支学科。

第二,科学的纵向分化。在体育科学领域中,许多学科是对原来的研究对象和内容在层次、范围逐步深入具体而建立起来的。随着科学研究广泛运用现代科学技术的最新成果,不断引入新的科学理论与方法、先进的技术与仪器设备,使体育科学研究不断深入,不断推进研究的深度和精度,体育科学向纵深发展,体育学科越分越细,产生出许多新的学科。如:由体育理论分化出运动训练学,运动训练学分化出体能训练学,体能训练学分化出游泳体能训练学,即,体育理论→运动训练学→体能训练学→游泳体能训练学。

第三,科学的横向分化。是在同一层次上将研究对象的类型和局部加以区别,或从不同的角度和剖面系统研究而形成的新学科。如:

(1)体育理论分化出体育概论、学校体育学、运动训练学、群众体育学等;

(2)运动心理学分化出运动训练心理学、运动竞赛心理学、运动员心理学等;

(3)运动生物力学分化出骨骼的生物力学、肌肉生物力学、关节生物力学等;

(4)社会体育学分化出社区体育学、农村体育学、老年体育学、妇女体育学等。

(二)体育学科的综合

体育实践中许多科学问题的解决和难点的突破常常需要运用多学科综合性的知识,拓展体育学科领域的宽度和广度,催生了大量的综合性学科产生。体育学科综合也有着不同的表现形式,主要有三种。

第一，两门或两门以上的学科相互渗透、相互融合所形成的新学科。交叉科学的产生，既是科学分化的结果，同时又具有学科综合的性质。如：

(1)竞技体育学＋体育教育学＝竞技教育学；

(2)武术学＋健身学＝武术健身学；

(3)体育学＋生物学＋力学＝运动生物力学。

第二，运用多门学科的理论与方法研究体育运动领域中某个特殊研究对象而形成的新学科。体育科学中的武术学、学校体育学等学科的产生主要是对某个运动项目和体育活动领域进行多学科综合研究。如运用教育学、管理学、运动训练学等，对学校范围内的各种体育活动进行多学科综合研究，将积累成果和知识进行整理、归纳、概括，使之条理化、系统化而形成学校体育学。

第三，将某些学科中的具有一般的、共同性、整体性的知识加以概括总结而形成的新科学。体育科学中的体育教学论、运动训练学等学科是对带有普遍性、一般性的共同问题和活动规律进行的综合研究。如学校体育、社会体育、竞技体育中都涉及运动训练问题，学校代表队训练、机关事业单位的代表队训练和专业运动队的训练肯定存在着很大的差异性，但肯定也存在一些共性之处，而对它们带有普遍性、一般性的共同训练问题和训练规律进行的综合研究就产生了运动训练学。此外，体育数学、体育控制论、体育系统论、体育博弈论等横断的、方法类的学科也属于这类综合学科[①]。

二、现代体育科学学科建立的重要标志

(一)明确的研究对象和研究领域

任何一门学科的确立和独立，首先取决于它自身所具有的特定的研究对象，具有不为任何其他学科所涉及的专门领域。研究对象是否明确是判断学科有无存在必要的标准。特定的学科总是与特定的研究对象紧密相连，不同的研究对象决定不同学科的性质，也决定着其研究内容和研究方法，并决定着本学科的范围和边界。体育科学的每门学科都是从人类体育运动这个同一研究客体中分化出各自的研究对象，也就是体育运动客观存在的某种活动现象、形式和过程。在体育运动还未成为一种独立的活动形

---

① 高建国.信息表现学[M].北京:社会科学文献出版社,2012:12-22.

态时,人们就已经从不同的视角考查和探讨了体育运动。最早研究体育问题的是哲学、教育学、社会学等学科。后来,随着体育的发展,科学的进步,对体育运动的研究不断深入、系统、全面,研究成果的不断积累丰富,研究体育问题和体育现象的理论和方法便从哲学、社会学、教育学这些学科中分化出来,形成了相对独立的研究领域,并形成了比较明确的学术边界,和一套相对独特的话语体系和专门知识体系,使学科内从事研究的成员形成在他们学术世界里的认知排他性,为自己划定一个明确领地,于是便产生了具有相对独立的知识体系和研究领域的体育哲学、体育教育学、体育社会学等体育学科。

（二）专门的科研方法和范式

科学方法是人们研究事实、发现客观规律的方式和手段,是创造性思维的集中表现,是获得规律性知识的必要条件,是形成一套独特的、自成体系的概念、原理、命题和逻辑体系的途径,也是学科独立和成熟的标志。任何一种科学理论,在解释某些事物现象和过程的性质时,总是与一定的研究方法相联系。任何一门学科的独立性都体现在研究对象和研究方法的独立性上。"对某一领域研究方法独特定性的诉求其实质是对该领域研究问题或研究对象独特性的探索。"[①]所以,在研究体育某一特殊活动的过程和现象时,必须采用与其他学科相区别的研究方法,注重研究方法与研究对象的关联性、针对性和有效性,能够体现体育学科的特殊规定性,有独特应用项目和成功案例。但是跨学科的产生和发展使研究方法的学科属性越来越模糊,不同学科之间研究方法的移植和融合越来越普遍,不同学科领域的研究方法之间的界限被打破。

范式最初是由库恩提出来的,是指某一特定学科领域中的科学家共同拥有的基本世界观和方法论,是常规科学赖以运作的理论基础和实践规范,包括观察视角、概念体系、研究方式和研究假设等内容。范式形成一种知识传统或思想传统,形成一个学术共同体,且有"普遍接受的方法和真理",是判断一个知识领域是否成为一门学科的基本依据。一个学科之所以成为一个学科,就在于它有自己独特的范式,当某一学科具有独立且成体系的范式时,才能说某一知识领域已发展成一门独立的学科。

---

① 刘美凤.关于教育技术及其学科的研究方法的几点认识[J].电化教育研究,2008(12):93-96.

（三）完整的知识体系

一般来说，一门学科的知识体系是由科学事实、概念、范畴、假说、原理、定律等构建起来的。科学事实是通过观察实践已被正确认识的客观事物、事件、现象、关系、本质、过程及其规律性的总称，是形成科学概念、科学定律、科学原理和该学科建设的主要基础。概念由大量科学事实和经验材料经过理性加工提炼而成的，是对现象的一种抽象，是一类事物本质属性在人们主观上的反映，是科学思维的基本单位。学科的假说、原理和定律是科学知识结构中的主要组成部分，它们运用概念揭示事物的本质联系，都属于规律性的知识，但它们之间又有某种差别。科学是通过概念和概念间的关系来反映事物本质和规律的。认定一门科学独立发展的重要标志之一是建立一个由科学概念、原理和定律以及对其理论论证和逻辑结论经过实践检验的相对完整的知识体系。

（四）学科代表人物、成果和学科体制

任何一门学科产生发展都有一个或几个代表人物，代表人物发表的文章和出版物成为学科创立的标志，代表人物的学术观点和学术成果成为学科存在的重要基础理论。随着研究成果的积累，成果在实践中应用并取得良好的效果，学术影响扩大，吸引一定数量的研究者加入本学科的研究，形成稳定的研究队伍和学术共同体，并成为一种社会建制。比如有自己的学术组织、有公开发行的学术刊物。一个成熟的学科必须要进入大学课程体系，成为大学的学科专业，有学位授予点，学者也必须职业化，如拥有教授、研究员等固定教席和岗位。

三、现代体育学科的构成

学科是相对独立的知识体系，不同的学科有着不同的科学知识结构。学科的结构是指科学知识构成要素及其结合方式。研究科学的结构，是把科学知识作为一个整体系统，分析它的组成部分，各组成部分的地位与作用，探索它们之间的联系与结合方式，以便了解学科产生、形成和发展的规律性。一般来说，一门学科的知识体系是借助于一定认识手段和工具获得的以科学事实、概念、范畴、假说、原理、定律和科学方法、科学理论等构建起来的系统（图5-1）。

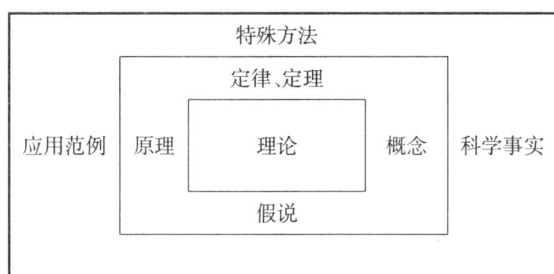

图5-1　学科理论体系的构成示意

(一)科学事实

科学事实是认识主体关于客观存在和个别事物的真实描述或判断,是通过观察实践已被正确认识的客观事件、现象、过程、关系等的总称,包括经验事实、观测资料和实验数据等。虽然科学事实与科学之间有着本质的区别,即事实本身并不是科学,但人们对事实的逻辑认识是科学存在的前提和基础,科学是对科学事实的客观规律的高度概括和系统认识,并通过一定的形式表现出来。科学事实有两种表现形式:其一,在观察或实验中获得的不依赖于意识而存在的事件、现象、过程本身,如遥测心率图、测力台记录受力图、肌电图等在观察仪器上记录和显示的数字、图形。其二,关于事物事实的语言描述和判断,如运动过程中呼吸频率加快,运动过程中人体会出汗等。

(二)科学方法和应用范例

科学方法是指研究事物现象、提出理论与发现规律的一种技术和手段。科学方法的出现是人们在认识事物中创造性思维的体现,也是一种经验的总结和提炼。任何一种科学理论,在解释某种现实现象与过程的本质时,相应的研究方法总是伴随其中。人们在认识事物时会根据认识对象的不同采用不同的方法,这些方法与事物的复杂性总是交互联系,处在一种动态的发展过程中。从科学方法的应用来看,一般分为三个层次,第一个层次是各个学科特有的方法,这些方法放在其他学科中可能就不适用;第二个层次是各门学科通用的一种较为普遍的方法,如观察法、实验法等;第三个层次是哲学方法,哲学方法在科学方法体系中处在最高层次,是一种放之四海而皆准的方法,统领知识科学的一般性领域。从科学认识的发展过程来看,科学方法包括感性方法、理性方法和综合方法三种。在认识事物的初始阶段,主要使用感性方法获得自然的信息,如实验法、观察法等;随着人们认识能力的提高和认识成果的丰富,需要应用理性方法分析观察实验所获得的成果,包括数学方法、逻辑方法等;而综合方法属于科学方法的理论,包括系统论方法、信息论方法和控制论方法等,适用于科学认识的各个阶段。从研究手段上看,科学方法包括定性研究方法和定量研究方法。

一门学科除了有概念、原理以及科学理论、科学方法外,还应有相应的应用范例,可以是仿效的事例或典范的例子,用于加强学科理论的可理解性,增强人们对本学科的真理性、实用性、有效性的认识。

(三)科学概念、术语和范畴

概念是科学思维的基本单位,是科学研究的基础,也是科学研究的成果和经验的结晶。科学事实是具体的、现实的,科学概念是抽象的、一般的。科学概念是由大量科学事实和经验材料经过理性加工提炼而成的,是对现象的一种抽象,是一类事物本质属性在人们主观上的反映,是构成科学理论的基石和支撑点。科学研究是通过概念和概念间的关系来反映事物本质和规律的。概念的类型有常量、变量之分。常量只有一个不变的取值概念,仅标识某种现象,如"太阳""月亮";变量具有一个以上不同取值,包括若干个子范畴、属性或亚概念,它反映出概念或所指称的现象在类别、规模、数量、程度等方面的变异情况。如"运动成绩""训练程度""运动等级""训练年限"等。科学研究是从变量之间的相互作用来分析事物产生的原因和结果,科学理论可以说是由变量语言构成的,其目的是描述不同变量间存在的某种逻辑关系。如运动(自变量)—生理负荷(因变量)—呼吸加快(中介变量)。

一门科学发展的重要标志之一是有自己的科学概念和术语,科学体系在某种意义上就是概念的体系、术语的体系。如运动生理学的概念体系包括"运动技能""运动动力定型""动作自动化""身体素质""灵敏素质""柔韧素质""等动练习""等长练习""超量恢复""运动性疲劳""活动性休息""红肌""白肌"等。

随着体育学科的发展,现代科学技术的最新成果在体育领域中得到广泛应用,体育学科引用和借鉴了其他学科许多的概念,如"训练控制系统""训练模型""程序训练法"等。体育领域中也有许多概念被其他学科引用和借鉴,如排球运动中扣球的"短平快"概念,被经济学引用,"短平快"项目,指投资小、风险小、见效快项目;足球运动有传球的"越位""到位"概念,被管理学引用为该管不该管,管理不"到位",不该管的到处插手,管理"越位"。

术语是特定学科、专业领域中用来表示概念称谓的文字指称,术语是概念的语言表达形式,概念是术语的思维内容。术语和概念之间应一一对应,即一个术语只表示一个概念,一个概念只有一个术语来表示,概念借助于术语才能够形成、存在和表达出意义。术语必须符合确定的概念,且在一定范围内使用。在体育专业学科领域中存在概念、术语的不确定和不规范的现象。如"身体锻炼"、"体育锻炼"、"体育"、"体育教育"、长跑中的第二次呼吸"极点"与体育摆动动作中的最高点"极点"等。

范畴是反映事物本质属性和普遍联系的基本概念。体育科学中的范畴不仅反映体育领域内各种现象与知识普遍联系的本质属性和概念逻辑,也反映了体育学科具体的对象、内容、特点和方法等的思维方式,如"体育"与"体质","运动量"与"运动强度","身体练习"与"运动负荷","运动技术"与"运动手段","运动训练"与"运动竞赛"等。这些范畴是体育领域的基本概念,适用于体育科学的各个研究领域。

(四)科学假说

科学假说是在已知事实材料和科学理论基础上,对某些事物的存在和事件的因果性、规律性做出假定推测的说明和解释,尚未通过实践检验,是一种有关变量间关系的尝试性陈述或是一种可用经验事实检验的命题。假说具有科学预见的功能,是人们认识客观真理的方式之一。在一定意义上说,没有假说就没有科学。许多科学原理、定理、定律等,一开始都是以假说的形式出现的,许多发明创造的过程就是提出、推演、验证假说的过程。在体育运动过程中,人的有机体结构与机能的变体,各种生理因素、心理因素、社会因素相互作用和相互制约,对其因果关系和内在联系的认识是相当复杂和困难的,通过实验和理论论证对现象和原因提出的见解,往往一时难以确凿证实,只能以科学假说的形式做出假定推测的说明和解释,有待经过实践检验加以证实,上升为科学理论。如"滑行学说""超量恢复学说""疲劳学说""暂时性神经联系"(条件反射学说)等。

(五)原理、定理、定律

原理、定理和定律是科学体系的重要组成部分,在科学认识中都是属于规律性的知识,都是通过概念性的知识来表达事物的本质联系,三者之间既有联系、又有区别。原理通常指某一领域、学科中具有普遍意义的基本规律。原理首先以假设的形式存在,如果这些假设能够说明和解释一些现象和规律,其正确性能被实验所检验与确定,假设则成为原理。原理反映特定条件下的自然事实,是用来说明人们已知的现象及其规律,对原理的了解必须注意到事实发生的条件。

定理是运用数学方法,在原理和定律的基础上推导得到的一些结论,能描述事物之间内在关系。在自然科学中,如着重反映其数学的必然性,则使用定理来表达,往往需要侧重于使用数学表达公式来阐明事物的内在规律与联系;而原理则只要求使用自然语言陈述,虽然并不排除数学表达。

定律是反映事物在一定条件下发展变化的客观规律的论断,它往往是在经验或实验研究的基础上得出的结论,定律是对客观规律的正确抽象和表达形式,概括事物之间、事物属性之间的关系,着重强调自然过程的必然性,包括依靠仪器对客体进行观察并归纳所得到的具体定律,如落体定律;运用抽象概念进行判断推理所得出的抽象定律,如万有引力定律。

(六)科学理论

科学理论是在大量经验知识积累的基础上,经过逻辑论证和实践检验的系统化的科学知识体系(图5-2)。科学理论是一组相互联系的命题,它是对经验现实的某一领域或某一类现象提出的解释性陈述。事物的概念、将概念联系起来的原理与定律,以及由原理定律推导出的带有规律性的逻辑结论是科学理论的三大要素。科学理论的三大要素并非处于散在状态,而通过一定的逻辑组成一个有序的系统,这一系统也始终处于一个动态的发展状态。从发展的逻辑来看,科学理论与概念和定律等要素相比要成熟得多,它处于科学认识的最高阶段,在认识上更接近事物的本质。从表现形式来看,科学理论是以抽象或数学模型的形式存在,遵循理论符合实际的原则,具备外部的证实和内在的完备,即对应的手段,以检验相关的理论和逻辑的自洽性。科学理论有两个重要的功能——解释功能和预见功能,前者是揭示存在事物的本质,后者是从科学理论逻辑地推导出关于未知事实的结论。解释功能和预见功能是不可分的,它们的共同作用显示出了科学理论在整个科学知识体系中占据核心地位。

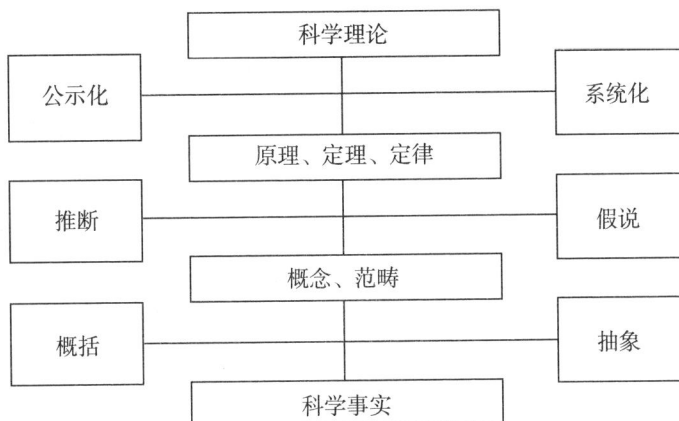

图5-2 科学理论形成图

第二节 体育自然学科的发展

20世纪50年代开始,随着世界科技的日新月异,现代科学技术开始广泛运用到体育训练、体育竞赛、体育场馆设施建设和体育产品的开发等领域。科学技术在体育中的广泛运用,强有力地推动了体育科技的发展,代表了现代体育的社会体育、竞技体育和学校体育的科学技术含量更加丰富,尤其是竞技体育的产业化、职业化、市场化,在某种程度上竞技体育的较量就是科学技术的竞争。在此背景下,科学化成为当今体育学科发展的主要特点。与此同时,伴随着体育科学的发展,由体育学科分化出的新学科的研究也得到深化和拓展,各种以定量分析为主的、旨在提高体育运动水平的新学科的建立使得运动解剖学、运动医学、运动生物力学、运动竞赛学、运动材料学、运动营养学等学科在原有基础上逐渐从其母学科中分离出来,发展成相对独立的学科。

一、运动解剖学

运动解剖学是随着体育实践的发展而从解剖学中分化出来的一门分支学科,它是探索体育运动对人体形态结构产生的影响,揭示体育运动的影响下人体形态结构的发展规律,以及体育技术动作与人体形态结构之间关系的一门应用学科。20世纪40年代以来,随着体育运动的蓬勃发展,现代科学技术在体育运动领域广泛运用,例如电子显微镜、肌电图仪等科学仪器,以及荧光透视和光弹性测力等技术,为探索身体深部结构、微细构造的变化,以及运动中骨的受力情况、人体运动时的力学参数、动作环节的分析等提供了深入研究的有利条件。这个时期最有成就的学者是美国的斯坦德勒和苏联的M·Φ·伊万尼茨基。斯坦德勒的《正常和病理状态下的人体运动》等著作对运动解剖学的发展产生重要的影响。伊万尼茨基著有《动力解剖学笔记》《人体运动》《人体解剖学》等,被认为是苏联运动解剖学的先驱。伊万尼茨基的贡献在于他将人体解剖学研究与运动技术动作有机结合,对人体的各种姿势和动作,如跑、跳、走、悬垂和支撑等进行了解剖学分析,并深入地研究人体运动重心等问题。60年代以后,他在吸取了人类学与实验生物学的理论与方法的基础上,对人体结构与人体运动问题进行了系统的研究,并将运动解剖学发展成为运动形态学。

在中国,张汇兰教授和张望教授对我国运动解剖学的创立发展做出了突出的贡献。20世纪50年代,张汇兰教授任上海体育学院教务长兼运动解剖学教研室主任,曾三次去美国学习考察。她的著作《运动解剖学》和《缓和运动》对我国运动解剖学的创立和发展有着重要影响。1986年,鉴于张汇兰教授的突出贡献,联合国教科文组织授予张汇兰教授"体育教育和运动荣誉奖",成为第一个获此殊荣的中国人。与此同时,运动解剖学作为一门学科也得到了发展。1956年,北京体育学院邀请了苏联专家尼·米·贝柯夫教授讲授运动解剖学,第二年,在贝柯夫教授的帮助下,我国首次开办了运动解剖学研究生学习班。为了进一步解决运动解剖学的师资问题,教育部于1959年开办了全国高等院校运动解剖学师资培训班,并分别于1959年和1960年开始招收运动解剖学的研究生和本科生。1960年,中国著名解剖学家张望教授明确了"运动解剖学"的学科定义、研究对象和研究方向,指出运动解剖学是解剖学在体育领域中的应用,其主要目的是用解剖学的视角,分析运动所需的肌肉和关节。此后,我国运动解剖学的发展走向正轨。1978年运动解剖学恢复招收研究生,1980年我国成立了全国性的运动解剖学学术机构,并于1984年12月,在成都召开了第一届全国运动解剖学学术会议。全国性学术机构的建立,推动了运动解剖学的快速发展[1]。

---

① 李世昌.运动解剖学[M].2版.北京:高等教育出版社,2010:9-10.

20世纪80年代以来,随着现代科学和运动医学的快速发展,细胞形态学介入体育运动科学领域,并取得了突破性进展,尤其是计算机显微图像分析仪和激光聚焦显微镜的问世,使得有氧运动的组织细胞学研究从传统的定性研究转向定量研究阶段,随后运动解剖学的研究进一步深入,组织细胞形态学研究进一步实现了从死细胞到活细胞研究的飞跃。这一飞跃为以后运动肌纤维运动收缩、骨骼肌肥大发生机制等研究奠定了理论基础。近年来,随着分子生物学的发展,运动解剖学的研究也已从细胞、亚细胞层次研究扩展到分子与基因水平。尤其在运动心脏、运动性微损伤,以及运动性疲劳等机理研究方面所取得的新突破表明运动状态下组织的病理性改变和生理性改变之间具有显著的差别,这些研究成果具有特殊意义。

二、运动生理学

运动生理学是在20世纪初发展起来的一门年轻的体育科学基础学科。它是研究在体育运动影响下人体结构和机能的变化及其规律,运动技能形成和发展规律,以及运动能力的发展和完善机理的一门应用学科。在现代运动生理学发展中,北欧及美国学者做出了重要的贡献。自20世纪50年代以来,北欧的运动生理学研究硕果累累,涌现出了许多著名的运动生理学家,丹麦的科罗和他的学生阿斯姆森指出了设计专门的运动生理实验研究和标准化的重要性,促进了运动生理学的研究从描述性观察走向实验研究。至今,哥本哈根的科罗研究所仍是运动生理研究的一个重要基地。如奥斯特兰德、萨尔庭、埃森和罗达尔等,他们在运动与心肺功能、最大摄氧量在运动实践中应用等宏观研究方面做出了重要贡献。20世纪60年代末,伯格斯特龙提出针刺活检法,撒尔汀以及其他研究者,将这一方法和生物化学方法相结合,对两类骨骼肌纤维的亚微结构、功能特性和运动能力进行广泛的研究,取得一系列的成果,并把运动生理的研究水平从宏观推向微观即分子水平。其中,撒尔汀由于他在运动生理学领域的卓越贡献,获得2000年奥林匹克奖。在美国运动生理学的发展上,哈佛疲劳实验室是最受瞩目的焦点,迪尔和他的同事们从20年代到40年代中期,在哈佛疲劳研究室完成了许多关于对运动与环境、运动代谢、运动营养、衰老、体适能(哈佛台阶试验)等一系列的研究。20世纪50年代以来,运动生理学在美国获得更广泛的发展,涉及运动生理学的各个方面,如福克斯、麦卡德尔等关于运动与代谢反应方面的研究,科斯蒂尔关于肌纤维类型的研究等。此外,在运动与激素、运动与环境等方面也取得重要的成果。

现代运动生理学的许多进展应归功于技术的进步。例如,20世纪60年代发明了呼吸气体电子分析仪,使能量代谢的研究较以前变得更容易。无线电遥测技术的发明,使远距离遥测和监视运动中心率、体温等参数的变化成为可能。20世纪60年代中期,在运动生理学领域有重大影响的霍洛兹和戈尔尼克等将微量生物化学的方法引入运动生理中的研究,戈尔尼克最先用小鼠和大鼠研究肌肉的代谢和检测与疲劳有关的因素。霍洛兹由于他在运动生理学和健康上的贡献,获得2000年奥林匹克奖。20世纪80年代,随着分子生物学的发展,生理学的实验研究也渗透到细胞、亚细胞和分子水平上,并取得重要进展。在运动生理学的研究中,对运动中的各种生理现象和生理变化的分子机制有了更为深入的了解,使运动生理学的研究从整体、器官、细胞、亚细胞和分子水平等不同水平上深入展开。

我国的运动生理学发展始于20世纪的40年代,以生理学家蔡翘的《运动生理学》一书为标志。但在这一阶段,有关运动生理学的教学与研究工作却进展缓慢。到20世纪50年代,运动生理学受到国家和各体育院校的普遍重视,1951年赵敏学编著了《实用运动生理学》。从1953年起,各体育学院先后成立了运动生理学教研室。国家体育科研所和各地体育科研所大都建立了运动生理学研究室,并广泛开展了运动生理学的研究。1958年,我国第一个专门研究运动生理学的科研机构——运动生理学研究室成立。之后,各省、市的体育科研所相继建立了运动生理学研究室,专门从事运动生理的研究,使我国的运动生理学教学和科学研究得到了蓬勃发展[①]。运动生理学的教学与研究工作取得了快速的发展。1957年,北京体育学院在我国首次培养出运动生理学研究生,高校体育院系相继建立了运动生理学硕士点。

三、运动生物力学

运动生物力学是体育科学中一门新兴边缘学科,其母体科学是生物学与力学交叉融合而成的交叉学科——生物力学。运动生物力学的主要观点

① 王步标,华明.运动生理学[M].北京:高等教育出版社,2006:13.

是,虽然人体运动并不是简单的机械运动,但人体运动并不能摆脱力学规律的制约;其主要任务是以人体解剖学、人体生理学、力学的理论与方法,客观而定量地描述和解释人体运动现象,探索人体运动体系的生物力学特性和人体运动动作的力学特征,以及人体—器械系统运动的力学规律等。

第二次世界大战以后,随着测量方法与技术的快速发展,运动解剖学和运动生物力学逐渐形成自身的学科体系框架。特别是20世纪40年代开始的以信息技术为标志的现代科学技术革命,成为运动生物力学学科形成的加速剂。而20世纪60年代微型计算机的诞生,则为运动生物力学带来了革命性的变化,由于运动生物力学测量分析仪器本质上的进步,极大地促进了学科理论与运动实践的融合,为运动生物力学的测量与分析技术指导体育动作的技术优化与创新提供了可能。这一时期的显著特征是先进测量与分析技术的应用,代表性和标志性的成果有:采用高速摄影(像)机以记录和分析运动动作的运动学参数;采用三维测力台和动态应变仪记录和分析运动动作的动力学参数;利用肌电图仪记录肌肉的电活动,分析和评价肌肉的工作和功能;利用γ射线扫描技术和CT技术测定活体的环节质量和质心位置等,运动生物力学进入了快速发展阶段。1955年由约翰·邦恩所写的《运动训练的科学原理》一书,是体育科学领域第一本注重强调力学在运动训练中的应用多于解剖学的教科书。1967年,国际体育科学和体育教育理事会举办的第一届国际生物力学讨论会在瑞士苏黎世召开,会上发表的论文大多是人体运动生物力学的研究成果。1968年,《生物力学杂志》创刊,创刊号中有数篇文章是关于运动生物力学的研究。1973年,国际生物力学学会在美国宾夕法尼亚洲成立,并每两年召开一届国际生物力学研讨会。国际生物力学学会大会主要研究和讨论运动中的生物力学,内容有肌肉—骨骼力学、人类工效学、运动生物力学、临床生物力学等。从20世纪70年代开始,各种体育运动的生物力学研讨会与学会机构开始应运而生,如"国际游泳生物力学研讨会""国际田径运动研讨会""国际体操运动生物力学研讨会"等。20世纪80年代早期,一些对运动生物力学研究有兴趣的学者共同发起并成立了国际运动生物力学学会,并于1982在美国加州的圣地亚哥举行了第一次全体会议。1983年5月,国际运动生物力学学会颁布了自己的学会章程,并于1985年创刊了《国际运动生物力学杂志》(1992年该刊改名为《应用生物力学杂志》)。20世纪70年代至90年代,运动生物力学的发展越来越蓬勃,参与运动生物力学研究的人数也急剧增加。由于计算机的普及,使得利用高速摄影(像)机以及测力装置来收集和分析运动数据资料变得更加简单和快速。没有计算机辅助时,精确计算从摄影资料中所获得的测量数据以及量化生物力学的研究需要花费大量的时间,这也是20世纪60年代运动生物力学研究人员较少的原因之一。当时由于解剖学的研究发展较为成熟,因此,形成人体机能学的课程内容主要是应用解剖学[①]。自20世纪90年代,随着科学与技术的飞速发展,现代运动生物力学也进入快速发展时期,其特征是:运动生物力学开始朝着研究方法系统化、测量仪器电子化和分析技术数字化的方向发展。从研究领域来考察,运动生物力学研究的广度和深度不断拓展,涉及微观、宏观和活体组织等多方面的内容。比如,在微观上,研究细胞力学,为生命体的各个细分层次建立本构关系或力学模型奠定基础;在宏观上,研究人体肢体或整体的运动形式、运动功能和运动规律;在活体组织材料和流体力学的研究基础上,可以建立骨、关节、肌肉等器官系统的力学模型。

从研究方法考察,运动生物力学的测量技术和分析技术日新月异。如对人体运动的运动学参数的测量,高速数字录像解析技术取代了高速摄影解析技术;对人体运动的动力学参数的测量,三维动态测力已从合力的测量朝着力的分布测量发展;对人体肌肉工作参数的测量,肌电测量从单一肌肉的有创测量向着多肌肉、无创表电极和遥测的方向发展。从运动生物力学的研究队伍考察,研究者的规模和水平快速提升。运动生物力学教学与科研专业机构,早期大多由力学、生物学和体育学科的研究工作者构成,现在则吸引了大批有才华的工程力学、计算力学、电子科学和医学工程的学者介入,从而很好地丰富了学科交叉,充实了学科内涵,提升了研究水平。在国际运动生物力学学科快速发展的同时,国内运动生物力学的学术交往日益频繁,学术研究日益繁荣,出现了一批有影响的研究成果,尤其是服务于竞技体育科技攻关的应用性研究成果,既推动了运动生物力学学科自身的发展,又促进了竞技体育运动技术水平的提升。

我国运动生物力学发展较晚,第一位把人体机能学引入中国的是上海

---

① 陆爱云.运动生物力学[M].北京:人民体育出版社,2010:10.

体育学院第一任院长吴蕴瑞教授（1892—1976），他于20世纪40年代末写了一本分析体育动作的论著——《人体机动学》。50年代苏联专家来华讲学时将苏联的运动生物力学体系、内容及研究方法带到了我国。1956年，北京体育学院邀请了苏联尼·米·贝柯夫讲授《运动解剖学》和《动力解剖学》，其中包括计算人体重心和体育技术动作分析等内容。1959年引进苏联学者顿斯柯依所著的《运动生物力学》作为教学参考书，同年，在北京体育学院举办了第一期运动生物力学教师进修班，此后我国大多数高等体育院系都相继开设了运动生物力学课程。

到了60年代，运动生物力学在我国逐渐蓬勃发展起来，各大体育院系开设了运动生物力学讲座或课程。20世纪70年代末至80年代是我国运动生物力学发展壮大时期。先后邀请了美国、日本、德国等国的运动生物力学专家来华讲学，根据需要也派遣专业人员去国外学习、考察和研究，同时引进了大量的运动生物力学教材和刊物，促进了学科的发展。自1980年中国体育科学学会下属的运动生物力学分会成立以来，至今已举办了19届全国运动生物力学研讨会。北京体育学院于1978年招收培养了相关专业的本科生。上海体育学院于1978年、国家体委科研所于80年代初分别获得运动生物力学硕士授予权。上海体育学院于1993年获得了运动生物力学博士学位授予权。1990年，人民体育出版社出版了《运动生物力学》全国体育学院通用教材。在此期间，许多学者前往美国、德国、日本等国家学习进修或进行学术交流，扩大了我国与国际运动生物力学同行的学术往来。国内许多运动生物力学工作者也结合运动训练实践在运动能力的提高和运动损伤的预防方面做了大量的科学研究工作。值得一提的是，1987年在第六届全国运动会上，由国家体委科教司牵头和国家体委科研所运动生物力学研究室组织的，全国各体育院系和体科所运动生物力学专家和研究人员参加的"大型运动会运动生物力学测试和反馈"研究项目，取得了很好的成果并达到了当时的国际水平。目前，我国的运动生物力学研究的重点和热点主要集中在竞技运动中。2008年奥运会的举办也为运动生物力学的发展提供了良好的契机，特别是在奥运会前的攻关课题以及备战奥运会的科学准备工作中，运动生物力学是这些研究中非常重要的部分[1]。

---

① 陆爱云.运动生物力学[M].北京：人民体育出版社，2010：11.

四、运动生物化学

运动生物化学是应用物理学、化学和生物学等学科视角和方法,从分子水平探索人体的化学组成、运动时机体的化学变化和能量转变,以及运动能力的发展与变化等规律,并将这些规律用于指导运动实践的一门应用学科。运动生物化学的研究可追溯到20世纪的20年代,在40—50年代,受信息技术为标志的现代科学技术革命的影响,运动生物化学有了较大的发展,在60年代就已经发展成为一门相对独立的学科。1968年,在比利时布鲁塞尔召开了第一届国际运动生物化学报告会,并成立了国际运动生物化学研究组织,隶属国际运动科学与体育委员会,以后每年召开一次国际运动生化科学报告会。1970年和1971年召开了两次运动生化专题讨论会。1979年起,和运动生理学联合每三年举办一次运动训练的生理生化和营养专题讨论会,我国运动生化和运动营养工作者也积极参加了这些学术活动。我国运动生物化学研究工作起步较晚,直到50年代才陆续开展起来。运动生化工作者应用尿蛋白、尿胆原、尿肌配、血红蛋白等指标,以及改进了的血乳酸、血尿素等指标对运动员进行监控,为运动员大运动量训练的身体机能、训练方法和运动强度掌握和控制等提供了科学依据。我国运动医学会自1984年起设立运动生化与营养专业组至今,在运动医学会和体育科学会的学术会议中都有运动生物化学的专题内容,运动生物化学已成为体育科学中的一门重要学科。1979年成立中国体育科学会和运动医学会,在运动医学会下设立了"运动生化营养"学组。在有关运动医学学术会议中,都有运动生化专题。目前,中国体育科学学会下设的运动生理与生物化学分会是中国体育科学学会下设的二级分会,主要涵盖运动生理、运动生物化学、运动营养生化和兴奋剂检测技术与方法四个方面。

20世纪50年代前后,运动生物化学专门研究机构的建立促使该学科的理论研究逐步面向运动实践,并取得了丰富的成果。比如,生物化学的先进方法如同位素示踪、组织化学、电泳、层析、超速离心法、动静脉导管技术等得到广泛应用。1950年,苏联的亚姆波利斯仁娅根据电刺激肌肉时肌糖原消耗和恢复的特点提出了经典的超量恢复理论,并在实践中得到广泛的运用。1955年恩·恩雅科甫列夫编写出版了首本运动生物化学专著《运动生物化学概论》,标志着运动生物化学发展成一门相对独立的学科。动静脉导管取血技术对运动生物化学的发展也产生了积极的作用。20世纪60年代以来,以物质代谢和能量代谢为理论基础将无氧代谢与有氧代谢理论引向深入,把供能系统分解为磷酸原系统、糖酵解系统、有氧代谢系统三个供能代谢系统。并根据此理论进行了运动项目分类,概括了各运动项目的供能特点,为不同运动项目、不同训练水平、不同训练周期如何提高物质代谢和能量代谢间的协调性,进行科学训练、提高运动能力提供了科学基础。1962年,瑞典学者在运动生化的研究中,运用组织活检技术直接对人体骨骼肌进行了活检取样分析。以后又有许多学者对脂肪组织、肝组织进行活检研究,为加深对运动人体的了解取得了直接的测试数据。在逐步了解运动时不同代谢的代谢过程与特点的基础上,又进行运动时不同代谢基质的代谢动力学的研究,如葡萄糖、乳酸,其中乳酸理论已在运动训练中得到广泛的应用。

五、运动医学

运动医学是运用医学理论与方法对体育运动进行监督和指导,防治运动伤病和康复的一门边缘学科。主要研究与体育运动有关的医学问题,如运动训练、体育锻炼和缺乏运动对人的身体功能的生理、病理影响,以及为增强体质、保障运动员身体健康和提高运动成绩为目的的医疗和预防性体育运动。可以说,运动医学和医学同样有着悠久的历史。很早以前,古人就已经懂得应用身体运动的方法维持、增进健康,并治疗疾病。古希腊医学之父希波克拉底对身体运动维持健康、增强体力、治疗伤病给予了很高评价,认为体操、散步、跑步、骑马、摔跤以及按摩等对保健和医疗有显著效果。在古罗马,有医生用运动治疗多种疾病的记载。18世纪至19世纪,医学得到了迅速发展,初步形成了病理学、细菌学、药理学等医学学科。同时,欧洲有医生开始探索体育运动的保健和医疗效应,进一步促进了运动与医学结合。1896年,第一届现代奥运会举行以来,体育运动在世界范围内广泛开展,也促使了运动伤病防治、健康保持、体力增进等医学问题日益受到重视。

1928年冬季奥运会期间,来自全球11个国家的50多位医生代表在瑞士圣莫里茨成立了国际运动医学协会,同年8月在荷兰阿姆斯特丹召开了第一届国际运动医学会议,与会者有来自20个国家的280名医生。国际运动医学协会的成立和国际运动医学会议的召开,促进了世界各国运动医学的发展。在1934年9月第三届国际运动医学会时,国际运动医学协会更名为国际运动医学联合会,并沿用至今。

中华人民共和国成立后,随着竞技体育的快速发展,我国的运动医学也迅速发展起来。1955年,首个全国医师督导和医疗体育高级师资进修班在北京医学院举行,其目的是为各医学院、国家体委、军医大学等培训运动医学人员。1956年,中国派出留学生到苏联和东欧国家学习运动医学,这批人于1960年学成回国,积极推动了我国运动医学的发展。1959年,成立了北京运动医学研究所,这是我国第一个运动医学专门机构。1958年,国家体委建立体育科学研究所,设有运动医学研究室,开展运动创伤、医务监督等医疗保健服务和基础研究工作,同时大力培养专业人才。1980年,经过两年多的筹备,作为中国体育科学学会的二级学会,中国运动医学联合会在北京与中国体育科学学会同时成立,并成为国际运动医学联合会的会员。从80年代起,我国运动医学在国际上的影响力不断增强,我国学者曲绵域教授继1982年当选为国际运动医学联合会科学委员会委员后,于1986年,当选国际运动医学联合会副主席。1981年中国体育科学学会学报《体育科学》创刊,设有运动医学栏目。1982年《中国运动医学杂志》创刊。学会开办各种类型培训班,举行学术会议,促进国内外学术交流。

六、运动训练学

运动训练学是运用生理学、生物化学、生物力学、医学、教育学、系统科学等多学科理论与方法研究运动训练活动规律及有效组织运动训练行为的一门综合性应用学科。运动训练的理论研究始于19世纪末。为解决运动训练面临的问题,英、德、美等西方国家的许多学者开始了运动训练学理论的研究,并取得了阶段性的成果。如美国的墨菲著的《体育训练》和苏联格里涅夫斯基编著的《科学的训练原理》等均是体现了理论与实践相结合的运动训练学著作。20世纪20年代至30年代,德国学者克吕梅尔在《运动员手册》一书中,首次将生理学、医学、组织学、体质理论、训练理论、一般和专门的训练学等学科综合在一起,对运动训练的实践和理论研究都产生了积极的影响,该书的出版成为"专项训练学"诞生的标志。受"二战"的影响,从1939年开始,运动训练学的研究几乎完全停滞,直到二战结束后,有关研究才逐渐恢复。在该阶段,运动训练的研究逐渐超越了对实践经验的简单总结,开始探索运动训练中存在的普遍规律及其应用。这个时期的代表人物主要有德国的霍尔曼、迈勒罗维奇、阿因德尔等。他们将医学领域的研究成果运用到运动训练实践中,并取得了丰富的研究成果。在20世纪60年代,运动训练理论体系逐渐形成和深化,国际运动训练理论的研究领域出现了不少水平较高的研究专著。苏联的马特维耶夫出版了《运动训练的分期问题》,提出了竞技状态的变化规律、运动训练计划的制订原则,为一般训练学的诞生奠定了重要的研究基础。1964年,东德的哈雷及其同事完成《训练学》函授教程,并于1969年正式出版《训练学》一书。该书的出版标志着运动训练学作为一门独立的学科得到承认。从此,作为一门独立的学科——运动训练学被正式确立下来。时至今日,世界上已形成了两个侧重点不同的运动训练学体系:一是以俄罗斯、德国、中国等国家为代表的,注重理论体系的严谨性、系统性、完整性的运动训练学理论体系;一是以美国、加拿大、澳大利亚等国家为代表的,以解决训练实践中的实际问题为主的深入细致、突出应用的运动训练学体系。在实践中,将二者紧密地结合起来,既关注整体又关注细节将具有更为积极的意义。

在中国,运动训练理论研究起步较晚,20世纪80年代初,中国学者才开始对体育运动训练及其实践中的问题进行深入研究,试图发现其内在的规律,但较为遗憾的是,前期的研究理论基础主要是从国外引进。如1982年编著出版的《运动训练学》实际上就是哈雷博士所著《训练学》一书的译本。但随后,我国《运动训练学》得到了较快的发展,并始终沿着宏观、微观两条路径向纵深发展,并取得了丰富的研究成果。1983年开始,由中国体育科学学会组织运动训练学的专家、学者编写并出版了我国第一本《运动训练学》专著。1986年,过家兴等出版了中国第一本《运动训练学》正式教材。1986年,田麦久的《论运动训练过程》出版;1989年,田麦久等的《运动训练科学化探索》出版;1990年,徐本力的《运动训练学》出版。这些专著的出版标志着在我国一般训练学理论体系已经由建立阶段走向深化发展阶段。

第三节　体育人文社会学科的发展

体育人文社会学是在体育科学和人文社会科学两个母学科基础上发展起来的一类体育科学学科群体,是众多学科汇聚组织起来的新兴学科群,各学科从人文社会学的不同视角探究体育发生、发展及其规律,研究体育的本质、价值,以及各种社会现象和文化现象,形成了体育哲学、体育社会学、体育史学、体育心理学、体育法学、体育经济学、体育管理学等诸多学科,体育人文社会学科一般兼具科学性和人文性、理论性和应用性等特征。

二次大战结束后,随着美国杜鲁门主义的出台,世界进入"冷战"时代。为在奥运会等重大国际赛事中获得优胜,实现其政治目的,各个国家不断加大体育科技投入。与此同时,随着欧美等国的职业运动的发展,在巨大的商业利益驱使下,各职业俱乐部和运动实体也不断增加体育科研的投入,推动了体育运动迅速发展。此外,二战结束后,为提高全民体质健康水平,各国政府高度重视大众体育和学校体育,并制定了相关政策,这些政策进一步激励并推动体育领域的有关研究。如哲学、社会学、经济学、管理学、法学、伦理学、美学、人类学等人文社会科学学科从不同的角度对体育进行多方位的立体交叉研究。多学科的引入与运用,为探讨体育的本质、价值、结构与功能的关系,为研究体育与社会中的政治、经济、文化等要素关联等提供了理论基础和保障。

随着社会的发展,各种体育实践都迅速繁荣和发展起来。与此同时,体育实践也带来了许多涉及社会、政治、文化等多个领域的现实问题,世界体育面临着严峻的挑战,体育不仅先后受到政治干扰、民族主义、种族主义、恐怖主义等政治因素的严重影响,而且受到金牌至上、过度商业化等拜金主义价值观念的严重影响。为消除这些因素对体育的不利影响,人们开始关注体育所蕴含的人文价值,期望通过对体育的文化性和价值理性的挖掘,为解决体育实践所面临的问题提供有价值的研究成果和解决对策,并引导体育走向有序、健康发展的道路。在此背景下,从20世纪六七十年代开始,不仅传统的体育基本理论和体育史学等研究得到了迅速的发展,体育哲学、体育社会学、体育文化学、体育经济学等体育人文社会科学学科也得到了发展。

尤其是在20世纪末,"体育人文社会学"以体育学的二级学科专业的新面目出现后,在我国,体育人文社会科学的相关学科在理论构建和实践应用等方面都获得了快速的发展,体育人文社会学已经形成了一个规模庞大、学科数量众多的学科群体。体育人文社会科学各学科的兴起标志着体育科学学科体系的进一步发展完整,反映了世界体育科学发展的一个重要变化和趋势。

一、体育哲学

体育哲学,在我国也称"体育辩证法",它是以一般哲学为指导、以体育实践为基础、以体育的本质、基本矛盾和体育科学发展的一般规律为研究对象,探索体育的本质及其发展规律的科学。具体而言,体育哲学是从宏观上探讨体育中的各种关系、总结认识体育的经验,建立科学的体育观念和方法;阐明体育对人生存、发展的价值及价值体系。

自20世纪60年代以后,哲学和各门人文学科、社会学科理论纷纷向体育科学领域渗透,促进了体育学科的分化。体育哲学确定了自己的研究对象和区分界线从哲学中分化出来进行独立的研究,成为一门具有特定的研究对象和研究方法的学科。体育哲学家厄尔利·齐格勒的《体育、健康、娱乐、教育的哲学基础》和耶鲁大学哲学教授帕尔·维斯的《体育哲学探讨》两部具有代表性的体育哲学著作的出版发行,标志着体育哲学进入了一个新的发展阶段,体育哲学学科走上了独立发展的道路。1972年,美国体育界和哲学界的研究者们,在美国纽约州立大学集会,商讨建立体育哲学研究组织的必要性问题,与会者一致赞同尽快成立这一研究组织以推动体育哲学学术活动进一步开展。1972年12月28日,在波士顿召开了国际性体育哲学学会成立大会和首届学术讨论会,会上决定出版学会刊物《体育哲学学会通讯》以及主办学会刊物《体育哲学杂志》。目前这些刊物都有着广泛的影响。

1972年,日本学者阿部忍教授的《体育哲学》一书出版发行。该书系统地阐述了体育的本质与目的、体育价值观,以及体育教育的要素、条件与规律等观点,对各国体育哲学的研究都产生了较大的影响。七十年代中期,体育哲学被一些国家的体育院校设为必修课程。进入80年代后,体育哲学的影响不断扩大,国际体育哲学学会组织不断扩大,成员遍及美国、加拿大、日本、瑞典、比利时、瑞士、英国及巴西等国。该会每两年召开一次学术讨论会。1986年在加拿大召开题为"人、身、心"的东西方学术思想交流及体育哲学与其他学科交叉的学术讨论会,我国也有代表应邀参加会议并在会上做学术报告^①。

1973年奥斯特霍茨编著了《体育哲学》的论文集,收录了来自美国、加拿大等国的学者共26篇学术论文,从本体论、伦理学和美学三个视角讨论了竞技运动和体育诸多问题。1977年,美国学者厄尔利·齐格勒出版了第二部著作《体育、竞技运动的哲学》,对体育和竞技运动概念等问题进行了论述。1978年,美国学者韦伯斯特出版了《体育哲学的原理与展开》一书,对体育哲学的内容、体育的目的和价值等问题进行了探讨。1979年,德国学者莱恩克出版了《体育的社会哲学》,书中从哲学的角度对竞技运动中的异化现象以及现代奥林匹克中的一些现实问题进行了分析批判。1983年,美国学者托马斯出版了《体育哲学》,从形而上学、认识论、美学、伦理学等方面系统地探讨了体育和竞技运动的内涵,并对游戏、竞争、自我意识等问题进行了深入细致的分析。1988年,摩根和梅尔共同编著的《竞技运动的哲学探究》论文集,从游戏、比赛、现实化、伦理、社会政治哲学与美学等六个方面系统地论述了竞技运动的本质。1989年,美国学者厄尔利·齐格勒出版了第三部著作《体育、竞技运动哲学导论》,从哲学背景、专业应用和概括总结三个方面解释说明了体育和竞技运动哲学中的一系列理论和实践问题。经过体育学者们40多年的努力,体育哲学在欧美各国已经形成了比较完整的理论体系,并发展成为一门独立的学科。

在我国,早在20世纪40年代就有人使用过体育哲学概念,比如,1946年,江良规在《体育原理》一书中就专门讨论了体育哲学问题。进入80年代后,我国相继召开了一系列有关体育哲学的学术会议,1981年6月和1982年8月,分别在沈阳体育学院和西安体育学院召开了第一届和第二届全国体育院校体育辩证法(体育哲学)学术讨论会。在第二届会议上,正式把体育辩证法改名为体育哲学,与会学者就体育哲学的研究对象、理论体系进行了深入广泛的讨论。1985年,体育哲学学会被正式纳入中国体育科学学会。1987年8月,在湖南省桑植县召开的学术讨论会中,详细讨论了体育哲学学科理论建设等问题,与会学者们围绕体育哲学的学科性质、研究对象以及今

① 龙天启.体育哲学导论[M].北京:北京体育学院出版社,1987:6.

后的发展趋势等问题进行了深入细致的讨论。从 20 世纪 80 年代后期到 90 年代初期,我国学者发表了不少有关体育哲学的学术论文和专著,其中影响较大的专著有 1986 年由沈阳体育学院、哈尔滨体育学院等八所体育学院联合编著的《体育哲学》教材。经过广大学者们的不懈努力,在短短的十几年中,我国的体育哲学不仅实现了从无到有的变化,而且为体育哲学成为一个独立的学科奠定了基础。

二、体育史学

体育史学是从历史学视角探索体育运动发展演变过程及其规律的学科。20 世纪下半叶,体育史学也进入了广阔的发展领域,跨国性体育史学会组织开始出现。在联合国教科文组织所属的国际体育科学与体育教育理事会的倡导下,1967 年 11 月,在布拉格成立了国际体育科学与体育教育理事会体育史委员会,出版了《体育史》年刊、《体育史文献》和国际体育科学与体育教育理事会的报告等。

1967 年,以苏联和东欧社会主义国家为主体的国际体育史学会成立。1973 年,国际体育史协会在瑞士苏黎世成立,两个组织各自独立开展活动,分别召开过 11 次规模不等的学术讨论会。在联合国教科文组织国际体育科学与体育教育理事会的促成下,1989 年 5 月,国际体育史学会和国际体育史协会在希腊合并,成立了统一的国际体育史学会。学会从 1994 年开始在德国出版《国际体育史学会研究》,在世界 50 多个国家中有团体和个人会员 300 多人。与此同时,一些地区性的国际体育史学会相继成立,如 1972 年在美国成立了北美体育史学会,1983 年成立了英联邦国家体育史学会,1992 年东北亚体育史学会成立,1997 年成立了欧洲体育史学会以及非洲体育史委员会、亚太地区体育史学会等地区性的体育史研究组织。

二战以后,随着体育在国际上和各国中地位的迅速提升,欧美的体育史学研究也逐渐兴旺起来。相对于偏重考古、考据方法和以体操史为中心的德国体系而言,北美的体育史研究注重体育史的文化和历史特性,强调体育史应面向学生和国民。美国学者范达冷、米切尔和本尼特合著的《世界体育史——文化的、比较的、哲学的》是这方面研究的代表作,也是战后在体育史和比较体育研究方面最有影响的著作之一。这本书 1953 年初版后到 80 年代曾增补再版多次。之后,1966年美国学者哈肯·史密斯所著《体育运动史》、匈牙利学者拉斯洛·孔所著《体育运动全史》、1973年日本体育史学者岸野雄三《体育史学》等相继出版。1970年,加拿大学者出版了第一份专门的《体育史》杂志,随后,1972年以美国和加拿大学者为主成立了北美体育史学会,并在1974年创办了《体育史》季刊,极大地推进了美洲的体育史学研究。英国的体育史学研究有很长的历史,但在20世纪70年代以前,体育史被历史学家忽视,历史学家仅仅给予英国体育以微不足道的章节,或体育仅以更大主题的相关内容呈现,例如在"休闲和工作的前工业化模式""在英国工人阶级形成过程中平民的休闲器械活动"等研究中涉及体育史学的内容。80年代以后,体育史逐渐被作为社会历史不可分割的组成部分受到更多的重视,英国体育史的研究日益繁荣,这得益于像传统的研究和分析模式一样的社会学和人类学方法的普遍运用。这导致了1983年《英国体育史》杂志的诞生,1987年该杂志改名为《国际体育史》,并且增加了非英国籍的编辑人员。日本在20世纪初已经有学者对柔道等项目史和奥林匹克史、学校体育史等进行了研究,战后日本的体育史学研究是从大量翻译外国学者的体育史著作开始的,1955年前后转入比较正规的研究,60年代开始分化为不同研究方向。日本体育学会体育史专业委员会每年都要举行一次学术报告会。苏联及东欧国家体育史学研究也发展很快,出版了多种体育史学专著和论文集,莫斯科中央体育学院较早建立了体育史和体育社会学研究室。

20世纪30年代以后,中国体育史学研究开始兴盛起来,各类期刊论文、专著与外国文献翻译等不断涌现。在这些论著和译著中,较有代表性的有《奥林匹克运动史》《世界体育史》《西洋体育史》《体育史》《美国体育史》等。新中国成立初期,苏联的体育理论和体育史著作被介绍到中国,拓展了我国学者的研究领域和眼光,但也造成了一些教条主义的后遗症。1958年起,各体育学院根据国家体委制定的关于开展体育文史研究的规划,开展了一系列体育史研究,陆续出版了九辑《中国体育史研究资料》。1957年至1959年,《中国体育史参考资料》一书出版,其内容基本上是中国古代体育史资料的发掘整理,也有部分研究成果。这是中国近现代以来首次大规模、系统地整理和研究体育史。1962年,成都体育学院在原民间体育研究室的基础上组建了体育史研究室。1982年,成立了国家体委体育文史工作委员会,各地体委也相继成立了体育文史办公室,主要从事地方体育史料的搜集整理和地方体育志的编纂工作,80年代各地编辑出版的各种体育史料刊物达20种。1984年,中国体育史学会在四川乐山成立。学会每年召开一次全国性的体育史学术论文报告会,负责编辑出版《体育文史》季刊。

从20世纪60年代至70年代,一批专家学者做了大量体育史研究的基础工作,编撰了《体育研究资料》共六辑,以及《中国近代体育史简编》,并翻译了范达冷、岸野雄三等一批外国体育史学家的专著。1964年,国家体委主编的《体育年鉴》创刊,并补齐了1949年至1962年之间的体育史料。

在"文化大革命"中,体育史研究被迫中断。但1978年后,体育史学研究又重新开始。1979年,教育部主办的全国体育理论教师进修班开设了"中国体育史"和"外国体育史"课程。1979年,成都体育学院开始招收体育史硕士学位的研究生,随后各体育学院和师范院校体育院(系)等也陆续招收了体育史方向的研究生;1992年,成都体育学院和上海体育学院开始联合招收攻读体育史博士学位的研究生,为各校培养了一批体育史师资。80年代初各体育学院(系、科)普遍开设了体育史课程。人民体育出版社于1989年出版了《体育史》全国体育院校统编教材,随后高等教育出版社1996年也出版了高等师范院校的《体育史》教材。

20世纪80年代以来,我国体育史学研究取得了丰硕成果。其中较重要的有两类。一类是编年体通史类和断代史类:李季芳的《中国古代体育史简编》、何启君的《中国近代体育史》、崔乐泉的《中国体育简史》等。一类是专史类体育史:习云太的《中国武术史》、郝勤的《中国古代养生文化》等。

三、体育美学

体育美学是运用美学的基本原理探索体育的美学特征和规律的一门新兴学科。探讨人在体育领域内如何进行审美活动,"诸如运用优美的身体运动和体态变化等手段,反映人体美、运动形式美;表现审美感情,以激起欣赏者的美感;引导运动者、欣赏者提高审美的能力、趣味、水平和情操等问题"[1]。

体育美学的研究始于20世纪下半叶,在苏联,政府和教育部均重视体育

①陈安槐,陈荫生.体育大辞典[M].上海:上海辞书出版社,2000:34.

美学,认为体育运动表现出的审美功能对促进人们积极参加社会生活过程具有重要的意义。当时,不时有探讨体育美学的文章发表于苏联的体育学术刊物上,其中不乏具有较大影响的文章,如1962年在《接班人》杂志上发表的《力量,健康,美》。由于政府和教育部门的重视,苏联在许多体育院校中开设了美学课,也促进了体育美学的研究,并取得了丰富的理论成果。其中影响较大的有阿·阿·弗连金的《体育美学》,以及姆·亚·萨拉弗的《运动美学》,恩·恩·维齐捷侬的《运动与审美活动》,姆·亚·萨拉弗和弗·斯托利亚罗夫《运动美学》,此书,1988年由武汉体育学院翻译成中文在中国出版。

欧美国家对体育美学发展也做出了重要的贡献,尤其是美国和加拿大,在体育美学方面的研究也取得了较大的进展。1972年,在波士顿成立了"国际运动美学研究会",在其年会上常有运动美学的研究成果入选,且有大量的美学论文被期刊转载。1974年,由怀汀和马特森主编的论文集《体育运动美学》在伦敦出版,该论文集汇聚了早期欧洲的体育美学研究。尤其是在1984年美国尤金市举行的以运动、健康、幸福为主题的奥林匹克科学大会上,不仅以专题的形式专门讨论了体育与美学,而且也在体育与哲学专题中讨论体育美学。体育美学受到学者的普遍关注,经过多年的积累和发展,体育美学已经发展成相对成熟的学科。一批具有重要价值的体育美学专著先后出版,这些专著包括日本池上金治的《体育美学》、松田义之的《体育美学》等。不仅在定量研究上成绩显著,而且对体育美学中的具体问题分析得非常细致,不足之处在于对其宏观性理论研究成果积累较少。

我国体育美学的研究始于20世纪80年代初,虽然起步比国外晚,但体育美学的研究发展迅速,取得了较为丰富的研究成果。继胡小明的《体育美学初探》于1980年发表后,我国多地学者都积极探索了体育美学相关问题,并相继发表了一系列论文与专著,以及体育美学教材。如,黄捷荣和张豁然的《体育美学概论》、胡小明的《体育美学》、潘靖五的《体育美学与哲学》等相继出版。北京、上海、广东、山东等体育学院,以及一些高等师范院校的体育学院均已开设体育美学课程。

四、运动心理学

运动心理学是体育运动中探索人心理活动的特点和规律及其与运动和

健康的关系的一门新兴的交叉学科。运动心理学的研究内容涵盖了竞技运动、体育教育和大众健身等三个主要领域中的心理和行为问题。其学科的发展深受当今社会的哲学思潮、自然科学、社会科学、计算机科学以及心理学母学科的多重影响。

从20世纪50年代初期开始,很多体育运动心理学研究论文在欧洲、北美的体育运动科学刊物上发表,众多体育院系相继开设体育运动心理学课程。进入60年代后,大多数国家都开展了运动心理学的研究,成立了运动心理学会,发表了大量的运动心理学相关的文章和专著。可以说,在20世纪60年代至70年代,运动心理学得到了空前的发展。苏联在十月革命以后创立了不少运动心理学实验室。

1965年,在罗马召开第一届国际运动心理学大会,并成立了国际运动心理学会。这是现代运动心理学发展史上的一个里程碑,它标志着现代运动心理学的诞生,并独立步入现代科学殿堂。此后,国际运动心理学会每四年举行一次国际运动心理学大会。1970年,国际运动心理学会学术期刊《国际运动心理学杂志》创刊,它沟通了世界各国运动心理学研究的信息渠道,推动了运动心理学的科学研究。

早在1942年我国第一部体育运动心理学专著《体育心理学》就已经诞生了,是国立国术体育专科学校的吴文忠、萧忠国先生编译的。其中绝大部分内容源于当时日本国立体育研究所心理学部部长松井三雄所著的《体育心理学》,同时他们也搜集了一些有关材料和个人体会加以补充。但中国运动心理学的建立和发展是在1949年以后。20世纪50年代末期,运动心理学作为一门学科被正式列入我国体育专业课程设置中。当时我国运动心理学工作者使用的主要参考资料是苏联学者鲁吉克编著的《心理学》和契尔尼柯娃编著的《运动心理学问题》。1961年,鲁吉克的《运动心理学》由邹顺和等译成中文,我国运动心理学研究和发展的基本模式基本上承袭了苏联的模式。为满足运动实践的需要,该阶段的研究内容主要涉及运动心理训练及心理选拔等方面的内容,但探索运动心理学基本理论问题的研究并不多见。许尚侠的《上肢关节动觉感受性与体育训练的关系》、邱宜均的《试论运动心理学的对象和内容》、张长江的《高校体育课上青年女生的心理特点》、柴文袖的《关于体育爱好者不同阶段的体育运动动机的性质的探讨》等论文先后公开发表。这些论文是我国学者最早的一批体育运动心理学研究成果。后因"文化大革命",中国运动心理学的发展中断和停滞了十多年,直至20世纪70年代末期才得以恢复。当时,全国各体育院系相继恢复了体育运动心理学课程。学者们在此期间编写了许多教材和讲义,编译介绍了一些国外的资料,也撰写了一些研究论文和介绍性文章。

中国心理学会体育运动心理专业委员会和中国体育科学学会运动心理学专业委员会先后于1979年和1980年成立。马启伟先生同时担任两个专业委员会的主任委员。"两会"办有内部交流刊物《运动心理学通讯》,每年出版2—4期,用于联系会员、交流学术信息、报道国内外学术动态。1986年,中国运动心理学会加入国际运动心理学会,成为国际运动心理学会的团体会员。此后,积极参与了国际运动心理学会及其所属机构的许多学术活动。1990年,参与组织了北京亚运会科学大会的运动心理学学术交流活动。1991年,亚洲及南太平洋地区运动心理学会成立,中国作为发起国之一,在该学会的组织管理和学术交流中起着重要的作用。1999年,中国运动心理学会在武汉体育学院成功地主办了亚洲及南太平洋地区运动心理学会第三届科学大会。1983年武汉体育学院成立运动心理学研究室,1987年成立运动心理学研究所,1984年开始招收运动心理学硕士研究生,1986年获得硕士学位授予权,1989年成立了运动心理学系。

五、体育社会学

体育社会学是研究体育社会现象的本质和发展规律,以及体育与社会的相互关系的社会学分支学科。它从整体的视角,运用社会学的理论与方法,对不断变化发展的体育社会文化现象进行研究,探索体育运动的社会功能、体育与其他社会现象、体育与人的社会观念和社会行为之间的相互关系,以及体育运动的发展动力及其制约因素,其目的是推动体育与社会健康发展和良性运行的一门学科。

二战以后,随着体育运动的发展,美国、日本、德国、法国、英国、苏联及东欧国的学者对体育运动进行了系统的社会学研究。其研究者大多为体育界的学者。研究者不仅探讨了体育社会学的基本问题,如体育社会学的范畴、概念、性质、对象、内容与研究方法等,而且延伸到政治、经济、教育、文化、军事和宗教等多个领域。该阶段产生了一系列原创性的研究成果。比如,1955年美国的乔治瑞·斯通发表了具有洞察力和原创性的论文《美国体育:游戏和展示》,1956年,罗德等人所著的《目标:建立一门体育运动社会学》一书出版,该书被公认为是具有首创性的著作。从此,体育社会学逐渐发展成为一门独立的学科,一些国家也纷纷建立了体育社会学的学术团体。国际体育运动社会学委员会于1964年6月在国际体育运动理事会的工作会议上正式成立,后来改名为国际体育社会学学会,出版了《国际体育社会学评论》和《国际体育社会学委员会公报》,并成为国际体育运动理事会的分会。国际体育运动社会学委员会不久又参加了国际社会学学会和联合国教科文组织,而且每年都举行年会和研讨会,讨论体育运动相关的社会学学术问题,开展国际合作的科学研究。体育社会学在60年代至70年代早期,开始成为大学里面的一门课程,并且出版了一系列教材、论文集和体育社会学读本。

1987年,我国国家体育运动委员会颁布了《关于加强体育理论建设的决定》,提出要"有计划地加强体育社会学研究"。同年,体育社会学学组成立,该学组隶属于中国体育科学学会。至此,体育社会学在我国得到了快速发展,先后有大量的论文发表,大量教材和专著问世。仅1990年一年,就有黄捷荣、刘德佩、徐隆瑞三本《体育社会学》同名专著分别出版。随后,又出版了一系列体育社会学的专著,如,卢元镇的《体育的社会文化审视》,毛秀珠的《体育社会学》,卢元镇的《中国体育社会学(修订本)》及《体育社会学》和卢元镇《中国体育社会学评说》等。1994年中国社会学会在福州成立了体育社会学分委员会。随着体育社会学被师范院校体育系纳入本科教学计划,体育社会学(或方向)硕士研究生、博士研究生的招生,我国体育社会学进入了学科快速发展阶段。

六、体育经济学

体育经济学是运用经济学的分析方法研究体育经济现象及其发展规律的一门综合性应用学科。该学科的目的是通过对体育领域的经济活动行为、规律和特点以及体育与经济的关系等探索,为提高体育领域经济活动的效率和效益服务。体育经济学作为一门独立的学科出现,则是在20世纪60

年代以后。

体育在市场经济体制下运行已有几百年的历史。早在19世纪就开始了体育经济的研究。在1890年,美国北艾奥瓦大学的罗斯福在《北美评论》上发表了论文《体育的"职业化"》。体育竞技运动的高水平化、商业化和国际化,投入的财力、物力越来越多,体育运动中的经济活动趋于复杂。随着现代竞技体育职业化实践的不断发展,职业体育开始在人们的文化生活中占据重要位置,体育经济领域中的专门问题研究也逐渐增多。在美国、加拿大、澳大利亚等国家,研究的问题主要涉及职业运动协会的垄断性质、家庭体育消费、电视转播问题、体育产业的价格定位与运作方式、运动员市场研究、体育赛事经营管理及各国职业运动队、体育产业的案例研究等。如:1949年,托普基斯探索了职业棒球的组织结构以及球员合同中"保留条款"的作用。1956年,罗滕博格在《棒球运动员的劳务市场》一文中,从经济学视角考察了职业体育产业的特殊性及其制度安排,该文详细分析了职业棒球中的工资限制与合约自由、竞争性平衡、天才球员供给和地域特许经营权等问题,作者还特别详细地分析了"保留条款"。该文发表在《政治经济学杂志》,50多年来,一直被视为"体育经济学研究思路之源"[1]。1992年奎克和福特合著的《财源:职业团队体育产业》一书出版,该书详细讨论了八个有关北美职业体育的议题,如特许权市场、保留条款、竞争性平衡等。1994年,吉姆巴利斯特在《棒球和金钱》一书中全面探讨了职业棒球联盟的相关问题,涉及产权结构、劳资关系、竞争性平衡、相关利益方未来发展趋势,以及球队与所在城市的关系、电视转播等问题。1974年,诺尔在《政府和体育商业》一书中,研究了公共政策对于职业体育可能采取的各种替代方案。

随着研究的深入,体育经济学及其相关问题的研究成果不断积累,体育经济学专著日益涌现,如:1998年美国堪萨斯大学的劳瑞·米勒出版《体育商业管理》,1998年美国学者莉萨·马斯特拉莱西思,出版的著作《体育管理理论与实践》。2003年,加拿大经济系学者洛克别出版了《职业体育经济学》。2000年,由我国《体育产业MBA经典译丛》编委会推荐引进出版的美国经济学家利兹和阿尔门的《体育经济学》,则是第一本专为课堂教学而设计的运用经济学理论来分析体育经济学问题的著作。在苏联,20世纪70年代就开

---

① 靳英华.体育经济学[M].北京:高等教育出版社,2011:2-3.

始对体育运动中经济问题和体育经济学进行研究。1975年,苏联体育运动委员会和全苏体育科学研究所在莫斯科召开了第一届全苏体育经济问题科学会议,与会讨论了包括为体育学院制定体育经济学教学大纲在内的一系列相关问题。1976年,库兹马克和奥辛采夫合著的《体育与运动的社会经济问题》一书由苏联体育与运动出版社出版发行,该文系统地分析和论述了体育运动有关的经济问题[①]。

我国体育经济学的研究始于20世纪80年代。十一届三中全会后,在经济体制改革浪潮的推动下,体育在发展过程中出现了大量的经济问题需要研究与解决。体育经济学的研究受到研究者的普遍关注,在1984年召开的全国体育哲学社会科学论文报告会上,不仅有20多篇相关论文入选,而且提出在我国创建体育经济学学科的倡议。1988年,四川教育出版社出版了由张岩、张尚权、曹缔训编著的《体育经济学》一书,这是我国第一本以《体育经济学》命名的专著,它的出版等标志着体育经济学作为一门独立的学科在我国正式创立。20世纪80年代末,许多体育学院开设了体育经济学必修课或选修课。在1992年,国家技术监督局首次发布的国家标准《学科分类与代码》(GB/T 13745–1992)中,将"体育经济学"列为体育科学下的一个子学科。由此,我国体育经济学进入了独立发展阶段。

七、体育管理学

体育管理学是研究体育管理现象及其发展规律的一门综合性科学。体育管理学大约在20世纪50至60年代产生于美国,以后扩展到欧洲、苏联、加拿大、日本等国家和地区。体育管理思想主要源自体育俱乐部管理实践和学校体育管理实践,尤其是职业体育俱乐部管理实践加速了体育管理学科的形成。在美国,詹姆斯·梅森和原在伯克立大学工作的沃尔特·梅森最先提出体育管理课程这一概念,他们早在1957年就对体育管理相关问题进行过讨论。他们的思想对体育管理学学科的建立和发展产生了积极的影响,十年之后,美国设立了第一个体育管理专业硕士点,不久,全美第一个体育管理学学士专业也在比斯凯尼大学建立。之后,美国大学增设体育管理专业的数量不断增加,体育管理学学科进入快速发展阶段。据1985年全美体

---

① 韩文星.体育经济学[M].北京:体育大学出版社,2008:2.

育教育协会的资料显示,当时在美国不仅有超过50所大学开设了体育管理本科课程,而且拥有体育管理学硕士授予权的大学超过了40所。到1996年,美国体育管理学所有专业总数已超过了200个。1985年又成立北美体育科学管理学会,每年召开一次年会。该阶段,美国体育管理的研究也产生了丰富的成果,在20世纪50至60年代相继出版了体育管理学方面的教材和专著,涉及体育行政管理、学校体育管理、竞技体育管理,以及娱乐管理等众多内容,其中普遍使用的教材有:查尔斯·布切尔撰写的《体育与竞技运动计划的行政管理》、雷斯尼克的《现代体育运动管理与实践》、爱德华·沃尔特默等的《体育教育的组织与管理》、伯尼.L.帕克豪斯《体育管理学:基础与应用》和《国际体育管理》,以及莉沙·马思特瑞乐克斯等撰写的《体育管理理论与实践》等,其中,《体育管理的基础和应用》由北美24名著名体育管理学者撰写,《国际体育管理》由澳大利亚的劳伦斯·查里普和美国詹姆斯·托马合著。

在苏联,体育管理学的发展相对较早,早在1948年,体育学院就开设了"体育组织学"课程,第一本教材《苏联体育组织学》于1961年正式出版,1965年,该教材经修改后作为正式教科书使用,1974年该教材被更名为《体育运动管理学》。1977年,由库林科维奇和伊沃宁主编、原苏联部长会议体育运动委员会审定的《体育运动管理学》出版发行,成为体育学院学生使用的通用教材,并于1987年修订再版。该教材主要涉及体育管理的理论原理、职能、组织结构、经济与法律、过程、教育与心理以及国外体育管理等内容,与前期教材相比,该书内容体系更为完善。日本也是较早进行体育管理研究的国家之一。20世纪40年代以来,就有一系列体育管理的专著、教材相继出版,其中大多数作为大学课程开设,如竹之下休藏的《学校体育管理法》,石三次郎的《体育管理学》,宫细虎彦的《体育管理》和《学校体育的管理》,宇土正彦等的《体育经营管理学讲义》等。

在中国,体育管理主要是以行政管理的形式出现的。除了金兆均在1935年出版发行了《体育行政》一书外,东北师范大学的鞠兴绥、中南体育学院的李雨三等在1955年分别编印了《体育行政》讲义,同时,天津体育学院的马瑜、张旭及梁汝城等也编写了类似的讲义。但直到20世纪70年代末80年代初,体育管理学学科研究和建设才得以开展,我国体育院校的一些学者开始对体育管理学学科的理论与实践问题进行积极调查研究,但在该阶段,他们的研究内容主要是收集文献资料,翻译外国的专著、教材。1980年,天津体育学院马瑜教授在干部培训班讲授课程仍然是"体育行政"等。直到1981年,武汉体育学院才编印《体育管理专题讲义》。1982年,全国体育院校工作会议在成都体育学院举行,在这次会议上,体育管理学被原国家体委科教司立为重点建设学科。至此,体育管理学的学科地位才得以正式确立。成都会议之后,1984年我国出版了第一本《体育管理学》教材,该书由武汉体育学院负责牵头,在部分体育院校和学者的积极参与下共同编写完成。1989年,全国体育院校体育系、运动系等本科通用教材《体育管理学》出版。1996年,全国体育管理专业教材《体育管理学教程》出版。2002年,高等学校教材《体育管理学》出版。与此同时,体育管理学的学科建设也进入到一个新的阶段。1985年武汉体育学院、北京体育大学同时增设体育管理本科专业,随后天津体育学院、曲阜师范大学也相继增设体育管理专业。20世纪90年代,武汉体育学院、北京体育大学和曲阜师范大学相继获得体育管理学专业硕士学位授予权。随后,体育管理学学术会议也普遍开展起来。1985年5月,在广州召开了我国第一次全国性的体育管理学学术活动——"全国体育管理研究会学术讨论会",同时,原国家体委于1985年成立了"中国体育发展战略研究会",也经常开展学术交流活动。1987年,在中国体育科学学会体育社会科学分会下体育管理学组设立,2004年,成立了中国体育科学学会体育管理分会,广泛开展国内外的各种学术交流活动。这一系列活动不仅推动了体育管理学科的迅速发展,而且提高了体育实践中的管理水平①。

八、体育法学

体育法学是揭示体育法律现象和体育法律规范以及它们产生发展的规律和机制的综合性交叉学科,是介于法律科学和体育社会科学之间的交叉学科。20世纪中叶以来,世界各国均不断加快了体育立法的步伐,比如,美国国会除了在1950年正式颁布了《奥林匹克协会组织法》和其他专门的体育立法外,还进行了一些涉及体育内容的公共立法法学研究。1978年以后,《体育运动国际宪章》等有关国际体育法律文件相继出台,体育产业化对市场法律规则的依赖越来越明显,各种利益冲突引发的体育争端也越来越多,

① 秦椿林,张瑞林.体育管理学[M].北京:高等教育出版社,2002:24-27.

因此,各国和国际体育事务的法治化步伐进一步加快,运用法律进行体育管理和解决体育纠纷的方式被日益强化,包括国际奥委会和其他国际体育组织内部都普遍采取了严格的法律运作,从而使体育法学的各种研究迅速兴旺起来。一些国家对专门体育法以及体育与相关法律研究也逐渐多了起来,1978年,维斯塔特和罗威尔撰写了《体育法》专著。仅20世纪八九十年代,就出版有30余部体育法的研究专著、教材、工具书以及体育法研讨会汇编,如厄斯顿的《论基本原则:体育法综合研究手册》,克赖门特的《体育活动中的法律》,阿培赛勒的《体育与法律》,斯隆的《运动员与法律》,舒勃特的《体育法》,凯瑟的《娱乐和体育中的责任与法》,20世纪70年代后,北美从事体育法研究的律师及相关组织不断涌现,体育律师协会已有1200名成员,至少有四个法学机构致力于研究体育法,如马凯特大学法学院建有国家体育法研究所,这些研究机构还出版一些体育法研究刊物。同时,一些大学也有学者专门从事体育法学的研究,并开设了体育法学课程。比如,波士顿大学法学院从1972年开始就设立了专门的体育法学课程。1975年,加拿大温泽大学体育学院开设了体育法学课程。1990年,加拿大成立了体育与法律中心,提供各种体育法律咨询服务,同时也从事有关的体育法应用研究。

20世纪80年代后,欧洲许多国家体育法方面的研究也非常活跃。仅就出版的体育法学著作方面,已见到的有:法国里森等撰写的《体育运动有关法律问题责任和保证》,英国尼格德撰写的《体育法指南》,博里等撰写的《体育业法律与商业:业余和专业体育共同问题》,德国祖特撰写的《有组织的体育运动法律问题》,德国的帕德和哈梅尔合作撰写的《体育与法律——体育教育工作者法律手段》,以及苏联乌瓦洛夫著的《体育运动的法律问题》等。英国、法国、希腊、比利时等国都设有体育法的专门研究组织,英国、德国、荷兰等国的体育律师协会在从事体育法律服务的同时,也开展有关研讨活动。英国体育律师协会中设有专家委员会负责指导体育法的研究,提出一些重点的研究领域。荷兰阿姆斯特丹自由大学法学院的体育法学研究很有影响。在荷兰海牙的TMC法律研究院中,有几名研究人员专门从事体育法有关内容的研究,承接荷兰司法部、欧盟体育组织资助的一些研究项目,并出版《国际体育法杂志》。

日本自20世纪50年代起就有了专门的体育法学研究,而且从开始就是体育界和法学界共同参与、合作进行。最初的研究主要集中于学校体育事故及其赔偿的法律问题研究。1961年,《日本体育振兴法》颁布后,体育出现了新的发展,有关的体育法规又陆续出台,体育各方面的法律问题研究得以加强。20世纪80年代后,出版的体育法学著作主要有:伊藤尧撰写的《体育法学的课题》,伊藤尧与山田良树合著的《体育六法》,千叶正士等编写的《体育法学入门》,伊藤尧与佐藤孝司合著的《体育运动事故判例的研究》等。1992年,日本建立了全国性的体育法学会,组织了一系列体育法学的研讨交流活动,定期编撰并出版学会年报。

　　1992年,国际体育法协会在雅典宣告成立,该协会每年举办国际体育法大会,成为协调和促进体育法学研究和国际交流的重要组织。体育法学是国际体育科学和教育理事会确认的19个体育学科中的一个重要学科[①]。

　　在中国,1984年石刚的论文《体育法学》和谭华的论文《试论体育的权利和义务》相继发表,标志着我国学术形态的体育法学研究开始进入创建阶段。1985年7月,在福建永安召开的全国体育哲学社会学学术报告会上首次分组研讨了体育法学的学术问题,并成立了体育法学研究会,提出了编写体育法学理论专著和进行体育立法的建议。学者们联合承担了"中国体育法制建设的若干问题"研究课题,对制定《中华人民共和国体育法》的有关学术问题展开研究。1987年6月,我国最早发起和从事体育法学研究的石刚等五位学者共同完成了首部《体育法学概论》的编写工作并在内部出版发行,该书第一次构建起我国体育法学的理论框架。1994年,姜仁屏主编的《体育法学》正式出版。1995年,《中华人民共和国体育法》正式颁布,此后,我国体育法学研究进入快速发展阶段,张厚福和罗嘉司的《体育法学概要》、汤卫东的《体育法学》、董小龙和郭春玲《体育法学》和周爱光的《体育法学导论》等专著和教材也相继问世。随后,一些单位开始成立体育法研究机构,天津体育学院体育社会科学研究中心设立了体育法学研究室,2002年我国体育法学研究中心在中国政法大学成立。同时,各校体育院系在本科教育中相继开设了体育法学课程。全国体育院校教材委员会中还增设了体育法学教材小组。从1999年开始,天津体育学院、上海体育学院等体育院校不仅开办体育法学本科专业,而且在硕士、博士研究生招收中开设了体育法学专业方向。

----

　　① 王建中.体育法学[M].北京:北京师范大学出版社,2010:10.

武汉大学法学院自主设置体育法二级学科博士点(代码:0301Z2),招收体育法学博士研究生。这些,无不有力地促进和推动了我国体育法学研究的开展与学科建设的发展。

九、体育传播学

体育传播学是在传播学理论的指导下,研究体育信息在传播过程中的方法、程序、特点和规律的一门综合性较强的新兴边缘学科。虽然一些体育史学专著显示,体育传播学相关内容的记载可以追溯到20世纪上半叶,但真正将传播学方法与理论系统地、全面地运用到体育运动研究中,则是在20世纪70年代以后才开始。70年代以后,欧美等发达国家的体育在其商业化经济背景和社会生活娱乐化的浪潮助推下呈现出产业化、娱乐化趋向。尤其是高水平的竞技体育赛事的电视转播等为主的传播业直接推动了体育传播的全球化发展。以职业体育与奥运会、足球世界杯为主体的竞技体育赛事节目和电视转播等成为大众传媒追逐的对象,大众传媒与竞技性体育的结合与互动,使得体育由传统的健身教育类文化成为一种时尚的文化消费产品,体育传播事业也由此成为一项文化产业门类。在这一转变中,体育传播学因此得到催生和发展。因为,无论在大众传媒的体育报道实践中,还是在体育运动发展实践中,都迫切需要体育传播相关理论的指导和帮助,实践的需要催生了体育传播学的形成与发展。

在传媒业和体育比较发达的欧美国家,一些学者对体育传播学进行了一系列研究,积累了许多研究成果,出版了一系列具有代表性的体育新闻传播学专著。1992年,英国瑞尔翰普敦学院的高级讲师瑞·沃勒尔在其专著《镜头下的比赛场》中,专门研究和论述了电视体育传播问题。该书于1992年出版,并在美国和加拿大等国同时发行,1995年再版。1992年加里·瓦内尔出版了《视野:电视体育和文化转变》一书,该书详细介绍了电视体育产生、发展的历史过程,并从文化的视角探讨了在现代体育运动推广过程中电视及其赞助商共同承担的责任和义务。1993年,内尔·布莱恩等所著《欧洲传媒的体育与国别》一书得到正式出版,该书介绍了欧洲12国政治、经济、文化与体育发展之间的关系,阐述了如何将体育与政治,体育与国家的界限结合起来。1994年,帕梅拉·格里顿撰写的《女性、媒体与体育:挑战性别价值》

和苏珊·比雷尔与切里·科尔编著的《女性、体育与文化》相继出版,这两本具有较大学术影响的专著标志着体育传播与人权等问题的探讨在世界范围内拉开了帷幕。1998年美国旧金山大学教授劳伦斯·温勒尔主编的《体育媒介》出版,此前,劳伦斯·温勒尔教授还出版过《媒体,体育与社会》一书。1999年,美国学者大卫·罗伊的《体育、文化与媒体》首次出版,2001年再版。2002年英国学者洛德·布鲁克斯出版了《表现体育》。

20世纪80年代以来,中国一些传播学者对体育传播的现象和规律也进行了一系列的探索和研究,并产生了比较丰富的研究成果。具有代表性的学术成果主要包括:复旦大学陈天仁的《从大众传播媒介的特点看体育信息传播的效果》、朱柏林的《八国报纸体育信息传播的比较研究》《对我国报纸体育消息传播的观察与思考》等。进入新世纪,体育传播学及其理论研究逐渐形成热潮,尤其是在高等院校的科研骨干的重视与推动下得到快速发展,如成都体育学院将体育传播学设置为相关本科专业的基础课程,并培养体育新闻专业的硕士研究生。同时,以全国各大高校为主要研究力量的学者发表了一批有价值的体育传播学方面的学术论文,相关国家级研究课题得到开展,为体育传播学的发展进一步奠定了理论基础。2004年11月,经有关部门批准,中国体育科学学会体育新闻传播研究分会正式成立。新闻传播研究分会每年举办全国体育新闻传播研讨会,定期出版《体育新闻传播通讯》。一些大学已开始开设体育传播学课程,一些国外重要的体育传播学著作也被翻译出版,一些课题和教材也正在编写过程中,中国的体育传播学研究进入一个较快的发展阶段。

十、体育人类学

体育人类学是运用人类学的理论和方法,从体质和文化两个方面研究人类体质以及与体育有关的文化活动等问题的一门新兴学科。相对应的英文是 Anthropology of Sport 或 Anthropology of Physical Culture and Sport。体育人类学的研究涉及不同文化和社会中传统与现代的体育竞技和运动休闲娱乐行为,以及各种体育参与者话语表达的特点及其社会功能,探讨在体育交流中如何增进对不同文化、不同种族的尊重和理解,从体质和文化诸方面来探讨人类在进化过程中身体结构和运动方式的发展与演变规律,包括人类

"身体运动文化的起源、进化、发展和变异，人类身体运动文化的类型与自然环境的关系，作为文化交流媒介的体育运动文化的传播和变异，体育运动文化在人类整个文化制度中的功能以及它与文化制度中其他要素之间的关系，各个不同民族的传统体育和竞技文化的继承和发扬等"[①]。

早在1926年，德国的威尔就著有《运动与人种学》，1971年美国著名的人类学家爱德华·诺贝克著有《游戏的人类》一书。1959年罗伯特等人在《文化中的竞技游戏》一文中，应用统计方法探索了特定种类的竞技游戏与其他类型的文化之间的关系。尽管人类学本身的历史较长，本身也涉及一些有关体育的研究内容，但体育人类学的建立却是20世纪80年代以后的事。资料显示，体育人类学作为学科正式建立的标志是1985年《体育人类学》一书的出版发行。该书由美国学者布兰查德和切斯卡合作完成，十年后，布兰查德重新修订了他和切斯卡撰写的《体育人类学》。1999年，在《人类学、体育运动与文化》一书中，美国学者罗伯特进一步探讨了体育运动中丰富多彩的文化现象，拓展了体育人类学研究领域。

1974年，在加拿大召开的北美洲体育史学会年会上，部分人类学家和体育竞技教育工作者成立了游戏人类学研究协会，后来更名为游戏研究协会。该协会曾发行了两种期刊，即1987—1992年发行的《游戏与文化》和1993—1994年发行的《游戏理论与研究》。1988年，日本成立了"体育人类学专门分科学会"，该学会隶属于日本体育学会，1998年日本体育人类学学会正式成立。自20世纪80年代末，随着日本体育人类学专门分科会的成立，涌现出一批研究成果。其中具有代表意义的有长岛信弘的《赛马的人类学》、寒川恒夫的《相扑的人类学》等。

在20世纪末，我国学者开始涉足体育人类学，并取得了一定的成果，其中，具有代表性的成果有1985年谭华发表的论文《体育与人类学》一文，1999年胡小明出版的《体育人类学》，2001年席焕久等出版的《体育人类学》，2005年胡小明、陈华编著出版的《体育人类学》教材。20世纪80年代，在成都体育学院成立了体育人类学研究室并开始招收硕士研究生。2001年，华南师范大学博士生招生中增设了体育人类学研究方向，同年，我国学者参加了人类学的国际学术讨论会，这些举措进一步推进了中国体育人类学学科的发展。

---

① 胡小明，陈华.体育人类学[M].北京:高等教育出版社,2005:13.

十一、体育教育学

体育教育学(Sport Pedagogy)是研究体育教育观念和体育教育现象、揭示体育教育活动规律的一门科学。研究内容包括各级各类学校的体育教育活动,校外不同年龄人群、性别的大众健身活动中具有教育性和体育色彩的人类体育教育活动。

"Sport Pedagogy"来自德语"sportpa' dagogik"一词。并不是在所有国家都认可的名称。这主要是由于这个词的来源以及不同语言和文化造成的翻译的不同。欧洲文艺复兴以后,法国的卢梭、捷克的夸美纽斯等思想家和教育家都在自己有关教育的著作中阐述了学校体育的思想或主张。18世纪末,德国体操在欧洲学校中的普遍开展,进一步促进了学校体育学的形成和发展。有关专著的出版,标志着学校体育教育理论体系正式形成。其中,代表性的专著有俄国教育家列斯加夫特撰写的《学生体育入门》。列斯加夫特认为体育教育是培养全面发展的人才不可或缺的手段,他在《学生体育入门》一书系统阐述了体育教育应遵循的原则,该书为学校体育教育学的产生和发展产生了巨大而直接的影响。到20世纪中叶,体育教育学的研究取得了新的发展,体育教育学的概念被正式提出,相关的专题研讨会得到开展,有关体育教育研究机构、组织在很多国家得到建立。至20世纪末,体育教育学科不仅发展为教育科学中的一员,也成为体育科学体系内的一个分支学科。

1984年,国际体育教育委员会成立,国际体育教育委员会是由国际高等体育教育协会、国际体育教育联合会、国际妇女体育和运动协会、国际适应体育活动联合会、国际比较体育和运动学会五个国际组织组成,主要活动是组织开展师资培训、学术交流和合作研究,一般每年或每两年举行一次区域性、洲际性或全球性的学术报告会和研讨会,有力地推动了体育教育学快速发展[①]。随后,一些重要的体育教育学著作和期刊出版,如1990年拜恩的《体育教师的教育》、1996年贝斯尔和泰勒合著的《师资培训研究手册》等专著和教材出版。《欧洲体育教育评论》《欧洲体育教育杂志》在英国出版,《体育科

---

① 国际体育科学和教育理事会.体育科学指南[M].金季春,等,译.北京:北京体育大学出版社,2002:278.

学杂志》在德国出版,它是体育教育研究与理论上有重要影响的刊物。《国际体育教育杂志》是一本涉及教法理论、课程理论、体育教师和教练的培养、比较体育教育学、体育教育学的本质和功能等主题的体育教育学评论性杂志。

20世纪90年代以前,我国的体育教育学主要内容包含在体育理论学科知识体系中。随着体育教育的快速发展及其理论研究成果的丰富,20世纪90年代,体育教育学科形成独立的学科体系的基本条件已经具备。1992年,国家标准《学科分类与代码》(GB/T13745-1992)正式将体育教育学归入到人文与社会学类中,体育教育学和其他的分支学科一样成为体育科学下属的多个学科之一,其正式的学科地位得到确立。随后,体育教育学科的科学研究日益活跃,教材专著以及相关期刊等陆续出版发行,学科发展取得了一定的成绩。20世纪90年代,较有影响的有:刘清黎的《体育教育学》,胡卓生、李晖的《体育教育学》,顾民杰等的《体育教育学》等教材专著。这些专著和教材已成为体育教育实践与理论的桥梁和纽带,对体育教育学科的发展起着积极的作用。2000年以来,刘绍曾、周登嵩的《新编体育教育学》,滕子敬、刘绍曾的《体育学科教育研究》,龚坚、张新的《体育教育学》,陈洁、宋文利的《体育教育学》等教材的出版发行,标志着我国体育教育学学科理论体系已经发展到了一个新的阶段。

综上所述,本研究探讨了现代体育科学学科发展的趋势,阐述了学科建立的标志和学科构成要素,分述了自然科学类和人文社会科学类等体育学科建立与发展的历史进程,揭示了体育科学各学科的性质特征、历史价值、作用地位,以及各学科孕育、形成和发展的规律,为构建现代体育科学学科体系奠定了基础。

结果表明,分化和综合的辩证统一是体育科学学科发展的必然趋势。随着体育学科的分化与综合,体育科学各学科逐渐有了明确的研究对象和领域,专门的研究方法和范式,建构了以概念、范畴、定理、原理、定理等抽象形式组成的理论知识体系,以及相应的社会建制。运动解剖学、运动生理学和运动医学等自然学科和体育哲学、体育史学和体育社会学等体育人文社会学科逐渐发展成熟。随着体育科学学科的发展,为满足规范和管理体育科学研究,以及高等教育的学科专业设置需要,体育科学学科体系的构建逐渐受到人们的关注。

第六章 体育科学学科体系研究
与应用现状

第一节 体育科学学科体系研究现状

学科是一个历史范畴,具有多层含义。从科学知识体系的分类视角看,学科是相对独立的知识体系,是根据系统知识的性质所做的知识分类。20世纪以来,科学知识总量急速增长,科学呈现着在加速分化的基础上又朝着高度综合的发展趋势。体育科学借助于现代科学的各种理论与方法、技术与手段,也开始急剧地分化与综合,并与系统外部以及内部相邻和相关的学科发生交叉与融合,使体育科学不断地突破原有的学科"界限",形成新的学科,一大批新的体育科学分支学科不断诞生并逐渐成熟起来。特别是20世纪60年代以来,体育科学的分支学科大量繁衍,体育科学已形成了一个独特的、结构合理的新兴学科群,它拥有几十门相对成熟的分支学科,这些学科虽然派生来源、性质特点不同,层次类型、地位作用各异,但它们并不是杂乱无章地堆砌在一起的,在这些学科之间存在着一定的联系方式和秩序,从而构成一个有序的整体系统,称为体育科学学科体系。体育科学学科体系是指体育科学系统内所属的领域和分支学科按其内在联系和逻辑关系加以归类、排列、组合构成有机联系的整体,包括体育科学学科体系的结构、组成、层次、类型以及各学科间相互联系和相互作用的关系。体育科学学科体系反映了体育运动实践和体育科学及其学科发展的客观过程和规律。研究体育科学学科体系的目的是从整体上把握体育科学发展现状和发展趋势,明确体育科学在现代科学体系中的地位和作用,了解体育科学内部组成、结构和外部联系,体育科学与各分支学科以及各分支学科之间的关系。因此,研究体育科学学科体系,对于明确现代科学体系中体育科学的地位和归属,探索体育科学形成和演变的规律及其发展趋势,把握整个体育科学学科体系的结构和功能,以及体育实践活动和体育科研活动的发展有着重要意义。

　　体育科学的学科体系是体育科学内部的结构和关系。它是现代体育科学发展的必然结果,是客观存在的,并在体育科学发展的过程中不断充实和完善。学者们研究中所列举的约几十门体育学科中,除部分体育生物类学科、体育教育类学科和少数几门体育人文社会学科较为成熟外,许多学科仍处于构建时期,即学科发展的前科学或潜科学阶段,没有发展成一门成熟的学科,还有的学科只是学者们的设想或构想。关于体育科学的学科体系问题,国内外体育理论界一些学者对此进行了一系列的研究。由于各国体育运动、科学技术发展水平以及管理体制不同,文化传统各异,对学科体系的结构和分类问题、作用和地位以及学科术语和学科性质问题等,不同的学者从不同的角度进行了探索,提出了各自的结构体系和分类方法,观点和见解众说不一,有的还存在着较大的分歧。

一、美国学者提出的体育科学学科体系

　　美国体育理论界对体育科学的名称尚未达成一致,对体育科学学科体系的认识也就不统一,不同的学者提出了不同的体育科学学科体系以及学科分类方法。安吉拉·朗匹克认为体育科学的学科体系由基础科学、应用学科和专业技术领域构成。基础科学包括身体治疗、物理学、数学等学科;应用学科包括适应性体育教育、运动生物力学等学科;专业技术领域包括运动训练、教练员、健康研究等学科(表6-1)。在该学科体系中,学科建构和专业划分的依据是基础科学与体育锻炼、体育教育以及竞技运动等实践形式的交叉和融合,通过各学科的交叉与融合演绎出体育教育、竞技运动和体育锻炼的应用学科,并在此基础上进行了专业技术领域的划分,这种科学的学科划分客观反映了体育运动实践领域的结构,具有一定的合理性①。

---

　　① Lumpkin A. Physical education and sport: a contemporary introduction [M]. Mosby: Times Mirror, 1986.

表6-1　安吉拉·朗匹克的体育科学学科体系

体育科学的学科体系	基础科学	身体治疗、物理学、数学、生物学、解剖学、生理学、化学、心理学、历史学、社会学、哲学、会计学、财政学、营销学、管理学等
	应用学科	适应性体育教育、运动生物力学、锻炼生理学、运动教育学、运动史、运动技能发展、运动技能学习、运动哲学、运动心理学、运动社会学、运动管理学、运动医学
	专业技术领域	运动训练、教练员、健康研究、运动管理、锻炼科学、身体治疗、指引性体育教育和治疗娱乐、教学选择

美国坎贝尔大学体育科学教授威廉·弗里曼2013年再版了他的著作《变化社会中的体育教育和体育科学》第8版。书中详细论述和界定了体育科学的研究领域和主要分支学科,在第二章《体育运动科学的学术基础》中,描绘了体育科学的学科体系(图6-1)。体育科学的学科体系主要由体育哲学、体育史学、体育社会学、体育心理学、体育教育学、运动行为学、运动生物学、运动物理学八大研究领域的学科组成[1]。

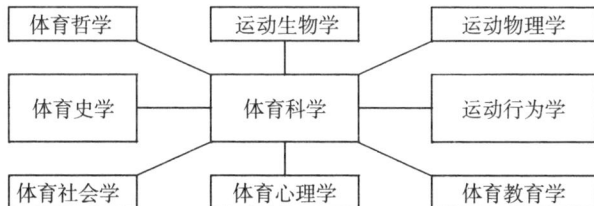

图6-1　威廉·弗里曼的体育科学学科体系

二、日本学者提出的体育科学学科体系

日本福冈大学川村英男教授在其所著《体育原理》一书中系统阐述了"体育学的体系"(图6-2)。他将整个体育科学体系分为体育学(理论体育学)和体育方法学(实践体育学)两大部类。把体育学分为系列体育学、基础学科和其他相关学科三个层次。在系列体育学方面,把体育学的各学科又分为三大类,即人文科学系列、社会科学系列、自然科学系列。他提出的体育方法学部分包括运动学、体育管理学、体育行政学等14门学科。

---

① Freeman W H. Physical education, exercise, and sport science in a changing society [M]. Burlington: Jones & Bartlett Learning, 2015.

	系列（个别）体育学		基础学科	其他相关学科	
体育学（狭义）（理论体育学）			哲学	教育哲学	精神卫生学
		体育哲学	教育学	文化史	电气工程学
	人文科学系	体育史	历史学	教育史	土木工程学
		体育美学	艺术学	舞蹈史	建筑工程学
		体育社会学	社会学	体育史	
		体育行政学	社会心理学	社会经济史	
		体育经营学	行政学	文化人类学	
		体育统计学	财政学	文化社会学	
		体育心理学	经济学	教育社会学	
	社会科学系	体育解剖学	统计学	教育行政学	
		体育生理学	心理学	教育心理学	
		身体运动学	人体解剖学	生化学	
		体育卫生学	人体生理学	生态学	
		体育工程学	卫生学	细菌学	
			人体工程学	应用物理学	

图6-2 川村英男的体育科学学科体系

参考文献：川村英男.体育原理[M].王德深，译.北京：国家体委百科全书体育卷编写组编印，1982：16.

日本体育大学教授阿部忍所著《体育哲学》中，将体育哲学、体育科学和体育运动学视为体育学体系中的三大支柱，它们相互独立，又相互联系、相互依存，构成体育科学的学科体系（表6–2）。体育哲学主要包括研究体育对象论、内容论、方法论。体育科学主要包括人文科学部门、自然科学部门、社会科学部门和特别部门的一些学科。体育运动学是指以体育各方面的科学作为基础，针对体育运动所进行的综合全面的研究，主要包括技术本质论、各项目技术论、学习论、训练论、指导论。

表6–2 阿部忍的体育科学学科体系

体育学	体育哲学	研究对象论	体育本质论； 体育目的、目标论； 指导论，学科课程论，教材论，评定论，教师论
		研究内容论	身心相关问题； 育成完善人的问题； 体育运动的意义、价值、方向
		研究方法论	支撑着体育的各种哲学的研讨（如：唯心论、唯物论、自然主义、实在论、实用主义等等哲学）； 体育的综合认识方法（如：演绎法、归纳法、辩证等思考方法）

续表

体育科学	人文科学部门	体育史、比较体育学、体育心理学
	自然科学部门	运动生理学,运动卫生学(包括健康管理),身体适性学(包括发育发达论),体育测定学(包括统计),运动力学
	社会科学部门	体育社会学,体育行政学(包括政策论、经营论),体育管理学(包括设施论、财政论)
	特别部门	学校体育论,社会体育论(包括幼儿体育,老年体育)、特殊体育论(包括体弱儿童、神经薄弱儿童等的体育)
体育运动学	技术本质论; 各项目技术论; 学习论(运动技术学习方法及训练法); 训练论(包括训练调节,急救法); 指导论	

参考文献:阿部忍.体育哲学[M].丛连凡,译.北京:国家体委百科全书体育卷编写组编印,1982:8-9.

三、德国学者提出的体育科学学科体系

东德体育理论专家辛德勒在1970年发表了《体育科学的结构与体系》一文,文中绘制了体育科学学科体系的结构图(表6-3),把体育科学学科体系与整个科学体系结合起来,在整个学科体系中突出了体育科学的训练学科作用。该结构体系以马列主义哲学、政治经济学和科学社会主义为整个科学体系的指导思想,将整个学科体系分为社会科学、结构科学、自然科学和技术科学、医学科学四大部类;社会科学包括马列主义组织学、教育学、心理学、社会学、文学、文化学、科学学等学科;结构科学包括数学、统计学、逻辑学、知识学、控制论、情报学等学科;自然科学和技术科学包括生物科学、物理学、化学、电子学、建筑学、测量与调节技术;医学科学包括基础学科、临床学科、社会卫生学科等学科。体育科学学科体系与上述各学科相衔接。以社会主义体育系统计划与领导的科学基础为指导思想,社会科学类包括体育史、体育社会学、体育教育学、运动心理学;结构科学类主要含有体育统计学;自然科学和技术科学类包括运动物理学、运动生物(生理)学、运动生物化学;医学科学类包括运动医学、运动卫生学、运动创伤学[①]。

---

① 熊斗寅.体育与科学:体育现代化[M].南京:江苏省体育科学研究所,1987:83-85.

表6-3　辛德勒的体育科学学科体系

科学体系的指导思想	学科部类	学科门类	体育科学体系的指导思想	体育学科
马列主义哲学、政治经济学和科学社会主义	社会科学	马列主义组织学、教育学、心理学、社会学、文学、文化学、科学学	社会主义体育系统计划与领导的科学基础	体育史、体育社会学、体育教育学、运动心理学
	结构科学	数学、统计学、逻辑学、知识学、控制论、情报学		体育统计学
	自然科学和技术科学	生物科学、物理学、化学、电子学、建筑学、测量与调节技术		运动物理学、运动生物(生理)学、运动生物化学
	医学科学	基础学科、临床学科、社会卫生学科		运动医学、运动卫生学、运动创伤学

德国基尔大学运动和体育科学研究所主任赫伯特·哈格教授在1992年出版了《德国体育科学:一个跨学科文集》。他提出,自20世纪60年代以来,体育科学研究领域以及分支学科已经急剧扩大,主要分为运动生理学、运动行为学、体育心理学、运动医学、运动生物力学、运动训练学、体育教育学、体育社会学、体育史学和体育哲学十大学科研究领域。并从研究现状、研究方法论以及研究的远景展望等进行了阐述(图6-3)[①]。

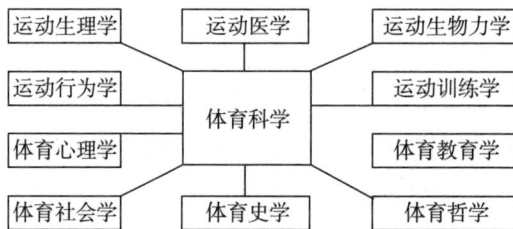

图6-3　赫伯特·哈格的体育科学学科体系

四、加拿大学者提出的体育科学学科体系

加拿大对体育科学的称谓主要有以下几种: Activity Sciences, Sport Sci-

---

① Haag Herbert, Ommo Grupe, AugustKirsch. Sport Science in Germany: An lnter disciplinary Anthology[M].Berlin:Springer Verlag,1992.

ences, Kinesiology, Exercise Sciences, Human Kinetics, Physical Activity Sciences 等,对应的汉语分别是活动科学、运动科学、运动机能学、锻炼科学、人类动力学、身体活动科学,主要是研究人的各种身体活动现象及其规律。加拿大的体育理论专家关注体育运动中"人"的因素和人的身体运动知识生产和应用,把身体活动科学的理论框架分为学术性研究的学科与应用性、服务性实践的专业,即分为科学领域和专业领域两个领域,科学领域重点是探求科学知识,专业领域重点是应用科学知识。戴维·安德森认为,体育教育、身体健康、身体娱乐、玩耍和游戏等身体活动与运动科学既有联系又有区别。他从学科和专业实践两个方面构建了一个体育运动科学的潜在结构体系(图6-4)。该结构体系以"人的身体运动"为核心,以"人的身体运动知识"为主线,反映出体育科学学科体系与专业实践之间的区别和联系,具有较强的逻辑性和严谨性,比较客观地反映出了体育运动实践的现实①。

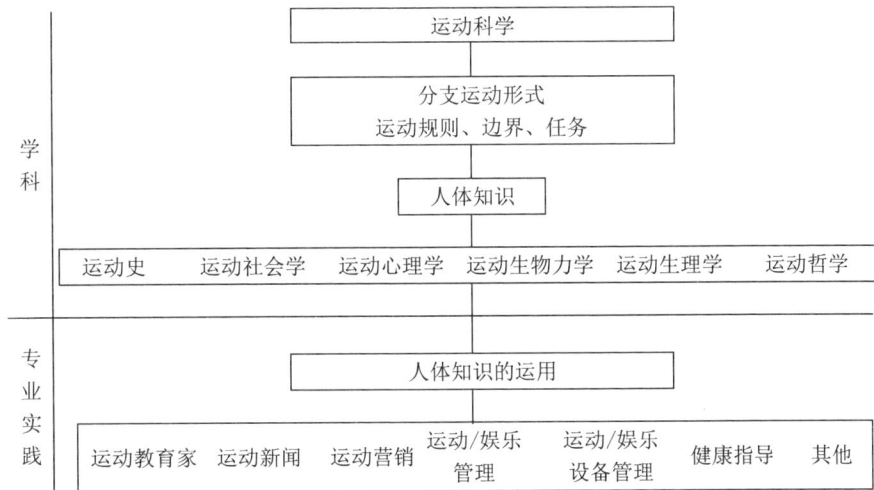

图6-4　戴维·安德森的体育科学学科体系

此外,英国体育理论专家安德鲁斯在《试论体育运动》一文中,以体育实践的研究为核心,把体育科学的研究分为六类。其中,体育实践的研究包括运动项目的规则、技战术和专项训练方法,围绕这一核心的研究有:①哲学与美学;②生理学(医学)与生物力学;③心理学;④社会、历史与比较体育;

---

① Anderson D, Broom Eric F, Pooley J C. Foundations of Canadian Physical Education, Recreation and Sports Studies[M]. Wisconsin: Brown & Benchmark Publishers,1995:11.

⑤组织管理；⑥体育设备等六大门类的学科。

1975年，苏联教育学博士马特维耶夫其所著的《体育运动总的理论》一书中，系统阐述了体育科学的组成与相互关系。他将体育科学分为六大门类：①体育运动理论最概括的原理（包括方法论）；②体育运动社会学；③体育运动的科学管理及经济原理；④生产、生活、健身、娱乐与康复体育的理论与方法分科范围；⑤运动的理论与方法范围；⑥体育教育的理论与方法分科范围。

五、我国学者提出的体育科学学科体系

从20世纪80年代开始，国内体育理论界一些学者对体育科学的学科体系进行了大量的研究，形成了许多成果。随着体育运动的发展，新的问题和矛盾需要我们去研究解决，体育学科原有研究领域不断地向纵深发展，新的学科和研究领域不断出现，体育科学学科体系处于不断的发展中，对体育科学的学科体系的研究一直延续到现在。对体育科学的学科体系，各位学者提出了各种学科分类体系和结构框架图，其中主要的代表性观点有以下几种。

田雨普教授认为体育科学学科体系由基础学科、技术学科和专业技术三部分构成（图6-5），基础学科包括社会科学的基础学科和自然科学的基础学科；技术学科也包括社会科学的技术学科和自然科学的技术学科；专业技术包括运动训练技术、体育教学技术、锻炼身体技术和运动竞赛技术四类。

我国体育理论专家熊斗寅认为，依据钱学森同志提出的现代科学体系框架，现代科学纵向上分为四个层次，即马克思主义哲学处于第一层次，通过自然辩证法和社会辩论法引向自然科学、数学和社会科学，这是第二层次，第三层次是技术科学，工程技术处于第四层次。将体育科学列入科学体系中的技术科学之中。体育科学分三类：体育自然科学类、体育管理科学类、体育哲学社会科学类[①]（图6-6）。

---

① 熊斗寅.初论体育学的科学体系[J].中国体育科技,1983(2):18-26.

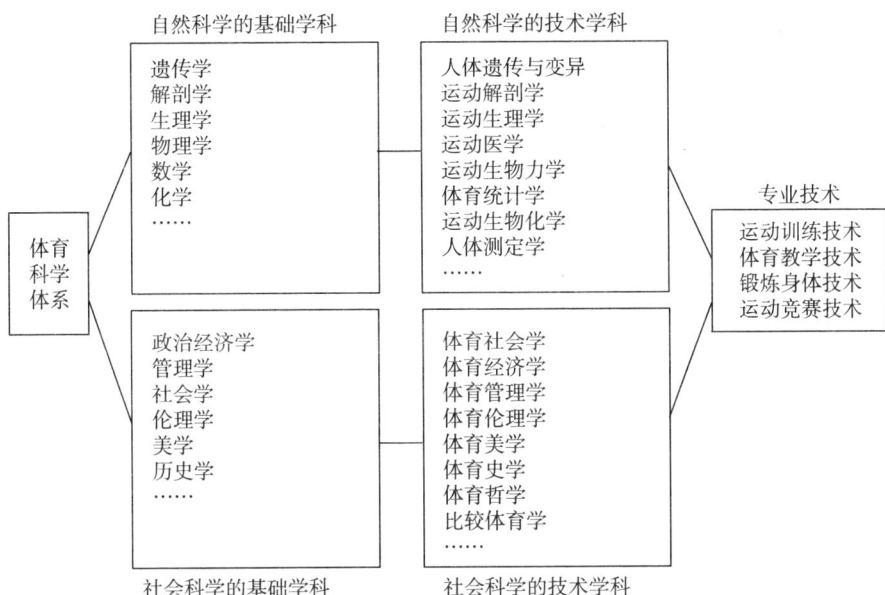

图6-5　田雨普的体育科学学科体系[①]

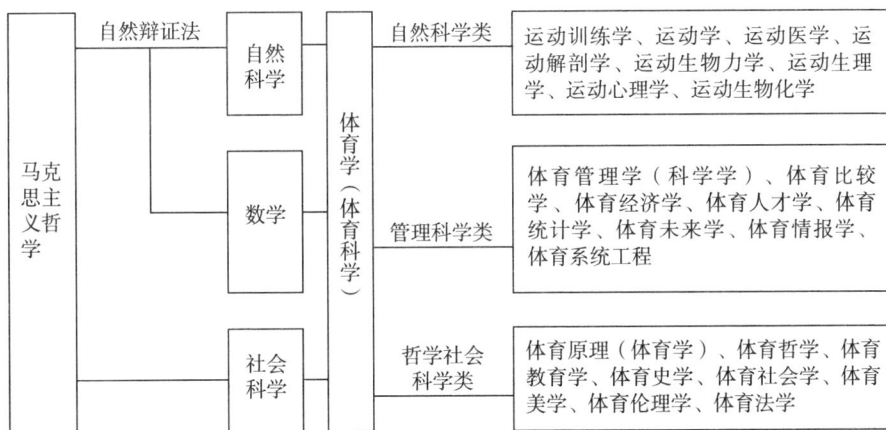

图6-6　熊斗寅的体育科学学科体系

参考文献:周西宽,胡晓明,惠蜀,等.体育学[M].成都:四川教育出版社,1988:262-265.

　　我国体育理论专家胡晓风认为:体育科学是与社会科学、自然科学并列的交叉学科或综合学科之下的一个门类,在著名科学家钱学森提出的现代科学体系框架中,处于人体科学之下的一个门类,由体育社会学学科、基础学科、运动学学科三大部类的学科组成。另有两门起着指导和辅助作用,一

[①] 田雨普.试析体育科学体系[J].体育科学,1982(4):34-38.

门是体育哲学,是三大部类学科共同的指导学科,还有一门是体育情报学,是体育科学三大部类共同需要的辅助工具学科(图6-7)。

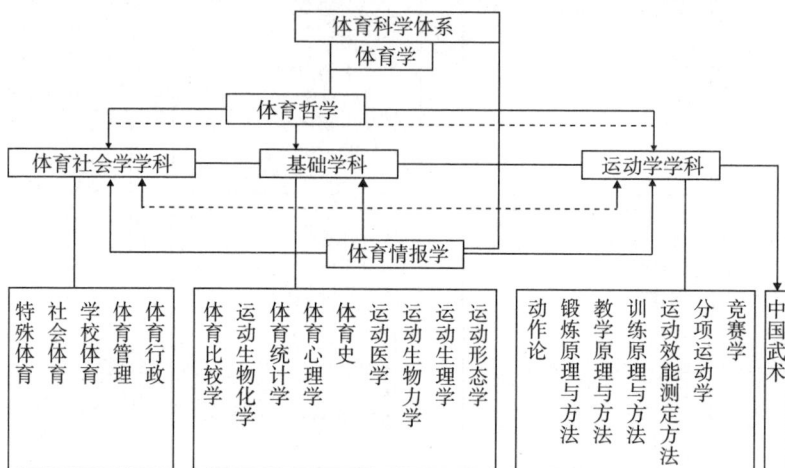

图6-7 胡晓风的体育科学学科体系

参考文献:胡晓风.体育的整体观——再谈关于体育科学体系的若干问题[J].成都体院学报,1981(2):1-12.

周西宽等认为,体育科学学科体系主要由体育方法与管理学科群、运动学科群、社会学科群、人文学科群、生物学科群、信息学科以及体育哲学、体育学等学科群组成(图6-8)。根据科学理论运用到实践的距离远近和难易程度,体育学科可划分为三个层次,相对于处于较高层次的学科而言,处于较低层次的学科虽然应用领域相对较窄,但与体育实践的距离近,易于在体育实践中直接应用;相对于处于较低层次的学科而言,处于较高层次的学科较难在实践中直接应用,但其具有较广泛的应用价值,对较低层次的学科具有指导意义;体育信息学科群处于第二层次学科,也是其他学科研究的工具学科。每个层次又可进一步划分为若干学科群。

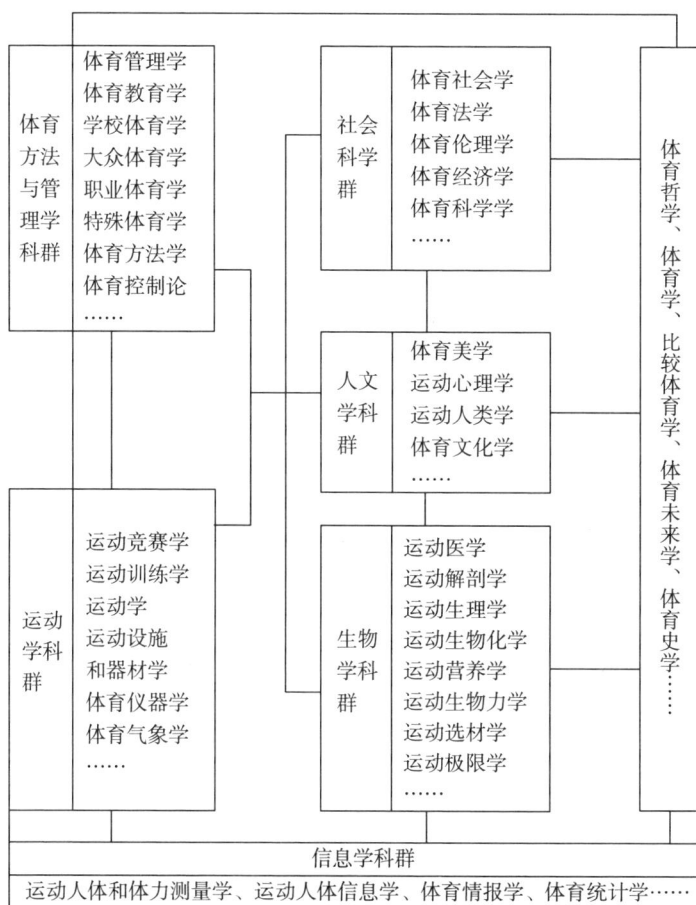

图6-8　周西宽等的体育科学学科体系

参考文献:周西宽,胡小明,惠蜀,等.体育学[M].成都:四川教育出版社,1998:268.

　　龙天启在其主编的《体育哲学导论》中提出,学科的划分要以物质运动形式为基础,学科的层次性要以客观物质运动本身层次为依据,运动形式之间的联系和转化是边缘科学赖以产生的生长点等思想。将现代体育科学分为基础科学、技术科学(或应用科学)、应用技术三个层次(图6-9)。体育基础科学主要是根据不同物质运动形式而划分的,是从物质运动形式的视角,研究生命有机体的本质属性、机理和规律的科学群体。体育技术科学是在基础学科的基础上与体育自身本质特点相结合发展起来的。这部分学科中的很多学科是体育科学"辐集"自然科学的其他门类的知识而形成的边缘性、交叉性科学,是联结体育基础科学与各运动技术学科的中介和桥梁。应用技术是研究各个具体的运动项目和相应技术的特殊规律的理论和学说，如田径技术、体操技术、球类技术等。

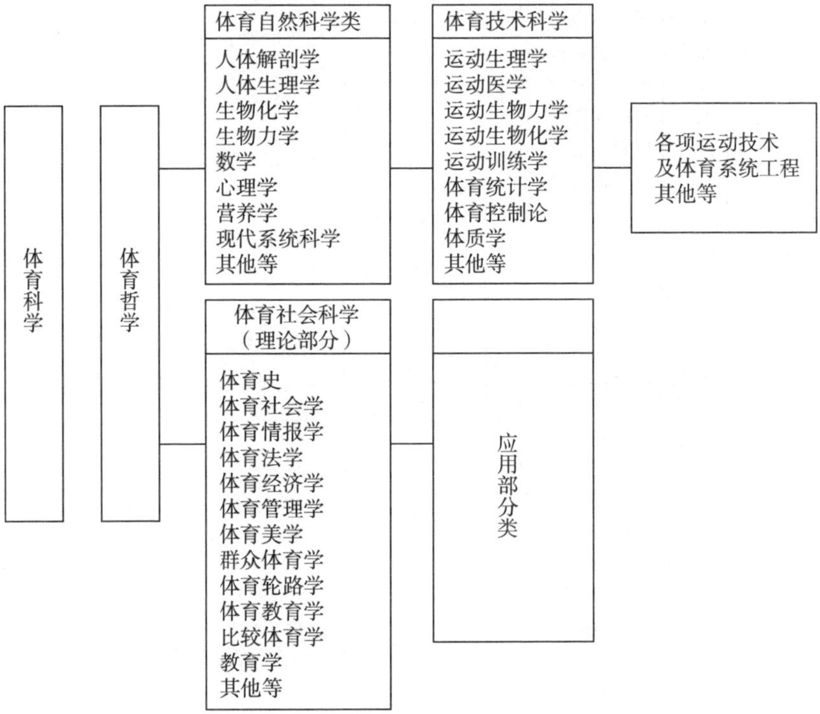

图6-9 龙天启的现代体育科学体系

参考文献:龙天启.体育哲学导论[M].北京:北京体育学院出版社,1987:193-195.

1986年,沈阳、哈尔滨、天津等八所体育学院联合编著了《体育哲学》。书中提出了体育科学的体系是由三大门类和三个层次构成(图6-10)。体育基础学科、体育技术学科、体育应用学科构成了体育科学体系的三大门类。其中,体育基础学科是体育科学的基础理论部分,是一般科学的基础理论在体育领域里的应用,处于上位层次,主要研究体育运动中的一般规律和基本原理;体育技术学科是体育运动中各科目的技术理论,是基础学科与应用学科之间的桥梁,属于中位层次;体育应用学科是体育运动的应用理论和应用方法,它直接为体育教学、训练、科研服务,位于下位层次。这三类学科是相互联系的。体育基础学科为体育技术学科和体育应用学科的研究提供具体规律、方法原理等理论依据,体育技术学科、体育应用学科则为体育基础学科探索普遍规律积累材料。

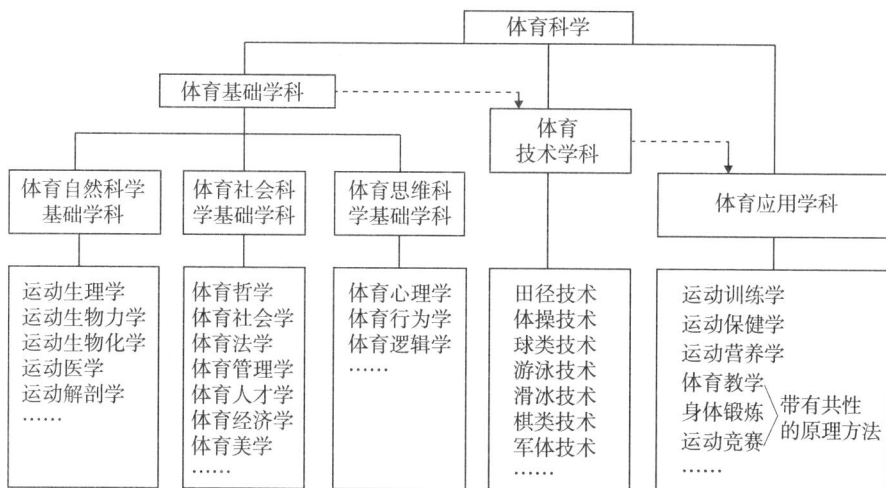

图6-10　八所体育学院编写的《体育哲学》中的体育科学学科体系

参考文献：沈阳、哈尔滨、天津等八所体育学院.体育哲学[M].哈尔滨体育学院科研处,1986：123-124.

　　学者鲁长芬在《体育学科体系研究》一书中,将体育学科分为身体教育学、运动竞技学和健身休闲学三个一级学科。将那些从总体上、宏观上、共性上探讨体育问题的学科列为体育学的基础学科,包括：体育社会学（如体育哲学、体育史学、体育人类学等）、运动人体学科（如人体解剖学、人体生理学、生物力学、生物化学等）,为三个一级学科的发展提供新知识、新原理、新方法、新学说。体育学科门类中的三个一级学科,分别以三种体育实践形式为研究对象,探讨各种体育实践形式的本质、关联和运动规律,其主要目的在于服务体育实践,具有体育学科自身的特点,是体育学科体系中的专业性学科,是区别于其他相关学科（如教育学、医学、理学等）的根本。三个一级学科既表示三个独立、具体的学科,也是表示三个"学科群",每个"学科群"又由若干个分支学科组成（图6-11）。

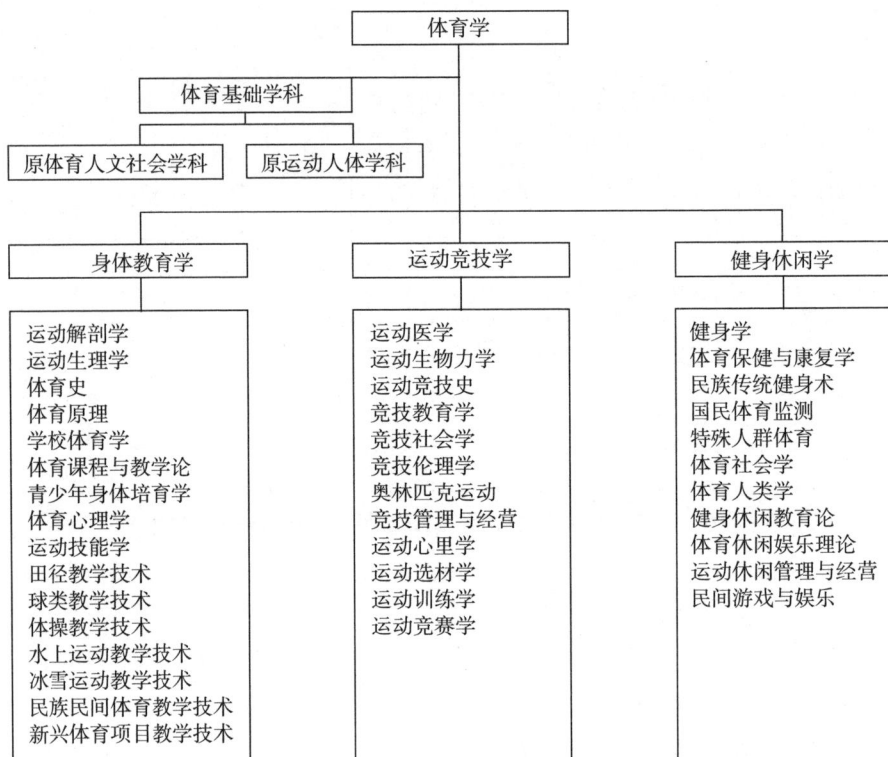

图6-11 鲁长芬的体育学科体系

参考文献:鲁长芬.体育学科体系研究[M].武汉:华中师范大学出版社,2012:264-276.

　　台湾地区国际函授学校出版的《体育学原理》一书中提出了体育科学学科体系(图6-12)。体育科学学科体系是由广义体育学、基础体育学(狭义)、运用体育学,以及相应的基础理论学科、应用学科构成。狭义基础体育学是综合体育科学中各领域的研究成果,并指导体育科学研究的应用方向,重在分析现实问题,探求问题本质。广义体育学重在超越科学领域,把握事物整体,加之综合的分析和观察。运用体育学是理论学科和应用学科的理论方法在体育运动实践中的运用,包括运动生理学、运动生物力学、运动解剖学、运动生化学、运动心理学、运动医学、运动技术分析、运动营养学与运动社会学等。并将体育各学科的原理与原则、技术与方法应用,进一步衍生出运动处方、运动教材教法、运动伤害防护、运动训练法与教练学等。

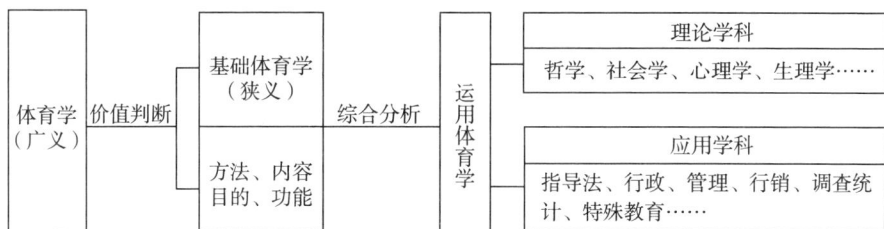

图6-12　台湾学者的体育科学学科体系

第二节　体育科学学科体系应用现状

一、国外主要组织机构关于体育科学学学科体系的分类

（1）国际体育科学与体育教育理事会是由众多国家和国际体育组织组成的体育科学组织，旨在加强体育运动、体育教育和体育科学领域之间的联系，鼓励体育科学领域的国际合作，在世界范围内促进和协调体育教育和体育领域的科学研究，并支持将科研成果应用于体育实践。在其官方出版物《体育科学指南》列出了19门体育学科：①适应身体活动；②生物力学；③训练科学；④比较体育；⑤运动人体测量；⑥神经运动心理学、运动技能学习与控制；⑦体育哲学；⑧体育政治学；⑨体育社会学；⑩运动训练生理学；⑪运动和锻炼心理学；⑫体育设施；⑬体育史；⑭体育信息；⑮体育法律；⑯体育管理；⑰运动医学；⑱体育教育学；⑲运动视觉[①]。

（2）由国际体育科学与体育教育理事会、国际运动医学联合会、国际奥委会、国际残奥会等四方国际组织联合主办，中国国家体育总局和广东省人民政府联合承办的2008年奥林匹克科学大会征文范围涵盖以下10个学科领域[②]：①体育文化、历史与哲学（含体育管理学、体育传媒、体育经济、体育法学等）；②体育社会学及社会科学；③体育教育学；④体质研究与健康促进；⑤运动训练学（含运动选材、运动训练适应与控制等）；⑥运动生理、生物化学与营养；⑦运动医学与康复；⑧运动生物力学；⑨运动心理学；⑩适应体

[①] 国际体育科学和教育理事会.体育科学指南[M].金季春,等.译.北京:北京体育大学出版社,2002:3-308.

[②] 2008年奥林匹克科学大会征文通知[EB/OL].(2009-01-22)[2016-11-01]. http://2008.163.com/07/1205/16/3UVAB3PM007428DT.html

育运动。

（3）在联合国教科文组织的《国际教育标准分类法》的附件Ⅳ中列出了"教育的大类和学科"的学科分类体系。在其"教育层次、学科领域和课程计划编目"列出了"体育课程计划"（58962、68962、98962）主要课程内容一般包括：人体解剖和生理、身体动力学原理、运动学、体育发展史、体育自然科学、体育社会科学和体育行为科学、适应性体育、保健与急救、小学体育活动分析、健康与体育和文娱方面的统计方法、学校中保健和体育教育的组织及管理等[①]。

（4）1974年，《国际文献联合会分类体系》改为《国际文献联合会分类体系》，在"人类的需要"大类之下设有：体育与游戏（代码：480），包括：体育报告（包括出版、广播和电视，代码：480-156）、体育研究（代码：480-182）、运动医学和卫生学（代码：480-420）、体育教育（代码：480-460）、体育组织管理（包括政策与规划，代码：480,15）、运动训练（代码：480,25）等。

（5）美国科技信息所（ISI）的科学引文索引数据库在2012年科学引文索引、2012年会议论文集引文索引-科学（CPCI-S）之中，设有体育科学（Sport Sciences），学科分类描述中，体育科学是涵盖人类活动的应用生理学、运动参与的身体条件、体育活动运动营养、预防和治疗与运动相关的伤病以及运动心理和运动社会学等学科领域。2012年在人文社会科学引文索引中，2012年会议论文集引文索引-人文和社会科学（CPCI-SSH）中，设有酒店接待、休闲、体育、旅游（Hospitality, Leisure, Sport & Tourism）。在学科分类描述中，专注于娱乐和休闲、旅行和旅游以及酒店接待等方面的研究。科学引文索引收录体育科学（Sport Sciences）期刊76种，涉及体育教育训练学、体育人文社会学、体育综合类、运动生理学、运动生物力学、运动心理学、运动医学7门学科（表6-4）。在人文社会科学方面，涉及体育运动人文领域和社会科学领域方面学科，期刊名称涉及体育相关的有二十余种，如：《国际体育经济》《运动休闲及旅游教育》《体育社会学》《体育管理杂志》《体育哲学杂志》《体育运动调查研究季刊》《体育社会教育学》《体育活动与健康》等。

---

① 联合国教科文组织教育统计局编.国际教育标准分类[M].国家教育委员会教育发展与政策研究中心，译.北京：人民教育出版社，1988：243-323.

表6-4 SCI体育期刊学科分类一览表

序号	学科类别	期刊英文名称	期刊中文译名	出版国	影响因子IF
1	体育教育训练学	Journal of athletic training	运动训练杂志	美国	1.336
2	体育人文社会学	Sociology of sport journal	体育社会学杂志	美国	0.589
3	体育综合类	Journal of Sports Science	体育科学杂志	英国	1.313
4	运动生理学	Gait and Posture	步态与姿势	爱尔兰	1.854
5	运动生物力学	Clinical Biomechanics	临床生物力学	英国	1.404
6	运动心理学	Journal of Motor Behavior	运动行为杂志	美国	1.561
7	运动医学	Sports medicine	运动医学	新西兰	3.128

参考文献:上海体育学院科研处.2009年体育类SSCI收录期刊目录[EB/OL].[2016-07-05]. http://kyc.sus.edu.cn/info/1007/1046.htm.

二、主要国际体育科学组织机构的分类

当前体育科学在高度分化的前提下呈现出高度综合的发展趋势。一方面,新学科不断涌现,原有学科和新兴学科向着纵深方向发展,学科分化越来越细,研究问题专业性越来越强。另一方面,交叉学科、综合学科快速发展,科学实践中复杂问题、重大体育问题越来越突出、越来越多,必须运用跨学科方法、综合多学科联合攻关才能解决。为与体育科学发展趋势相切合,当前国际体育科学组织也表现出如下发展趋势:一方面,体育专业国际单项学术组织不断涌现,并且日益健全、壮大;另一方面,出现了一些综合性国际体育科学协调机构和合作组织。这些组织在协调国际间体育科学的学术交流、合作研究、教育培训、咨询服务等方面发挥着重要作用。这种不同国际体育科学组织的学术活动,各组织从不同方面、不同领域展开的学术交流和合作研究,在一定程度上也反映出体育科学及其各学科的科学活动结构,反映体育科学学科体系。其中影响较大的国际体育科学组织(表6-5)。

表6-5 主要国际体育科学组织机构的分类

自然科学类	人文社会科学类	工程技术科学类	综合类
世界运动生物力学委员会(WCSB)	国际体育社会学协会(ISSA)	国际人体测量发展协会(ISAK)	国际体育科学与体育教育理事会(ICSSPE/CIEPSS)
国际运动医学联合会(FIMS)	国际体育社会学委员会(ICSS)	国际运动人体运动测量进展协会(ISAK)	国际健康、体育、娱乐、体育、和舞蹈委员会(ICHPER·SD)
国际运动生物化学研究组(IRGBE)	国际运动教育委员会(ICSP)	国际体育计算机学会(IACSS)	国际体育情报协会(IASI)
国际体育科学协会(ISSA)	国际运动心理学学会(ISSP)	国际运动心肺机能评定研究组	国际高等体育教育联合会(AIESEP)
国际运动生物力学学会(ISBS)	国际体育史学会(ISHPES)	国际体育科学与体育工程学术委员会(IS-SEAC)	国际体育信息协会(IASI)
国际运动动力学协会(IAKS)	国际体育社会学学会(ISSSS)	国际功力测定工作组(IWGE)	国际体育活动和健康研究委员会(ICPAFR)
国际奥委会医学委员会(IOC)	国际体育哲学协会(IAPS)	国际体育工程协会(ISEA)	国际社会行为营养和身体活动学会(ISB-NPA)
国际体育科学与技术学院(AISTS)	国际体育运动学会(ISHPES)	国际体育数学与体育仿真学会(ISSCMS)	国际教练员教育理事会(ICCE)
体育医学和科学协会(SMSA)	国际科学文化和体育协会(ISCSA)	国际比较体育学会(ISCPES)	国际适应性联合会(IFAPA)
体育科学与教育专门委员会(SSESC)	国际体育与文化委员会(ISCA)		国际奥林匹克史学会(ISOH)
国际体育科学和教育联合会(ISSA)	国际体育与文化学会(IACS)		
	国际体育法协会(IASL)		
	国际体育教育联合会(FIEP)		

参考文献:①国际体育科学与体育教育理事会.体科学指南[M].金季春,等,译.北京:北京体育大学出版社,2002.;②蔡俊五.国际体育科学组织发展概况[J].体育科学,1983(4):94-95.;③中国体育科学学会的国际交流栏目。

三、主要西方国家高等教育学科专业设置与学科分类

美国国家教育统计中心研制开发并由教育部颁布的学科专业目录（CIP-2010）中，在学科大类公园、娱乐、休闲、健身研究（代码：31）之中设有健康和体育教育、健身（代码：31.05），在健康和体育教育、健身之下设有：一般健康和体育教育、健身（代码：31.0501）、体育和健身行政与管理（代码：31.0504）、人体运动学和运动科学（代码：31.0505）、体育健身指导（代码：31.0507）、体育研究（代码：31.0508）、其他健康，体育教育/健身（代码：31.0599）、户外教育（代码：31.0601）。在教师教育和职业发展特殊课程领域（代码：13.13）之下设有体育教育的教学与指导（代码：13.1314）；在休闲娱乐活动（代码：36.01）之下设有运动与锻炼（代码：36.0108）；在健康诊断、干预、治疗相关职业（代码：51.09）之下设有运动训练（代码：51.0913）；在临床医学（代码：60.02）之下设有运动医学（代码：60.0261）（表6-6）。

表6-6　美国体育类学科专业目录

代码	学科专业
31.05	健康和体育教育、健身
31.0501	一般健康和体育教育、健身
31.0504	体育和健身行政与管理
31.0505	人体运动学和运动科学
31.0507	体育健身指导
31.0508	体育研究
31.0599	其他健康，体育教育/健身
31.0601	户外教育
13.13	教师教育和职业发展特殊课程领域
13.1314	体育教育的教学与指导
36.01	休闲娱乐活动
36.0108	运动与锻炼
51.09	健康诊断、干预、治疗相关职业
51.0913	运动训练
60.02	临床医学
60.0261	运动医学

参考文献：National Center for Education Statistics. Classification of Instructional Programs（2010）[EB/OL].［2016-04-15］.http://nces.ed.gov/pubs2002/cip2000/.

在英国高等教育统计处与大学招生委员会编制的学科专业分类体系(The Joint Academic Coding System)中,在生物科学(C)之中设有体育与运动科学(代码:C600)。包括:为提高体育运动技术水平和运动成绩而进行的解剖学、生理学、人体生物力学和心理学等方面应用研究,不包括体育教师的教育培训。在体育与运动科学(代码:C600)之下设有:体育教练(代码:C610)、运动发展(代码:C620)、运动训练、康复与治疗(代码:C630)、运动的研究(代码:C640)、运动技术(代码:C650)、体育与运动科学其他学科(代码:C690);在心理学(代码:C800)之下设有运动心理学(代码:C813);在酒店、休闲、运动、旅游和运输(代码:N800)之下设有体育管理(代码:N880)(表6-7)。

表6-7　英国体育类学科专业目录

代码	学科专业
C600	体育与运动科学
C610	体育教练
C620	运动发展
C630	运动训练、康复与治疗
C640	运动的研究
C650	运动技术
C690	体育与运动科学其他学科
C800	心理学
C813	运动心理学
N800	酒店、休闲、运动、旅游和运输
N880	体育管理

参考文献:Higher Education Statistics Agency. The Joint Academic Coding System(JACS Version 3.0)[EB/OL].[2015-08-17].https://www.hesa.ac.uk/support/documentation/jacs.

在德国联邦统计局2004年发布的专业群、学习范围和学习专业目录和专业群、教学与研究范围和专业领域目录中,体育科学(代码:02体育;代码:0体育)单独列为学科门类。在专业群、学习范围和学习专业中,体育,体育科学(代码:22)之下设有体育教育学(代码:098)、体育科学(代码:029),在经济科学(代码:30)之下设有体育经济学(代码:166)。在专业群、教学与研究范围和专业领域中,体育(代码:200)之下设有体育科学(代码:普通2000)、体育单项教学法(代码:2005)、运动医学(代码:2010)、体育教育学

（代码：2011）、运动场地（代码：2030），在临床实践医学（代码：490）之下设有运动医学（代码：临床实践4935）（表6-8）。

表6-8　德国体育类学科专业目录

专业群、学习范围和学习专业		专业群、教学与研究范围和专业领域	
代码	学科专业	代码	学科专业
02	体育	0	体育
22	体育，体育科学	200	体育
098	体育教育学	2000	体育科学（普通）
029	体育科学	2005	体育单项教学法
		2010	运动医学
		2011	体育教育学
		2030	运动场地
30	经济科学	490	临床实践医学
166	体育经济学	4935	运动医学（临床实践）

俄罗斯联邦教育部2000年3月发布了最新的学科专业、方向目录，在"Ⅰ培养学士和硕士的方向目录"中，在学士和硕士培养方向种类和名称的人文与社会—经济科学（代码：52000）之下设有体育（代码：521900），在与体育相适应的职业教育等级种类及学位名称之中，设有体育学士和体育硕士。在Ⅱ培养文凭专家的专业目录中，在培养文凭专家的专目录种类与名称的人文—社会专业（代码：020004）之下设有体育与运动（代码：022300）和被改编的体育（代码：022504）；在教育学专业（代码：030000）之下设有体育教育（代码：033100）。在与体育相适应的职业教育等级种类与技能名称中，设有相应的体育与运动专家改编的体育专家和体育教育学家（表6-9）。

表6-9　俄罗斯体育类学科专业目录

Ⅰ培养学士和硕士的方向目录		
编码	学士和硕士培养方向种类和名称	与体育相适应的职业教育等级种类及学位名称
510000	自然科学与数学	17个方向
520000	人文与社会—经济科学	24个方向
521900	体育	2—体育学士 3—体育硕士

II 培养文凭专家的专业目录		
编码	培养文凭专家的专目录种类与名称	与体育相适应的 职业教育等级种类与技能名称
020000	人文—社会专业	20个专业
022300	体育与运动	3—体育与运动专家
022504	因身体状况与体育离开的人的体育 （被改编的体育）	3—改编的体育专家
030000	教育学专业	30个专业
033100	体育教育	3—体育教育学家

参考文献：王树国.俄罗斯学科门类设置情况[EB/OL].[2015-08-23].http://wenku.baidu.com/ view/80472e8da0116c175f0e4898.html.

澳大利亚国家统计局发布了《研究领域，课程和学科分类代码》（RFCD2008年修订版），在医学和健康科学（代码：32）之下设有人体运动与体育科学（代码：3214）。人体运动与体育科学（代码：3214）包含运动生理学（代码：321401）、生物力学（代码：321402）、运动控制（代码：321403）、运动与锻炼心理学（代码：321404）、运动医学（代码：321405）、人体运动与体育科学未分类（代码：321499）6个二级学科。在公共卫生和卫生服务（代码：3212）之下设有健康促进（代码：321216），一个与体育科学相关的二级学科（表6-10）。

表6-10　澳大利亚体育类学科专业目录

代码	学科专业
3214	人体运动与体育科学
321401	运动生理学
321402	生物力学
321403	运动控制
321404	运动与锻炼心理学
321405	运动医学
321499	人体运动与体育科学未分类
3212	公共卫生和卫生服务
321216	健康促进

参考文献：Australian Bureau of Statistics. Research Fields, Courses and Disciplines Classification (RFCD 2008)[EB/OL].[2015-08-15].http://www.abs.gov.au/ausstats/abs@.nsf/0/4AE1B46 AE20-48A28CA25741800044242.

　　日本文部科学省生涯学习政策局政策课颁布的高等教育机关"学科系统分类表"（教育学部大学1分类表），将学科分为人文科学、社会科学、理学、工学、农学、保健、商船、家政、教育、艺术、其他11个学科专业领域。在"教育学科领域"中，设有"体育学方面的学科"，其中包含体育学、健康学、健康教育学、体育学健康教育学、武道学、社会体育学、体育运动课程、武道课程、健康运动科学、运动科学、体育健康（科）学、体育科学、健康科学、健康与系统学、体育教练学、国际体育文化学、生涯体育学、体育专门学群、竞技体育学、运动休闲管理学、运动学、体育教育（学）、健康和体育经纪人学等23个学科（表6-11）。

表6-11　日本体育类学科专业目录

学科领域	学科方向	包含学科数
教育学科领域	2.体育学方面的学科	体育学、健康学、健康教育学、体育学健康教育学、武道学、社会体育学、体育运动课程、武道课程、健康运动科学、运动科学、体育健康（科）学、体育科学、健康科学、健康与系统学、体育教练学、国际体育文化学、生涯体育学、体育专门学群、竞技体育学、运动休闲管理学、运动学、体育教育（学）、健康与体育经纪人学

参考文献：日本文部科学省.日本学科系统分类表：1大学（学部）教育[EB/OL].[2015-08-07]. http://www.mext.go.jp/b_menu/toukei/001/06121219/006/001/009.htm.

四、我国有关组织机构提出的体育科学学科体系

　　我国有关组织机构也都提出了自己的体育科学学科体系。中国体育科学学会是最有代表性、权威性的体育学术机构，是我国最大规模、最高层次的，集学术性、科普性、公益性于一体的体育科技学术社会团体。中国体育科学学会依托18个二级分会组织开展各种体育学术活动、科技攻关活动，与国外相应体育学术组织建立双边关系，开展学术交流、合作研究、教育培训、咨询服务等方面的体育科学活动。18个二级分会代表18个二级学科和研究领域。如：1.体育社会科学分会，2.运动训练学分会，3.运动医学分会，4.运动生物力学分会，5.运动心理学分会，6.体质研究分会，7.体育信息分会，8.体育仪器器材分会，9.体育建筑分会，10.体育统计分会，11.体育计算机应用分会、12.学校体育分会，13.体育史分会，14.武术分会，15.体育管理分会、16.

体育产业分会,17.体育新闻传播分会,18.运动生理生化分会①。

2009年,在国家标准化管理委员会、国家质量监督检验检疫总局发布的国家标准《学科分类与代码》(GB/T 13745-2009)中,体育科学(代码:890)一级学科以下列出了体育史(代码:89010)、体育理论(代码:89015)、运动生物力学(代码:89020包括运动解剖学)、运动生理学(代码:89025)、运动心理学(代码:89030)、运动生物化学(代码:89035)、体育保健学(代码:89040)、运动训练学(代码:89045)、体育教育学(代码:89050)、武术理论与方法(代码:89055)、体育管理学(代码:89060)、体育经济学(代码:89065)等13门二级学科(表6-12)。

表6-12　我国有关组织机构提出的体育科学学科分类

《学科分类与代码》(GB/T 13745-2009)		《中图分类法》(第五版)		《2015年国家社会科学基金项目申报代码表》		《2015年国家自然科学基金申请代码》		《国家自然科学奖学科评审组评审范围(2011年)》	
890	体育科学	G80	体育理论		体育学			890	体育运动科学
89010	体育史	G80-32	体育统计学	TYJ	体育史	生命科学 C090111	运动心理学	89010	运动人类学
89015	体育理论	G802	体育运动美学	TYB	体育理论	C1106	运动生理学	89015	运动解剖学
89020	运动生物力学(包括运动解剖学)	G803	体育伦理学	TYA	体育哲学	C100102	骨、关节与运动系统生物力学	89020	运动生物力学
89025	运动生理学	G804.2	运动生理学	TYD	体育社会学	数理科学 A020503	仿生、生物材料与运动生物力学	89025	运动生理学

---

① 中国体育科学学会第七届分支机构名单[EB/OL].[2015-08-04].http://www.csss.cn/cn/dy_tab.Asp.

《学科分类与代码》（GB/T 13745-2009）		《中图分类法》（第五版）		《2015年国家社会科学基金项目申报代码表》		《2015年国家自然科学基金申请代码》		《国家自然科学奖学科评审组评审范围(2011年)》	
89030	运动心理学	G804.3	运动卫生、运动保健	TYF	体育法学	医学科学H0601	运动系统结构、功能和发育异常	89030	运动心理学
89035	运动生物化学	G804.4	运动解剖学	TYG	学校体育学	H0602	运动系统遗传性疾病	89035	运动生物化学
89040	体育保健学	G804.49	运动人体测定	TYH	社会体育学	H0603	运动系统免疫相关疾病	89040	体育保健学
89045	运动训练学	G804.5	运动医学	TYI	竞技体育学	H0610	骨、关节、软组织运动损伤	89045	运动营养学
89050	体育教育学	G804.6	运动生物力学	TYC	体育管理学	H0611	运动系统畸形与矫正	89050	运动训练学
89055	武术理论与方法	G804.7	运动生物化学	TYE	体育经济学	H0612	运动系统疾病诊疗新技术	89055	动作技能学
89060	体育管理学	G804.8	运动心理学	TYK	体育学其他学科	H0613	运动系统疾病其他科学问题	89060	体质测量与评价
89065	体育经济学	G80-05	体育与其他学科的关系			H0904	运动调节与运动障碍	89065	体育电子学
89099	体育科学其他学科							89070	兴奋剂检测技术
								89080	体育器具制造技术

资料来源：①《学科分类与代码》(GB/T 13745-2009)；②《中图分类法》(第五版)；③《2015年国家社会科学基金项目申报数据代码表》；④《2015年国家自然科学基金申请代码》；⑤《国家自然科学奖学科评审组评审范围(2011年)》。

在国家科学技术奖励工作办公室编制的《国家科学技术奖学科、专业评审评审范围分组》《2015年度国家科学技术奖励推荐工作手册》以及《国家自然科学奖学科评审组评审范围(2011年)》等文件中,"国家技术发明奖、国家科技进步奖专业评审组评审范围"设有体育运动科学(代码:890),在体育运动科学一级学科以下列出了运动人类学(代码:89010)、运动解剖学(代码:89015)、运动生物力学(代码:89020包括运动解剖学)、运动生理学(代码:89025)、运动心理学(代码:89030)、运动生物化学(代码:89035)、体育保健学(代码:89040)、运动营养学(代码:89045)、运动训练学(代码:89050)、动作技能学(代码:89055)、体质测量与评价(代码:89060)、体育电子学(代码:89065)、兴奋剂检测技术(代码:89070)、体育器具制造技术(代码:89080)等14门二级学科,在其他一级学科以下列出了运动医学(代码:3308020)、体育建筑(代码:5607025)两门与体育科学相关的二级学科。

此外,在《中图分类法》(第五版)中,虽然没有列出"体育科学"或"体育学",但列出了从体育实践中产生又被实践证实为正确地反映了体育运动现象的本质及规律的有机知识体系——体育理论(代码:G80)。在体育理论以下列出了冠以"体育××学"或"运动××学"的9门学科:体育统计学(代码:G80-32)、体育运动美学(代码:G802)、体育伦理学(代码:G803)、运动生理学(代码:G804.2)、运动解剖学(代码:G804.4)、运动医学(代码:G804.5)、运动生物力学(代码:G804.6)、运动生物化学(代码:G804.7)、运动心理学(代码:G804.8)。

在《2015年国家自然科学基金申请代码》中,没有列出"体育科学"或"体育学",但在生命科学中,设有运动心理学(代码:C090111)、运动生理学(代码:C1106)、骨、关节与运动系统生物力学(代码:C100102)等三门体育类学科;在数理科学中,设有仿生、生物材料与运动生物力学(代码:A020503)一门与体育科学相关研究领域。在医学科学中,设有运动系统结构、功能和发育异常(代码:H0601),运动系统遗传性疾病(代码:H0602),运动系统免疫相关疾病(代码:H0603),骨、关节、软组织运动损伤(代码:H0610),运动系统畸形与矫正(代码:H0611),运动系统疾病诊疗新技术(代码:H0612),运动系统疾病其他科学问题(代码:H0613),运动调节与运动障碍(代码:H0904)等八个体育类学科研究领域。

从研究生的学科专业设置看,依据国务院学位委员会、国家教育委员会

1997年联合下发的《授予博士、硕士学位和培养研究生的学科、专业目录》,
体育学(代码:0403)一级学科下设,体育人文社会学(代码:040301)、运动人
体科学(代码:040302)、体育教育训练学(代码:040303)、民族传统体育学
(代码:040304)四个二级学科。在医学(代码:10)门类的临床医学(代码:
1002)一级学科下设有运动医学1个二级学科,在军事学(代码:11)门类的军
队指挥学(代码:1105)一级学科下设有军事教育训练学(含:军事体育学)1
个二级学科。在体育专业学位"体育"(代码:0452)之下设有体育教学(代
码:04521)、运动训练(代码:04522)、竞赛组织管理(代码:04523)、社会体育
指导(代码:04524)4个专业方向(表6-13)。

表6-13 我国高等教育体育学科专业目录

《普通高等学校高职高专教育指导性专业目录(2004年)》		《普通高等学校本科专业目录(2012年)》		《授予博士、硕士学位和培养研究生的学科、专业目录(1997年)》《学位授予和人才培养学科目录(2011年)》				《台湾地区大学校院学科标准分类(1995年)》	
				学术型		专业硕士			
代码	学科专业	代码	学科专业	代码	学科专业	代码	学科专业	代码	学科专业
66	文化教育	04	教育学	04	教育学	0451	教育	81	民生学门
660211	体育教育	0402	体育学类	0403	体育学*	0452	体育	8103	竞技运动学类（包括：竞技运动学、国术学、教练科学、竞技运动训练）
660240	武术	040201	体育教育	040301	体育人文社会学	04521	体育教学		
660241	民族传统体育	040202K	运动训练	040302	运动人体科学	04522	运动训练		
6603	体育类	040203	社会体育指导与管理	040303	运动人体科学	04523	竞赛组织管理	8104	运动科技学类（包括：运动科学、运动防护护理学、运动器材科技研究、运动保健科学）
660301	竞技体育	040204K	武术与民族传统体育	040304	体育教育训练学	04524	社会体育指导		
660302	运动训练	040205	运动人体科学	110506	民族传统体育学	0453	汉语国际教育		
660303	社会体育	040206T	运动康复	100216	军事教育学（含军事体育学）	0454	应用心理	8105	运动休闲及休闲管理学类（包括：体育管理学、休闲管理与休闲运动管理、健康管理、健康与健康管理）
660304	体育保健	040207T	休闲体育		运动医学				
660305	体育服务与管理	12	工商管理类						
6501	公共事业类	120212T	体育经济与管理						
650110	体育场馆管理								

资料来源：①根据普通高等学校高职高专专业目录（统计用）（高职高专专业代码表）整理而成。②台湾地区教育部统计处.95年版学科标准分类代码表：大学校院部分[EB/OL].[2015-08-09].http://www.edu.tw/pages/detail.aspx?Node=1745&Page=22171&Index=8&WID=31d75a44-efff-4c44-a075-15a9eb7aecdf.

在《普通高等学校本科专业目录(2012年)》中:体育学类(代码:0402),体育学一级学科以下列出了体育教育(代码:040201)、运动训练(代码:040202K)、社会体育指导与管理(代码:040203)、武术与民族传统体育(代码:040204K)、运动人体科学(代码:040205)、运动康复(代码:040206T)、休闲体育(代码:040207T)等七门二级学科专业。在管理学学科门类(代码:12)的工商管理类(代码:1202)一级学科之下设有体育经济与管理(120212T)二级学科。

在《普通高等学校高职高专教育指导性专业目录(2004年)》中,在文化教育大类(代码:66)设有体育类(代码:6603),在体育类之下设有:竞技体育(代码:660301)、运动训练(代码:660302)、社会体育(代码:660303)、体育保健(代码:660304)、体育服务与管理(代码:660305)。在教育类(代码:6602)下设有体育教育(代码:660211)、武术(代码:660240)、民族传统体育(代码:660241)。在公共事业类(代码:6501)下设有体育场馆管理(代码:650110)。

在《台湾地区大学校院学科标准分类(1995年)》中,在服务领域大分类的民生学门(代码:81)之下设有小分类竞技运动学类(代码:8103)包括:竞技运动学、国术学、教练科学、竞技运动训练等学科专业;运动科技学类(代码:8104)包括:运动科学、运动伤害防护研究、运动器材科技研究、运动保健科学、运动与健康科学等学科专业;运动休闲与休闲管理学类(代码:8105)包括:体育管理学、健康与休闲管理、休闲运动管理等学科专业。

2002年,国务院学位委员会办公室下发文件指出,学位授予单位设置《授予博士、硕士学位和培养研究生的学科、专业目录(1997年)》以外的学科、专业,须报国务院学位委员会办公室备案。2011年,《学位授予和人才培养学科目录设置与管理办法》(学位〔2009〕10号)、《授予博士、硕士学位和培养研究生的二级学科自主设置实施细则》(教研厅〔2010〕1号),各学位授予单位可根据经济社会发展对人才的需求,结合本单位的学科基础自主设置二级学科。体育学科以及与体育相关的二级学科迅速发展,根据中国学位与研究生教育信息网、中国教育在线教研频道,以及各学位授予单位研究简章和招生专业目录的不完全统计,各院校设置的学术型学科门类,涉及10个学科门类,19个一级学科,54个二级学科和专业(包括目录内设置,目录以外备案设置和自主设置的学科和专业,不包括专业学位),具体有:体育人文社会学(代码:040301)、运动人体科学(代码:040302)、体育教育训练学(代码:040303)、民族传统体育学(代码:040304)、休闲体育学(代码:040321)、体育经济与管理(代码:020230)、体育社会学(代码:030320)、体育思想政治教育(代码:030505)、体育课程与教学论(40102)、体育应用心理学(代码:040203)、体育新闻学(代码:050301)、体育传播学(代码:050302)、人工智能和运动控制(代码:080821)、水上运动装备工程(代码:082422)、食品化学与运动营养学(代码:083205)、运动康复医学与理疗学(代码:100215)、运动医学(代码:100216)、中西医结合临床(代码:100602)、军事体育学(代码:110506)、军事训练学(代码:111000)、体育经营管理(代码:120226)、行政管理(代码:120401)、体育艺术与审美(代码:0101Z)、体育经济学(代码:0202Z)、体育法学(代码:0301Z)、体育管理与体育法制(代码:0301Z)、民族传统体育文化(代码:0304Z)、民族体育学(代码:0304Z)、多民族体育文化与教育(代码:0401Z)、学校体育教育学(代码:0401Z)、体育产业运营(代码:0403Z)、大众体育学(代码:0403Z)、体育产业学(代码:0403Z)、体育工程学(代码:0403Z)、体育管理(代码:0403Z)、体育伦理(代码:0403Z)、体育赛事运作(代码:0403Z)、体育舞蹈学(代码:0403Z)、体育心理学(代码:0403Z)、体育新闻传播学(代码:0403Z)、体育艺术学(代码:0403Z)、休闲体育学(代码:0403Z)、运动康复与健康(代码:0403Z)、运动生物学(代码:0710Z)、体育运动材料(代码:0805Z)、体育建筑管理(代码:0813J)、中医保健体育(代码:1005Z)、体育产业管理(代码:1201Z)、体育管理学(代码:1201Z)、体育管理科学与工程(代码:1201Z)、体育赛事运营(代码:1202Z)、体育建筑管理(代码:1204J)、社会体育教育与管理(代码:1204Z)、体育经济与管理(代码:1204Z)。

从2016年国内八大体育学院设置的本科专业看,武汉体育学院设有20个本科专业,西安体育学院、成都体育学院、广州体育学院各设有18个本科专业,北京体育大学、上海体育学院、天津体育学院各设有16个本科专业,沈阳体育学院设有15个本科专业。依据《普通高等学校本科专业目录(2012年)》的学科、专业门类与代码,各院校设置的本科学科、专业门类,涉及7个学科门类,17个一级学科,28个二级学科和方向,具体是:体育教育(代码:040201)、运动训练(代码:040202K)、社会体育指导与管理(代码:040203)、武术与民族传统体育(代码:040204K)、运动人体科学(代码:040205)、运动康复(代码:040206T)、休闲体育(代码:040207T)、教育技术学(代码:040104体育教育技术学方向)、特殊教育(代码:040108体育特殊教育方向)、经济学(代码:020101体育经济学方向)、新闻学(代码:050301体育新闻方向)、英语(代码:050201体育英语方向)、广告学(代码:050303体育广告学)、应用心理学(代码:071102运动心理学方向)、信息与计算科学(代码:070102体育信息与计算科学方向)、机械设计制造及其自动化(代码:080202—体育装备工程方向,原代码:080312S)、康复治疗学(代码:101005体育康复治疗学方向)、信息管理与信息系统(代码:120102体育信息管理与信息系统方向)、体育经济与管理(代码:120212)、市场营销(代码:120202体育市场营销方向)、公共事业管理(代码:120401体育公共事业管理方向)、旅游管理(代码:120901K体育旅游管理方向、旅游与户外运动方向)、表演(代码:130301武术艺术表演方向)、舞蹈学(代码:130205体育舞蹈教育方向)、舞蹈表演(代码:130204体育舞蹈、健美操、啦啦操、艺术体操方向)、广播电视编导(代码:130305体育广播电视编导方向)、舞蹈编导(代码:130206体育舞蹈方向)、播音与主持艺术(代码:130309体育方向)。从上述的本科、硕士的学科专业目录和名称看,体育科学的学科领域不断延伸拓展,学科门类数量增加,不断地与其他学科不同层次上交叉渗透融合形成新学科,学科体系不断地丰富完善。

第三节　体育科学学科体系研究与应用中存在的问题

一、学科体系的建设落后于体育实践发展

尽管体育科学研究多年来对体育实践和体育事业的发展发挥了重要的指导作用,但由于体育学科体系的理论基础还比较薄弱,加之社会的急剧变革而引起的体育事业发展的实践发生飞速变化,总体上我国体育科学的学科体系还不能适应体育事业快速发展的需要,体育科学学科体系的理论研究相对滞后,很多重大的理论与实践问题尚未得到解决,学科体系的建设落后于体育实践发展,未能实现体育科学与体育实践的对接。如作为一级学科的"体育学"在本科和研究生专业设置中的学科体系构建问题,表明其理

论构建明显落后于实践的发展。"专业教育学科体系的基础与发展关系尚未体现出来,科学研究体系对专业教育学科体系的导向作用没能充分发挥,超前性和带动性也没有体现出来。"①从总体上看,在理论滞后的模式下确立起来的体育科学学科体系缺乏鲜活的时代感,没有体现体育科学是一个技术性、应用性很强的学科领域,有偏向于"纯"理论研究的色彩,导致体育实践发展也跳不出传统的思维和框架,无法在当前日新月异的时代浪潮中充分发挥体育学科应有的价值。不少分支学科尽管一再强调要对现实中的重要体育实践问题做出解释或回答,但思维的触角很难伸向丰富的改革实践。体育科学学科体系没能客观真实地反映体育实践活动体系,没有能够给予体育技术学科、体育交叉学科应有的地位。体育学学科理论建设的落后,使得他在实践中指导作用与价值产生弱念,限制了体育科学、体育理论在总体上的实用性,也不利于体育科学学科的自身科学化发展。因此,对我国当前体育学科建设不能将视角集中在所谓的"学"上,而应该把体育学科建设与体育事业发展的重大问题结合起来,积极与相关学科合作,促进体育学科群的发展,进一步确立体育科学在科学中的地位。

二、学科体系的研究基础和前提尚未明确

一般而言,研究对象和研究范畴是科学体系建设的基础和前提,但目前学界对其认识可谓"仁者见仁、智者见智",众说纷纭。对于体育科学的研究对象,有代表性的大致有以下几种观念:一是以"运动中的人"为对象;二是以"体育现象"为对象;三是以"体育运动"为对象;四是以"体育运动实践、体育现象和体育领域内存在的问题"为对象;五是以"社会人的体育运动过程"为研究对象等。显然,当前对体育科学的研究对象尚未统一和明确。影响到学科领域边界的划定,以及研究内容和研究方向,从而影响体育科学及其各学科的建立和发展。

至于体育科学基本范畴的问题,有人认为"体育本质、体育结构、体育方法是构成体育学学科体系的三大范畴"②;也有学者从哲学的角度指出"体育

① 鲁长芬.体育学科体系研究[M].武汉:华中师范大学出版社,2012:72.
② 易剑东.我国体育学研究的回顾与前瞻[J].浙江体育科学,1994,16(2):6-10.

存在、体育本质和体育观念"①是体育学研究的三大范畴;等等。就目前研究成果来看,对体育科学基本范畴的探讨还较为薄弱,有待进一步拓展和深化。

由于学科体系的基础和前提尚未达成共识,这在一定程度上影响了体育科学的独立地位,导致体育科学的地位和归属不明确,分类不合理,未能真正确立体育科学的独立地位。

三、学科结构体系划分的学理性不足

至21世纪初,体育科学已由单一的体育知识形态构成的概念,逐步发展成为涵盖理论知识、生产和运用知识、认识和改造客观世界的方法、工具,以及社会现象和社会建制等丰富内涵的知识体系,涉及自然科学、人文社会科学,以及工程技术科学等众多的领域。但由于各个分支学科的原有基础不同,加之各领域内研究者水平的高低有别等原因,造成我国体育科学各分支学科发展的失衡。其中,体育教育科学和体育人文社会科学等相关的学科所受到的关注度显然要远远高于其他学科,相对而言,这些学科的发展也相对较快。我国体育科学学科体系结构的失衡迫切需要对体系结构框架进行重构,需要对体育科学体系的学科结构进行合理调整和理性规划,力求从根本上解决学科发展失衡问题。

对体育科学学科的划分应遵循一定的学理性,这是保障学科体系结构合理的前提和基础。然而,我国体育科学学科体系结构的划分存在学理性不足的缺点。学科分类是人们根据科学发展规划、科研活动的管理、体育运动实践活动的发展等工作的需要对学科进行的人为划分。正因为如此,不同的组织和机构往往采用不同的分类标准对学科进行划分。但学科分类是建立在科学理论基础之上的,要遵循一定的规律,依据一定的原则和标准,学科分类要能够反映学科间的内在联系和发展变化规律;需要依据学科性质、研究对象、研究方法、理论基础、派生来源、技术手段等为标准进行划分。然而,在我国现有体育科学学科体系中存在着同级分类标准不一的不足。如在《授予博士、硕士学位和培养研究生的学科、专业目录》中,体育学下设四个二级学科,即体育人文社会学、运动人体科学、体育教育训练学和民族

①唐炎.体育学学科体系现状考察及建构研究[D].重庆:西南师范大学,2002:33.

传统体育学。其中,体育人文社会学和运动人体科学是按照学科的性质来划分的,而体育教育训练学和民族传统体育学则是按照体育运动实践的不同形式来划分。在国家标准《学科分类与代码》(GB/T 13745–2009)中,"体育科学"(代码:890)一级学科是列在人文与社会科学(代码:E)学科门类下并列设置的19个一级学科之一,但是,体育科学中的运动生物力学(代码:89020包括运动解剖学)、运动生理学(代码:89025)、运动生物化学(代码:89035)等二级学科显然不属于人文与社会科学的范畴。这在一定程度上影响了体育科学学科体系的系统性和整体性。

总而言之,研究通过梳理国内外学者关于体育科学学科体系的研究成果,以及体育科学学科体系在有关组织机构和高等教育专业设置中的应用现状,分析了各学科体系的分类思想、研究方法和研究基础,剖析了体育科学的内部组成结构和外部联系,明确了体育科学的地位和归属,揭示了现有体育科学学科体系及其在实际应用中存在的问题。

结果表明,随着体育科学学科的发展与成熟,体育科学学科体系的研究逐渐成为学者们关注的焦点,各国学者纷纷依据不同的分类思想,采用不同的分类标准,提出了不同的学科体系。这些学科体系广泛应用于相关组织机构对科学研究的规范和管理,以及高等教育的学科专业设置中。然而,现有的体育科学学科体系也存在一些不足,未能实现体育科学与体育实践的对接、未能真正确立体育科学的独立地位,并且未能体现体育科学学科体系的系统性和整体性。

第七章 现代体育科学学科体系

　　我国体育科学学科体系经历了半个多世纪的历史沉浮,学科理论经历了从国外引进到独立发展的历史过程,体育科学的地位从"潜学科"提升到"二级学科"再到"一级学科"。我国现代体育科学学科体系已经初步形成,并在社会实践中发挥着应有的价值。然而,这一相对独立的学科体系是在适应过去体育实践的基础上发展起来的,不可否认的是,体育科学学科建设的问题与争论不断,许多理论性的问题还尚未达成共识,体育科学学科体系理论的滞后和实践超前的学科发展现状,尤其是体育事业的快速发展与体育科学学科体系结构失衡的现实影响到体育科学的整体发展和整体功能,影响到体育科学研究活动、体育运动实践活动的发展。

　　随着现代社会快速发展,政治、经济、文化、科学、教育等各个领域的变化日新月异,人们对体育的认识不断深化,社会大众体育文化生活需求的日益增长等,强力地推动着体育事业的高速发展,体育科学学科的建设不仅要适应上述时代发展变化和体育科学及其相关学科发展,同时也要体现体育科学学科体系自身的特点,反映体育运动实践活动的现实。体育科学研究也正从以"体育为主体"开始向以"体育与人为主体"转变,探讨体育与人的全面发展、体育与经济社会发展、体育与人类文化繁荣和文明进步的关系及其规律。体育的科学理论与运动实践的紧密联系、辩证互动发展,必将进一步推动体育科学学科的不断分化和综合,体育科学学科体系始终处在动态的发展之中,体育科学由"小科学"向"大科学"发展,其学科体系不断地丰富、发展、壮大和完善。因此,需要构建与体育科学发展和体育实践发展相适应的现代体育科学学科体系。

第一节 体育科学在现代科学体系中的地位

一、体育科学的地位

地位一般指某一事物所占据的地点和所处的方位,并引申为事物被人们重视和关注的程度。科学知识、学科研究本无所谓地位问题,但社会总是分层的,在不同的社会层次中,社会成员、组织机构的地位是不同的,因此,科学知识、学科研究一旦与社会结合就有了地位问题。同时,社会又总是分领域的,根据其活动内容,社会一般可以分为政治经济领域、科学文化领域,以及教育、体育等社会活动领域,科学研究本身就是人类一种社会活动领域。在科学研究领域,社会对科学知识的需求程度和供给力度是不同的,因此,不同学科的学术研究在社会的关注和资源获取等方面存在差异,这种差异集中反映在学科地位上。所以现实社会中,才有一级学科、二级学科、三级学科之分,重点学科、一般学科之分,以及校级、省部级、国家级等学科之分。影响学科地位的因素很多,其中,学术研究活动是获得学科地位的必要条件,一门学科如果没有学术研究就根本谈不上学科地位,但如果只有学术研究,该学科也不能获得学科地位。一种学术研究要获得独立的学科地位,除了要具备一些必要条件,如学科本身的学术研究和学科结构等发展成熟以外,还需要其他一些条件,如社会的需求和关注,科学界的接纳与认同,科研管理部门的接受与认定。某种学术研究在获得了独立的学科地位后,还存在学科地位高低的问题。因为学科在发展过程中本身也存在着母学科、子学科以及潜学科、当采学科等。就学科分类体系而言,不同门类的学科在学科体系中所具有不同的地位。例如,国家标准《学科分类与代码》(GB/T 13745-2009)依据学科研究对象、研究特征、研究方法、学科的派生来源、研究目的和目标等五方面,将学科分6大门类,62个一级学科(群)、676个二级学科(群)、2382个三级学科。我国2011年公布的《学位授予和人才培养学科目录(2011年)》将学科分成哲学、经济学等13个学科门类,110个一级学科。在理论上,这些学科并没有地位高低之分,但在实践中,它们却享有完全不同的学科地位,即使在同一学科门类中也存在学科地位不同的现象。由于学科地位的不同,不同的学科不仅在学术声誉和社会影响等方面存在差异,而且在政府和社会重视程度、社会待遇和社会资源获取等方面也存在差异。

伴随着科学技术的发展,人类的物质文明得到了极大的发展,表现出经济全球化、政治多极化的发展趋势。然而,科学技术的发展在给人创造出丰富的物质文明的同时,也给人类带来了一系列的问题。进入21世纪后,人类不仅面临着日益严峻的能源短缺、气候变化、粮食安全和重大流行性疾病等全球性的挑战,而且由于物质文明的发展也造成了生活方式的变化,肥胖、糖尿病等疾病年轻化成为困扰人们的问题。由于受"国家本位、拜物教意识"等价值观念的影响,在物质财富不断丰富的同时,也造成了"人的失落",人应何去何从,在社会发展中如何体现"以人为本"等亟待解决的问题。人的需要是科学的动力,上述问题要求包括体育科学在内的科学给予解答。

作为一种具有多种目标的社会文化现象,体育具有结构复杂、功能多样、分布广泛的特征,其具有的功能是其他学科无法比拟的[①]。人们不仅希望用体育来改变人的生活方式,也希望用体育来克服人类的异化,甚至希望用体育来促进经济发展的转型,促进人类文化繁荣与社会文明进步。可见,体育在现代社会中具有重要的价值。然而,相对于体育实践而言,体育科学的研究相对落后,这已成为体育发展的一个重要的制约因素[②]。因此,虽然我国在竞技体育等领域中取得了令人瞩目的成就,但也存在大众体育薄弱等不足。决定体育科学在现代科学体系中的地位的关键因素是体育科学能否为其他学科提供具有衍射力的理论框架,体育科学就是要根据社会发展趋势,前瞻性地思考人类可能面临的问题,为解决这些问题,为促进经济与社会发展,需要对人类应该如何进行体育活动,如何弘扬体育精神等问题作出理性的思考,也需要对体育在人类生产和生活、人的自身发展和社会发展,以及体育的前景作出价值判断和回应。从科学的性质看,体育科学是一门综合性科学。所谓综合性科学是指自然科学、人文社会科学和工程技术科学汇流、交织和融合而成,既包括多学科的理论和方法,又容纳各种技术,是一种分支学科众多、全方位、协同性强的科学[③]。一般认为,体育是教育的

---

① 张岩.体育学的性质论[J].体育与科学,2005,26(6):11-15.

② 田野,王清,李国平,等.中国体育科学学科发展综合报告(2006—2007)[J].体育科学,2007(4):3-14.

③ 张岩.体育学的性质论[J].体育与科学,2005,26(6):11-15.

一部分,是教育的重要内容,因此,体育从属于教育;然而,在现代社会里,体育虽然仍然是教育中不可或缺的组成部分,是教育的重要内容,但体育同时也是人类社会中的一种特殊文化现象,它所涉及的范围远远超出了学校体育的范围,深入到社会各个阶层、各个领域。体育并不是单纯以生物运动为基础的自然现象,还是以人体运动为基础的人文社会现象。因为体育科学的研究对象是人的体育运动和体育运动的人,所以体育科学是一门综合性科学。

总之,体育科学在现代科学体系中的地位归根结底是由体育科学为人类社会和科学的发展所做的贡献大小所决定的,换言之,就是体育科学能否为人类社会的发展做出应有的贡献,以及能否为其他科学提供具有衍射力的理论框架所决定的。社会不断地向体育科学提出实际问题,这些问题可能是体育科学研究者感到陌生的,需要研究者在体育各母学科汲取营养。同时,这些问题可能也是其母学科尚未涉足的事情,即体育科学也为其母体学科提出科学问题。确认体育科学在科学体系中的地位,关键在于确认体育科学是否已具备独立的学科地位、独特的学科功能,以及体育科学与现代科学体系及组成部分的关系。

首先,要确认体育科学的独立学科地位。关于体育科学的科学性和独立学科地位,社会上有许多质疑,认为体育科学没有自己独特的研究范式、研究方法,也没有独立的话语体系,仅仅是应用其他学科的相关研究成果来研究人的体育运动和体育运动的人。通常,衡量一门学科是否具有独立学科地位的标准,在于该学科是否具有自己专门的研究对象和独特的研究方法,是否具有自己独特的概念体系和理论体系。随着科学研究的发展,这一标准已经受到挑战。首先,随着科学的发展,任何一种研究方法都不仅仅只用于一种学科。研究方法原本是相通的,并不存在严格的学科界限,而且单纯依靠一种研究方法也无法确保任何学科的持续发展。研究方法是可以创新的,学科间的研究方法也是可以相互借鉴的,针对具体的问题,研究方法也是可以改进的。因此,是否具有"专门的研究方法"已经不再是判断学科地位的唯一标准。科学发展的事实告诉我们,"问题"乃是科学认识之所以发生的核心机制。"问题"规定着科学认识的研究方法、研究路径和解答方式,只有问题才是一切认识活动的中心和目的所在,而不是方法。体育科学的研究问题不只局限于体育范畴,体育运动实践领域存在许多要研究和解决的问题,如体育的政治问题、经济问题、教育问题、文化问题,需要吸收和借鉴其他相关学科的研究方法是十分必要的,其跨学科、多视域的研究范式是体育科学走向成熟、趋于完善的必由之路。

其次,确认体育科学的独特学科功能。科学作为人的一类社会活动,和经济、政治、文化、军事、教育、体育等其他类型的社会活动之间存在着密切的互动关系。一方面,科学对其他社会活动具有重要的影响作用;另一方面,其他社会活动对科学也有制约作用,这种制约作用构成科学发展的社会条件。科学对其他社会活动所产生的影响作用,称之为科学的社会功能;任何一门学科,之所以能够存在,并获得独立的学科地位,其根本原因在于它无以替代的"功能"。体育科学的"功能"在于它对人类体育活动的影响。体育科学在分析和解决体育实践活动的问题,正确认识和协调体育活动与其他社会实践活动的关系,有效指导体育运动实践,满足体育运动实践需要、推动体育运动发展中,发挥着不可替代的作用,并在其过程中不断地发展、壮大。体育运动实践对体育科学的需要和满足程度是体育科学存在的依据和发展的动力。

再次,确认体育科学与现代科学整体及组成部分的关系。确认了体育科学具备独立的学科地位、独特的学科功能,只是确认了体育科学存在的条件和存在的依据。要确认体育科学在现代科学体系中地位,必须正确认识体育科学与现代科学整体及组成部分的关系。体育科学是现代科学大家庭中的一个新成员,是现代科学的重要组成部分,是现代科学体系中的一个构成要素,它与现代科学的关系是整体与部分的关系,系统与要素的关系。体育科学与现代科学各组成部分的关系,主要是确认体育科学在现代科学体系中所处的层次,所划归的类型,它与各组成部分相互作用和联系形成的并列关系、从属关系等。如,体育科学与自然科学、社会科学以及教育科学之间是从属关系,还是并列关系?体育科学研究对象是人的体育运动和体育运动的人,而体育运动的主体人必然涉及众多的领域,因此,体育科学的研究对象和涉及的研究领域,决定了体育科学横跨自然科学、人文社会科学、工程技术科学领域,体育科学是一门综合性科学。

（一）国际组织机构关于体育科学的地位

许多国际组织制定了一系列有关科学研究的组织、管理、规划、统计等的规范性文件，其中有一些涉及体育科学的划分和定位等。如：在国际经济合作与发展组织《弗拉斯卡蒂系列手册》中的《科学与技术学科领域分类》中，在健康科学之下设有"体育与健身科学"；在联合国教科文组织的《国际教育标准分类法》的附件Ⅳ中列出的"教育的大类和学科"的学科分类体系中，在服务行业之下设有"体育和休闲"；联合国教科文组织1989年发布的《科学技术领域的国际标准命名法建议》中，在生命科学（24）之下设有运动生理学（代码：2411.06）、肌肉生理学（代码：2411.10）。

美国科技信息所著名的科学引文索引数据库，在 2012 Conference Proceedings Citation Index–Science（CPCI-S）所列的176个学科中，设有体育科学（Sport Sciences）。学科分类描述中，体育科学是涵盖人类活动的应用生理学，运动参与的身体条件，体育活动运动营养，预防和治疗与运动相关的伤病以及运动心理和运动社会学。在人文社会科学引文索引中，2012 Conference Proceedings Citation Index–Social Science & Humanities（CPCI-SSH）所列的81个学科领域中，设有酒店接待、休闲、体育、旅游。

（二）国外高等学校学科专业目录中体育科学的地位

学科专业目录是指导教育宏观管理的基础性文件，它不仅是高等学校设置专业、调整专业结构、制定培养方案的主要依据，而且也是教育教学组织，招生和就业的组织和安排，以及教育统计和人才预测等工作的主要依据。世界各国一般都制定本国的学科专业目录，有的国家是宏观性、指导性的目录，有的是较为详细的具体的目录，是在学科分类的基础上，依据学科的性质、层次和隶属关系，配合编制代码，划分成不同的门类、种群和学科。

美国高等院校的学科专业目录，在职业技术大类的公园、娱乐、休闲、健身学科群之下，设有健康，体育教育/健身（代码：31.05）。

英国高等教育的学科专业目录，在生物科学之下设有体育与运动科学（代码：C600）。

德国高等教育的学科专业目录"专业群、学习范围和学习专业"和"专业群、教学与研究范围和专业领域"。将体育、体育科学单独列为学科门类，这也是世界发达国家中唯一将体育、体育科学单独设置为学科门类的学科专业目录。

俄罗斯高等教育的学科专业目录中,在人文与社会—经济科学(代码:520000)、人文—社会专业(代码:020000)和教育学专业之下(代码:033100)分别设有体育(代码:521900)、体育与运动(代码:022300)、被改编的体育(代码:022504)、体育教育(代码:033100)、运动与航海控制系统(代码:652300)体育学科专业。

澳大利亚高等教育的学科专业目录《研究领域,课程和学科分类代码》,在医学和健康科学大类(代码:320000)之下设有人体运动与体育科学(代码:321400)。

日本高等教育的学科专业目录,在教育学科领域之下设有体育学科。

(三)国内组织机构关于体育科学的地位

国家标准《学科分类与代码》(GB/T 13745-2009),在人文与社会科学门类(E)之下设有体育科学一级学科(代码:890)。

《中国图书馆分类法》在社会科学基本部类"文化、科学、教育、体育"(代码:G)学科类目之下设有体育理论(代码:G80,反映了体育运动现象的本质及规律的有机知识体系)。

在高等院校的学科专业目录中,体育学一般被列在教育学学科门类之下。《普通高等学校本科专业目录(2012年)》,在教育学(代码:04)门类之下设有体育学类(代码:0402)。2011年颁布的《学位授予和人才培养学科目录》,在教育学(代码:04学术型)学科门类之下设有体育学(代码:0403),2004年版的《普通高等学校高职高专教育指导性专业目录》,在文化教育(代码:66)大类之下设有体育类(代码:660211)。

台湾地区高等教育学科专业目录中,2003年版台湾地区《院系所代码档》在18个学科门类的"其他学类(18)"之下设有体育学类(1803)。1984年版《大学校院学科标准分类》中,在观光服务学类(78)之下设有体育学类(8962)。

我国学术团体中的学科分类,如中国科学技术协会(以自然科学和工程技术科学为主)管辖下全国性学会,包括理科学会、工科学会、农科学会、医科学会、科普和交叉学科学会共181个学科。在医科学会(D)之下设有中国体育科学学会(D-17)。

在科研基金管理方面。全国哲学社会科学规划办公室现设有23个人文社会科学的学科,包括哲学、经济学、政治学等,体育学并列其中。在另设的教育学、艺术学、军事学3个单列学科,在教育学之下设有"体育卫生美育"(L)。(学科划分详见附件《2015年国家社会科学基金项目申报数据代码表》)。在《2014年国家自然科学基金申请代码》中,没有列出"体育科学"或"体育学",但在生命科学(C)数理科学(A)医学科学(H)均设有运动心理学、运动生理学、运动生物力学、运动医学等相应的体育学科。

综上所述,关于体育科学的学科地位,无论是在国际上,还是在国内,无论是学术界,还是科学管理机构,都没有形成统一认识和明确界定。即使是同一组织机构,从不同的工作侧重点,以不同角度,对体育科学和研究领域的地位,存在着不同认识和界定,如,同样是联合国组织的文件,在《科学与技术学科领域分类》《国际教育标准分类法》《科学技术领域的国际标准命名法建议》中,对体育科学就存在着不同认识和界定。也存在着同一种文件经过不同时期修订,在不同的版本上,对体育科学存在着不同认识和界定。有的认为,体育科学是一个独立学科门类;有的认为,体育科学是一个学科群或一个子学科,如体育科学是处于教育科学、生物科学、健身科学以及人文社会科学之下的一个学科群或一个子学科;还有的只是在某一学科下列出了体育科学的一些学科。但从上述所列文献的总体上看,体育科学经外部的证实和内在的完备,已经发展成为可以进行成熟化、系统化、科学化、规范化解决专门问题的学术。体育科学的学术性、专业性和独立的学科地位被学术界广泛认同和承认,体育科学独特的社会功能和学科价值得到了国际组织和各国科研管理部门的普遍认可和接纳。体育科学有着明确的研究对象和领域,有专门的科研方法与研究范式,有本学科的概念、定义、术语及相应的知识体系,能够对体育运动实践领域中复杂多样的现象做出科学、合理的解释,并能在揭示其内在规律的基础上预测可能出现的新情况,从科学理论逻辑地推导出关于未知事实的结论,进而揭示体育各种现象的内在联系,以及体育实践的发展趋向和演化进程,增进人们对体育运动的认识,能够为人们发现和解决体育运动中的各种问题提供新的理论和方法。

二、体育科学地位的提升

17世纪英国教育思想家约翰·洛克认为教育包括体育、智育和德育等三个方面，其中"体育是一切教育的基础"，是培养身体、德行和智慧全面发展的人的重要内容，是教育的重要组成部分。因此人们在研究教育的同时也研究体育问题，尤其是研究体育教育问题，体育科学实际上处于教育科学之下的地位，体育科学依附着教育科学不断发展而发展。

随着自然科学的发展，尤其是生物科学、生命科学的进步，大量的自然科学的学科研究成果在运动训练、体育锻炼过程中得以应用，以探索体育运动中人的活动现象及其内在规律。人体运动本质上既是一种生命运动，又是一种物质运动。研究在体育运动作用下，人的有机体活动变化的规律，以增强人的体质和提高人体活动能力，由此产生了运动解剖学、运动生理学等学科，使体育科学又成为自然科学之下的一个门类。同时，体育运动又是一种复杂的社会活动，是一定社会条件下的产物，其发展水平由一定社会关系所决定，它涉及政治、经济、文化、教育、军事、宗教等各种因素。探索一定社会条件下体育的发展，研究体育运动过程中涉及的政治、经济、文化、教育等现象和问题，产生了体育政治学、体育经济学、体育文化学、体育教育学等学科，使体育科学又成为人文社会科学之下的一个门类。

此外，还有学者认为体育科学属于人体科学、生物科学、健康科学、行为科学的观点。

科学是人类在社会实践中获得的认识和经验经概括和总结所形成的某一领域的知识体系，是自然界本来面目的正确反映。客观事物都是变化、发展的，实践也是发展的。因此，科学理论一定要随着实践的发展而发展，以符合变化了的客观情况，做到科学理论和实践的历史的统一。体育运动实践决定了体育科研的性质和方向，体育运动实践中出现的新情况、新矛盾和新问题，为体育科学研究提供大量的新课题，并检验体育科学成果的正误，使人们正确地发现和揭示体育运动过程及其现象的内在联系，认清其发展规律、社会价值、功能作用，指导人们遵循体育客观规律，促进体育运动实践发展。体育科学在现代科学中的地位也会随着体育运动实践、体育科学的发展而发展变化。早期的体育是依附在生产劳动、文化教育等活动之中，没有形成一种独立的社会活动形态,体育科学也依附在教育学、文化学和医学等学科之中,也就谈不上形成一个独立的体育学科,更谈不上在科学体系中的地位。

随着人类社会的发展,科学技术的进步,体育运动不仅发展成人类社会一种独立的社会活动形态,而且快速发展壮大。当今体育在人类社会的生活领域、生产领域发挥着越来越重要的作用,在一个国家经济与社会发展中占有重要地位,它已经从一个单独的健身、竞技领域成长为一个庞大的新兴产业。体育科学伴随着体育发展而产生、发展、壮大,体育科学已发展成门类众多、学科齐全、结构合理、体系庞大的学科群,学科体系越来越完善,学科地位不断提升。

第二节　现代体育科学学科分类

分类是根据事物的共同点和差异点,将其划分为不同种类的逻辑方法。分是将整体区分割裂划归而成各部分,类是具有某种共同属性的事物的集合。分类就是以事物的属性为标准,将具有不同属性的事物区分开来,并将具有某种共性属性的事物归为一类的方法。换言之,分类主要是依据事物的属性(或特征),包括质量、数量、等级、性质、用途等区分标准,将符合同一标准的事物归类,不同的则分开,对事物分门别类地进行区分和认识,找出其共性与个性,使其条理化、系统化,揭示事物的内在联系和规律。分类不仅为人们认识具体事物提供导向,而且有利于揭示事物发展的规律,因此,分类是科学发展的必要步骤,是学科研究中共同使用的一种方法。

恩格斯在总结了前人的科学分类思想时指出:"每门科学都是分析某一个别的运动形式或一系列互相关联互相转化的运动形式的,因此,科学分类就是这些运动形式本身依据其内部所固有的次序的分类和排列,而它的重要性也正是在这里。"[①]现代科学的研究成果揭示,事物及其运动形式有多层次性,每一层次又有多样的存在和运动类型。所以现代科学分类应在考察客观世界的多层次性和多类型性中,探讨类型与类型、层次与层次、层次与类型的相互联系、相互转化,以层次和类型结成网络的客观世界为依据,对

①恩格斯.自然辩证法[M].北京:人民出版社,1971:227.

现代科学进行全面而系统的分类。学科分类是指根据学科的本质属性或特征,学科的研究方法,学科的派生来源,学科研究的目的与目标,将其按照一定的标准、原则和方法进行区分和归类、排列和组合建立起一定的分类体系。学科分类系统地反映了学科的本质特征以及学科内部组成与学科间的规律性联系,因而具有预见性,有利于人们发现新事物,并能够指导人们对复杂多样的现象作出合乎规律的解释。学科的分类能揭示学科间相互联系和作用的关系,确定各门科学在科学整体中的地位与作用,反映出学科体系的某种结构特征。体育学科的发展,学科体系的完善是同分类的不断完善相联系的,体育科学的学科体系从一定意义上说就是学科的分类体系。对学科体系中各学科合理地进行分类,研究体育学科体系的内部各组成部分,以及各组成部分的类型、层次和相互联系、相互作用的方式和秩序,从分类中进一步认识科学的体系结构。

一、学科分类的原则

(一)科学性原则

科学性原则是指依据学科的研究对象、本质属性和主要特征,按照各学科间固有的内在逻辑关系,将体育科学中各学科进行区分归类、排列和组合,划分不同的层次与类型,以及从属关系和并列次序,建立起一个有序的学科分类体系。

(二)发展性原则

事物的发展应遵循从简单到复杂、从低级到高级的序列。科学是反映事物各种现象的本质规律的知识体系,体育科学各学科的发展也遵循着这一发展规律。体育科学不仅是体育活动运动形式和运动过程的反映,也是人们对体育运动形式的认识和认识历史过程的反映。体育学科的发展是人们对体育运动不断深入认识的结果,也是随着认识方法和认识工具的发展而发展的结果。体育科学起步较晚,但发展较快,各学科总是处在不断变化发展之中。体育科学中各学科的分类要依照体育运动发展演化的秩序进行分类,反映体育各种运动形式和过程的发展阶段的方式、秩序和相互关系,以及体育科学各学科发展的历史进程。

(三)客观性原则

依据体育运动各种实践活动的形式和过程及其相互关系,将体育科学学科体系中各学科进行分类。因为,体育科学的研究对象是体育运动的各种活动形式和过程,因此,作为反映体育运动各种现象的本质和规律的知识体系的体育科学的学科分类必须客观地与体育运动形式和过程的分类相一致。而且学科分类要能够客观地反映体育运动实践各种活动领域间的相互关系,并保持相对的完整性。客观性原则反映了体育运动实践各种活动形式的特征和空间分布;发展性原则反映了体育运动实践各种活动的过程发展和时间顺序。

(四)系统性原则

分类体系从总到分的结构,划分应有单一、明确的依据,层次与类型的划分要有严密从属关系和并列次序,考虑到各学科间的内在联系,形成从一般到个别,从科学理论到技术应用,从抽象到具体,从通用到专用,从宏观到微观层次与类型的结构序列。遵循最大效用原则,将分类体系中的全部学科系统地排列组合起来,客观反映学科间相互联系和作用的方式和秩序,形成具有隶属和并列关系的有序的结构体系。

(五)实用性原则

体育学科分类应力求简单明了,注重实用性。首先,要考虑实际应用,为科学制定体育科技政策和发展规划,统筹兼顾体育学科发展,合理设置体育科研机构,优化配置体育科学资源,设计合理的体育科技人员知识结构,以便更好地为体育科研管理服务。其次,要考虑国内外已有分类体系的继承性和实际使用的延续性,并注意提高国际可比性。

二、体育科学学科分类

(一)根据学科的性质划分

体育科学以各学科的性质为依据可分为体育自然科学类、体育人文社会科学类、体育工程技术科学类三大类。

1.体育自然科学类

自然科学是研究自然界物质的形态、结构、性质和运动规律的科学,主要用实验的方法来认识和解释自然界发生的现象及其规律。自然界可分为无机自然界和包括生物人在内的有机自然界。体育自然科学类各学科从不同视角、不同层次对体育运动的某一对象、某一领域、某一过程、某一部分等进行研究,揭示其运动规律。这类学科主要是研究体育运动过程中人的有机体在体育运动条件下适应变化和运动规律。如:运动解剖学、运动生理学、运动生物力学、运动生物化学、运动医学、运动营养学、体育保健学、人体测量学等。

2.体育人文社会科学类

人文社会科学是人文科学和社会科学的总称。人文科学是以人的观念、精神、愿望、情感和价值等为研究对象,是阐述人类的精神世界及其沉淀的精神文化的科学。社会科学以社会现象为研究对象,阐明各种社会现象及其发展规律。二者都与人类的教养和文化、智慧和德行有关,主要用思辨和直观的方法来说明文化现象和社会现象。其区别在于前者常用意义分析和解释学的方法研究微观领域的精神文化现象,后者则侧重于运用实证的方法来研究宏观的社会现象。人文科学是评价性的学问,社会科学是实证性的科学。体育人文社会科学类学科是人文社会科学的理论、观点、方法在体育领域中的具体运用,探讨体育运动这一人类特有的人文、社会现象的一些学科。体育人文科学类学科主要有:体育哲学、体育史学、体育文学、体育美学、体育文化学、体育伦理学、体育艺术学。体育社会科学类学科主要有:体育社会学、体育经济学、体育政治学、体育法学、体育教育学、体育行政学等。

3.体育工程技术科学类

技术科学是关于各种专门技术领域中带有普遍性的一般理论的系统性知识,阐明技术的本质与属性、技术要素与结构、技术规律、技术革命、技术评价与技术预测等。它是把基础科学和工程科学联系起来的中介和桥梁。工程科学又称工程学或工学,它是关于各种工程的设计原理以及各种技术装备的制造与加工工艺方法的系统性理论知识,是将自然科学和技术科学的原理应用到生产活动和工程实践活动而产生各种学科的总称。体育工程技术科学是运用工程科学与技术科学理论与方法研究体育领域中技术与工程问题,揭示体育各种专门技术领域的一般的规律性联系,为体育基础科学和技术科学变为在体育实践中可用的专门知识,为体育运动提供多样的、现实性的技术原理和方法。这类学科主要有:体育方法学、体育教学论、运动技术论、体育锻炼学、体育养生学、体育保健学、运动训练学、运动竞赛学、运动选才学、裁判学、体能训练学、运动康复学等等。

这种以学科的性质为依据的分类方法,兼容现代科学体系和国际国内常用学科分类方法,有着传统分类的继承性和实际应用的延续性,便于人们在实践中运用,突出体育科学的应用性,便于体育科学中一些技术性、方法性学科的归类,有利于体育工程科学、体育技术科学类学科的发展,为体育科学的管理、规划服务。国际经济合作与发展组织、联合国教科文组织将科学体系分为自然科学、工程与技术科学、医学、农业科学、社会科学和人文科学6个主要科学研究领域。我国的国家标准《学科分类与代码》(GB/T 13745-2009)将科学体系分为自然科学、农业科学、医药科学、工程与技术科学、人文与社会科学五大门类。体育科学领域极少涉及农业科学,除了少数赛马、赛狗、斗牛、斗鸡等运动涉及畜牧、家禽养殖学科,医药科学主要涉及运动医学以及兴奋剂的研究。可以将农业科学、医药科学这两类涉及有关体育科学领域的学科并入到体育自然科学类,就能够对应国际、国内通用的科学分类体系,也能够对应我国现行的科研机构的分类,如中国科学院、中国工程院、中国社会科学院。如:国家自然科学基金将体育科学(体育自然科学类)被列入国家科委制定的全国科学技术发展规划;国家哲学社会科学规划目录与代码中,体育学(体育社会科学类)被确立为一级学科。

(二)根据学科产生方式和派生源划分

体育科学以各学科的生成发展和派生来源为依据分为体育自创学科和体育分支学科两大类。

1.体育自创学科

体育自创学科是从体育运动实践中不断概括、总结发展起来的知识体系,是体育科学领域独有的,探讨体育运动自身基本活动规律的学科。如:体育概论、体育原理、学校体育学、竞技体育学、群众体育学、运动训练学、运动竞赛学、体育锻炼学、运动选才学、体育健身学、体能学、裁判学、武术学、足球学、体操学、气功学等。

2.体育分支学科

体育分支学科是从母学科中分化出来的分支,是原有学科的理论、方法移植到体育领域中,在体育领域深入研究,揭示体育运动这一特殊现象以及规律而产生的学科。如体育经济学、体育社会学、体育法学、体育行政学、体育伦理学、体育教育学、运动解剖学、运动生理学、运动生物力学、运动生物化学、运动心理学等。

这种分类反映体育学科产生、形成和发展路径和轨迹,有助于我们认识体育学科的发展变化规律,有助于我们制定体育学科发展规划,不失时机的发展新学科,逐步完善体育科学体系。

(三)根据研究对象和研究领域划分

以体育科学各学科的研究对象和研究领域为依据又可分为体育基本学科、体育分支学科、体育边缘学科、体育横断学科和体育综合学科。

1.体育基本学科

体育基本学科是以人体运动的基本形式和过程为对象,如机械运动、物理运动、化学运动、生命运动、心理活动、社会活动等,揭示其内在规律的科学。体育基本学科是阐明各种体育运动的基本形式和过程规律性问题的学科。如:人体运动学、运动生物力学、运动生物化学、运动生理学、体育心理学、体育社会学、体育文化学等。

2.体育分支学科

分支学科是一个相对概念,是对原有学科对象的某一方面或某一部分(过程、层面)进行深入研究产生的学科。体育分支学科是运用原有学科的理论、方法揭示某一体育运动领域中的现象及其规律而产生的学科。体育分支学科主要两种形式,一种是体育科学领域以外的母学科原有的理论、方法在研究体育运动领域中应用产生的体育分支学科,如:生理学分化出运动生理学,社会学分化出体育社会学,哲学分化出体育哲学。另一种是在体育科学领域中,学科的分化产生的体育分支学科。根据分化的形式,可分为体育学科纵向分化和体育学科横向分化两种形式。体育学科纵向分化是指,在体育科学领域中,对原来的研究对象和内容在层次、范围逐步深入具体而建立起来的体育分支学科。如:体育理论→运动训练学→体能训练学→游泳体能训练学。体育学科横向分化是指,在同一层次上将研究对象的类型和局部加以区别,或从不同的角度和层次,对某一部分、某一方面系统全面地研究而形成的体育分支学科。如:体育理论分化出体育概论、学校体育学、运动训练学、群众体育学等。

3.体育边缘学科

边缘学科（又称交叉学科）是在两个或两个以上不同学科的边缘交叉领域生成的新学科的统称。这类学科是不同学科研究对象、研究范围交叉重合，不同学科在概念、理论和方法上的借用、渗透、融合而产生的。体育边缘学科是体育学科和其他学科研究对象、研究范围以及概念、理论和方法交叉融合而产生的学科。体育边缘学科产生的主要途径有：

二元交叉：体育学＋教育学＝体育教育学；体育学＋社会学＝体育社会学。

三元交叉：运动学＋生物学＋力学＝运动生物力学；运动学＋生物学＋化学＝运动生物化学。

4.体育横断学科

横断学科是以不同领域中的某一共同性或特定关系为研究对象而产生的一类学科。这些学科的研究对象不是具体的物质形态，而是存在于各种事物之中的某种特质、特定关系，为各门学科提供了一套统一描述的概念、术语和方法，是一类具有一般方法功能的特殊学科。横断学科扩大了人类的知识领域，加强了科学内部的相互联系，加强自然科学与人文社会科学之间的综合化、整体化趋势。体育横断学科是以体育不同领域的某一共同属性、特征和特定作用和关系为研究对象，揭示其内在联系和规律的学科。如体育系统论将体育教学、体育健身、运动训练、运动竞赛等不同领域视为一个系统，从系统的整体与部分、系统与要素、结构与功能、层次与类型等共同的属性和特征等，探讨它们的内在联系和规律。体育横断学科主要有：体育系统论、体育控制论、体育信息论、体育耗散结构论、体育协同论、体育自组织理论、体育方法论、体育技术论等。

5.体育综合学科

综合学科是针对某一特定客体或解决某些复杂问题运用多学科理论和方法进行跨学科综合研究而形成一类学科的总称。事物和现象本身是多种运动形式交叉影响的产物或综合效应并表现为多方面的规定性。解决问题时，依靠单一类型理论知识往往不能奏效，只有运用与该问题相关的多学科知识才能成功。研究的问题越复杂，综合多学科知识的程度越高。体育综合学科是运用多学科理论和方法对体育领域某一特定对象的复杂问题和现象进行综合研究而产生学科。如竞技体育学,不仅涉及运动的人,需要研究运动素质、运动能力、运动技术,涉及运动生理学、运动生物化学、运动生物力学、运动心理学、运动医学运动营养学等,还涉及人的运动,涉及政治、经济、文化、教育等问题,需要研究一定社会的政治、经济、文化、教育对体育运动的影响,涉及体育社会学、体育政治学、体育经济学、体育文化学、体育教育学等。体育综合学科主要有竞技体育学、学校体育学、社会体育学、休闲体育学、奥林匹克学、体育生态学、体育环境学等。

(四)根据科学发展演变的历史阶段划分

体育科学依据学科演化的历史阶段性变化,一般将学科分为准科学、前科学、常规科学和后科学四个阶段。

1.准科学

准科学是指处于孕育时期的不成熟潜科学,是科学演化的最初阶段。这个阶段是科学思想形成之初的朦胧形态,研究对象不明确,研究方法不成熟,学科边界模糊,学科的概念还在发展和不断变化之中,相应的科学观察和实验也停留在最初阶段,所以其中既有对客观事实的正确描述,也有研究者的直觉的猜测,还有被后来的实践证明是错误的认识。同时,在准科学阶段,学科领域内思想活跃,思路灵活,利于提出更多的新观点和新见解。准科学作为一个新的科学研究领域,必将会随着科技进步而得到进一步的发展。[①]体育科学学科体系中的准科学学科主要有体育锻炼学、身体锻炼学、身体锻炼原理与方法、体育健身学、民俗体育学、民间体育学、传统体育学、民族体育学、休闲体育学、体育休闲学、运动休闲学等,这些学科名称不统一,学科的概念还在不断发展变化之中。

2.前科学

前科学指进入科学体系以前的人类的实践经验。前科学的特点是科学工作者对学科的基本原理,甚至有关观察现象,缺乏统一的观点与解释。经验性原理和表象性理论出现。虽然,在准科学的后期,许多概念已经逐步稳定下来,并产生了新的概念,但概念并不等于科学理论。只有当若干概念联系在一起,由概念向知识单元的过渡,形成定量化的科学概念,揭示概念之

---

① 杨斌.软科学大辞典[M].北京:中国社会科学出版社,1991:387.

间内在的必然联系,才可以形成原理、定理、定律和科学理论,逐步成长为一个有特定范式的学科。范式是指某一特定学科的科学家所共同遵从的世界观和行为方式,以特有的观察角度、基本假设、概念体系和研究方式看待和解释世界的基本观点。库恩认为,科学从前科学演化而来,具有范式,而前科学不存在范式。只有前科学时期的"争论"逐步达成一致,意味着学科特有的范式的形成,科学家按照统一的范式从事科学研究活动,学科发展进入常规科学阶段。体育科学学科体系中的前科学的学科主要有体育方法学、运动技术学、体育原理、运动竞赛学、大众体育学、体育锻炼心理学、体育产业经济学等,这些学科的学科领域和研究范围进入相对稳定状态,研究方法逐步成熟,学科的特定范式趋于形成。

3.常规科学

常规科学具有稳定的、内涵丰富的知识体系,学科体系内的科学概念、科学原理、科学方法和科学规范具有高度的一致性、统一性和逻辑的自洽性,形成了"科学共同体"和特定范式。常规科学的基本特征是积累和继承,是在范式支配下解决难题的活动。在此活动中同时也改进范式本身,扩大范式应用范围和提高范式精确度,使范式得到细致化和具体化。

常规科学以知识体系的形式存在,具有某种确定的科学规范,其研究活动是按照特定的范式进行的,各种科学共同体会达成某些共识,规定研究领域的科学问题和有效的方法,为了提高科学范式的精确性和一致性,常规科学需要收集大量的事实来检验范式中的假设和理论,并不断修订和完善理论。体育科学学科体系中常规科学的学科主要有运动生理学、运动生物力学、运动医学、体育社会学、学校体育学等。常规科学时期往往是科学发现的当采时期,一旦常规科学发展到无"矿"可采的阶段时,该学科就进入了"后科学"时期①。

4.后科学

后科学是智力常数极高的科学。当某科学发展到该阶段时,其理论形态具有很好的完善性,并表现出极强的体系性。该阶段,科学的基本任务就是把常规科学中发现的规律更加精确地数学化和理论化。由于后科学理论形态的完善性,因而也抑制了根本意义上的创新精神,对学科领域新的思

---

① 万中航.哲学小辞典[M].上海:上海辞书出版社,2003:246.

路、新的学说和新的观点形成各种壁垒,阻碍了学科在各个方向上的创新活动,因而,后科学又是创新精神极差的科学,学科发展遇到了瓶颈。与此同时,后科学乃是孕育科学革命的阶段,即所谓的科学"危机"。由于得到新的科学事实的支持,那些遭到后科学体系排斥的知识单元和科学概念,突破学科障碍和边界,打破学科现有的稳定性,在后科学的知识体系中形成"涨落"。学科新的知识单元和构成要素进行调整和重组,出现了新的可被普遍接受的范式,导致后科学体系的变革,这就是科学革命的到来,形成新的知识体系和特定范式的学科。可以说,科学革命正是后科学僵化的信条与新科学事实之间激烈冲突的结果。体育科学学科体系中后科学的学科主要有运动学、体育理论、体育锻炼学。

任何科学知识都有自己的演化历史,都经历了或经历着孕育、形成、发展、成熟的过程。作为相对独立的知识体系的体育学科也有着自身的孕育、萌生、形成、成长、成熟的过程。

(五)根据学科间的联系和组织划分

依据体育科学学科间的联系和组织的形式与方式划分为不同的学科群。学科群是具有某种共同属性的一组学科,是学科基础相关、内在联系紧密,多个学科围绕某一共同研究领域而集聚在一起的学科群体。学科群的组成成分既可以同属同一学科门类,也可以分属于不同学科门类。学科群是在一类学科知识分化与综合的演化发展以及学科之间的交叉融合的基础上集聚整合的产物。构成学科群系统的要素可以是若干个学科、若干个子群,也可以是若干个学科和若干个子群。学科群一般由核心学科(带头学科)、支撑学科(基础学科)和相关学科(通用学科)三部分构成。核心学科起着带头和骨干作用,它对其相关的学科产生辐射与凝聚作用,有强有力的基础理论的推动,促进了相关学科的基础理论的相互交融、方法与手段的相互借用,从而形成对共同研究领域进行综合研究,藉以解决单一学科无法单独解决的理论和实践问题。支撑学科主要由一些基础性的学科构成,为学科群提供理论基础,对共同研究领域起到指导和支撑作用。相关学科提供一般的原理和通用的技术手段作用。在学科迅速发展和日趋综合化的今天,一些看似不相关的学科,由于学科的互动碰撞、知识的对流交叉、理论的渗透融合、方法的借鉴移植,形成学科群的群相效应,增强学科群的整体功能。

这种学科群产生的新的特性,不改变原来各学科原有的属性,因而各学科仍然保持着自身特有的学科性质和地位。学科群的性质和功能,既有别于学科群内的单个学科,也不是各学科的简单线性迭加,而是形成具有特定内在结构的新的集合体,在学科群的学科之间建立一定的相互联系和作用的方式和秩序,学科群内部结构的有序性产生新的特性,增强了学科群功能,为人类认识自然和社会提供了新的视角、思路和方法,解决单一学科难以解决的理论或实践问题。

学科群是一个相对概念,是一组学科围绕某一共同研究领域集聚组合在一起的学科群体。研究领域有宏观与微观研究、层次与类型研究、基础与应用研究等不同研究,所以体育科学的学科群也有着不同的分类。

以体育运动的活动领域为依据可分为:学校体育学科群、大众体育学科群、竞技体育学科群三大学科群。学校体育学科群主要学科有:体育教学论、体育课程论、体育教师学、学校体育管理学、体质与健康概论等。大众体育学科群主要学科有:体育锻炼学、体质学、社会体育学、体育方法学、体育保健学、体育卫生学、体育健身学等。竞技体育学科群主要学科有:运动训练学、运动竞赛学、运动选材学、裁判学、竞技教育学、运动技术论、奥林匹克学。

这三大学科群的划分是依据体育的实践活动主体和结构进行的。以体育实践活动的主体和目的为依据,将体育分为大众体育、学校体育、竞技体育三个组成部分。大众体育的主体是社会大众,其目的是强身健体、丰富文化生活,体育活动是提高生命质量和生活质量的重要手段。学校体育的主体是在校学生,其目的是掌握体育的知识、技术和技能,增强体质,培养全面发展的人,体育是促进自我全面发展的手段。竞技体育的主体是专业运动员,其目的是提高运动技术水平和专项运动成绩,体育是一种职业和工作的手段。三大学科群的各学科,各自从不同层面和角度,研究共同领域中的各种问题和矛盾,探讨活动规律和理论基础,找出解决问题的途径和方法,从而正确地指导体育实践活动。

以体育科学一级学科下设的二级学科为依据可分为体育人文社会学、体育教育训练学、运动人体科学、民族传统体育学四大学科群。

体育人文社会学学科群主要学科有:体育哲学、体育史、体育文化学、体育美学、体育伦理学、体育概论、体育社会学、体育法学、体育管理学、体育经济学、体育行政学等。体育教育训练学学科群主要学科有:学校体育学、体育教学论、体育课程论、学校体育管理学、体育教师学、体质与健康概论、竞技体育学、运动训练学、运动竞赛学、运动选材学、裁判学、竞技教育学、运动技术论等。运动人体科学学科群主要学科有:运动解剖学、运动生理学、运动生物力学、运动生物化学、运动心理学、运动医学、运动卫生学、运动保健学、运动人体测定等。民族传统体育学学科群主要学科有:武术学、气功学、体育养生学、民俗体育学、民族体育学、传统体育学等。

这种四大学科群的划分依据是我国《授予博士、硕士学位和培养研究生的学科、专业目录(1997年)》和《学位授予和人才培养学科目录》。这两个文件是教育部门进行宏观管理的基础性文件,它不仅是高等学校设置专业、调整专业结构、制定培养方案的主要依据,而且也是教育教学组织,招生和就业的组织和安排,以及教育统计和人才预测等工作的主要依据。在某种程度上,该文件能够反映学科的分类和学科体系的结构。学科是相对独立的知识体系,科学的分支或部门;是学术、科学的范畴;是教学科目或学习科目。专业是指根据学科分类和社会职业分工需要,将课程组合成不同的专门化领域而进行专门知识的教学活动,是教育的范畴。但是从学科、学科群的性质和组成来看,体育学一级学科下的体育人文社会学、体育教育训练学、运动人体科学、民族传统体育学四个二级学科,是四个学科群体,而不是独立完整的学科,从学科的研究对象与领域、研究方法与手段、概念与术语,以及原理与定理等学科体系的构成条件上看,体育人文社会学、体育教育训练学、运动人体科学、民族传统体育学四个二级学科不具备独立的学科条件。如:体育人文社会学是以体育运动领域中的人文现象和社会现象为研究对象,揭示体育与人、体育与经济社会之间内在的必然联系和一般规律的科学。无论是在国际上还是国内,包括联合国教科文组织制定的《国际教育标准分类法》,对人文社会科学比较一致的观点,"人文社会科学是人文科学和社会科学的总称"。人文科学和社会科学是有区别的,是两个性质不同的学科群,它们的研究对象、研究目的和研究方法不同,人文科学研究人的需要、意志、情感和愿望,强调人的主观心理、文化生活等个性方面。包括哲学、历史学、语言学、考古学、伦理学、文学,以及宗教和神学等。社会科学则研究人类社会,强调人的社会性、关系性、组织性、协作性等共性,包括政治学、经济学、社会学、人口学、人类学(不包括体质人类学)、民族学、未来学、心理学等。所以,"体育人文社会学"应是"体育人文科学"和"体育社会科学"两个学科群的总称,而不是一门独立的学科。"体育教育训练学"也不是一门独立的学科,它应是"体育教育科学""体育训练科学"两个学科群的总称。

(六)根据学科知识的概括和抽象程度划分

根据现代科学技术观、体育科学知识概括和抽象程度,以及在体育运动实践中直接应用的难易程度为依据,可将体育科学的学科划分为体育哲学、体育基础科学、体育技术科学和体育工程科学四个层次。

1.体育哲学

体育哲学是从本体论的视角,在宏观上和整体上探讨体育实践和体育理论发展的一般规律及其合理性,以及体育运动过程中认识论和方法论等问题。它是在总结和概括体育的经验和认识的基础上,审视体育的本质、基本问题和矛盾关系,建立科学的体育观念和体育方法,阐明体育对人的生存、发展的价值及价值体系的一门抽象和概括程度很高的学科,对体育的各门具体学科有普遍的指导意义。

2.体育基础科学

体育基础科学是用实验和理论方法开辟和探索体育现象中的未知领域,阐释和预见各种体育现象的产生、发展和变化规律和趋势,揭示体育运动各种基本运动形态及其规律,增进对体育现象的理解和认识,为体育实践与理论发展提供一般原理性的指导理论,是整个体育科学的理论基础,包括运动生理学、运动生化学、运动解剖学、运动营养学、运动心理学等学科。这些学科的研究成果都是有关体育运动的基础理论,如肌肉收缩滑行学说、疲劳学说、超量恢复学说,以及运动条件反射建立与消退、运动技能形成和发展的生理机制等,具有高度的理论抽象性,较大的普遍适用性和实际应用的非定向性等特征,只有将它们转化为体育技术科学和体育工程科学具体的技术原理和技术规范才能在体育运动实践中得到运用。

3.体育技术科学

体育技术科学是由各种体育运动实践方法、手段与相应知识总和构成的体育技术领域中带有普遍性的理论体系,是运用体育基础理论揭示体育运动实践领域中各种技术所具有的共同规律,解决体育领域中带有普遍性的技术问题,并将一般理论转化为适用于体育技术领域的具体原理的理论体系。体育技术科学为体育工程科学提供技术原理、原则和方法支持,如体育教学原则、运动训练原则等。体育技术科学具有理论抽象程度低、应用定向性好等特征,是联结体育基础科学和体育工程科学的中介。运动训练学中的"伸缩循环"技术原理就是联结运动生理学的肌肉收缩的"滑行学说"和运动生物力学的力学弹性理论"虎克定律",以及运动实践专门技术原理的桥梁,而体育教学论中的"循序渐进原则"教学原则是联结运动条件反射建立与消退、运动技能形成等规律与运动技能教学的桥梁。这一层次学科主要有体育教学论、体育锻炼学、运动训练学、运动竞赛学。它们同处体育技术科学层次是依据体育运动实践,体育教学、体育锻炼学、运动训练、运动竞赛是实现体育目的必须的方法和途径,同处体育运动的应用技术层次。

4.体育工程科学

体育工程科学是研究体育基础科学和体育技术科学如何直接应用于体育运动实践的理论体系,其目的是揭示不同对象本身所具有的特殊规律,将体育基础科学和体育技术科学转变为可在体育运动实践中直接应用的知识,为体育运动实践提供多样的、实用的原理和方法。这一层次学科具有较强的针对性、实用性和操作性等特征,包含较多的经验性知识。根据实践主体的不同,这一层次的学科可分为群众体育学、学校体育学、竞技体育学。群众体育、学校体育、竞技体育都需要运用体育基础科学、体育技术科学的理论与方法解决实践过程中出现的一些具体的、特殊的问题,需要对这些问题进行深入的分析和综合,并使之上升为理论。如:田径投掷技术"超越器械"原理、排球扣球技术(鞭打)原理、体操单杠技术"沉肩振浪"原理等专门的技术原理是体育技术学科——运动训练学中的"伸缩循环"一般技术原理在体育工程学科中的具体表现形式,直接指导田径投掷技术、排球扣球技术、体操单杠技术等专项运动技术的训练。

总之,这种根据体育科学知识概括和抽象程度,以及在体育运动实践中直接应用的难易程度为依据而进行的体育学科层次上的划分,能够反映体育科学的内在逻辑及其从属关系,阐明各学科在整个体育科学体系中的地位和作用,各学科之间相互作用和相互联系以及各种体育运动实践之间的关系,有利于我们正确认识体育科学,促进体育科学各学科的发展,正确地指导体育运动实践。

(七)根据交叉渗透的母体学科源划分

根据学科间相互交叉、渗透、融合产生新体育交叉学科的方式可分为体育界内交叉学科、体育跨界交叉学科。交叉学科是指由不同科学门类、领域、学科相互渗透融合,凭借学科研究对象整合、概念移植、理论渗透和方法借鉴,对客观世界及其变化进行体认和再现后形成的跨越单一学科的相对独立的科学理论体系,是自然科学、社会科学、人文科学、技术科学、工程科学等门类科学之间发生的外部交叉以及本门类科学内部众多学科之间发生的内部交叉所形成的综合性、系统性的知识体系,是学科自身演变与科学高度发展的产物。学科交叉突破了原有学科边界,整合学科资源和力量,协同学科间的联系和作用,有利于萌发新思想、新观念和新的思维方式,形成新的研究方法和学科范式,有力地促进了学科格局变化,推动了学科建设。体育学科主要是由不同学科领域相互交叉、渗透、融合形成的交叉学科,体育交叉学科为人们认识体育提供了新的视角、新的思路,为体育科学的发展提供了新的途径、新的技术手段,提高了体育学科的科学水平。交叉学科依据不同的标准有着不同的分类方法,体育交叉学科依据交叉渗透的母体学科源和学科领域一般可分为以下学科。

1.体育界内交叉学科

体育界内交叉学科主要是指在体育科学的学科体系内部各学科间交叉、渗透、融合产生的新学科。体育学科的发展,研究广度和深度拓展到一定程度时,学科的研究方向延伸到不同的研究领域和研究范围,深入到不同的研究层次和研究水平,突破不同的学科边界,与其他学科相互交叉,相互渗透、融合,形成新的学科。如:

气功学 + 养生学 = 气功养生学;

武术学 + 健身学 = 武术健身学;

足球学 + 健身学 = 足球健身学;

武术学 + 运动技术论 + 运动训练学 = 武术技术训练学;

高尔夫学 + 运动技术论 + 运动训练学 = 高尔夫技术训练学;

足球学＋体育教学论＋运动技术论＝足球技术教学论。

2.体育跨界交叉学科

体育跨界交叉学科主要是指在体育科学的学科体系内部的学科与其他学科体系的学科,相互交叉,相互渗透、融合,形成新的学科。随着体育活动领域的拓展和现代科学技术迅猛发展,现代科学技术向体育领域广泛渗透,体育科学主动引进和借鉴现代科学技术的最新成果,这两股推动体育学科发展的双向对流动力产生的体育跨界交叉学科。如:

体育学＋生物学＝运动生物学;

体育学＋解剖学＝运动解剖学;

体育学＋医学＝运动医学;

体育学＋哲学＝体育哲学;

体育学＋伦理学＝体育伦理学;

体育学＋文化学＝体育文化学;

体育学＋社会学＝体育社会学;

体育学＋经济学＝体育经济学;

体育学＋行政学＝体育行政学;

中医学＋气功学＝中医气功学;

足球学＋经济学＝足球经济学;

体育学＋生物学＋物理学＝运动生物力学;

体育学＋生物学＋化学＝运动生物化学;

学校体育学＋足球学＋文化学＝学校足球文化学;

武术学＋养生学＋文化学＝武术养生文化学。

体育交叉学科的分类,可以把握体育科学学科体系内部的联系、体育学科与外部联系,了解学科间相互联系和作用,掌握体育交叉学科产生的途径、产生的方式,为我们构建新兴体育交叉学科提供思路、步骤和方法。

(八)根据研究对象和应用领域划分

技术是人类在实践活动中根据经验或科学原理,为提高实践活动效率和效果而积累、创造或发明的各种手段、方法和相应知识的总和,包括生产和生活的工具、工艺、技巧、设施、装备、语言、程序、途径和步骤等。技术学科是技术科学知识体系的分门别类,主要由技术活动领域的基本原理、相应的技术规范、技术原则和技术经验所集成的技术知识体系,是将认识世界的理论成果转化为改造世界实践能力的科学,反映具体研究对象的各种现象和过程的特殊性及其运动规律,是为改造世界提供针对性、多元化手段的科学,解决实践活动中的直接和具体理论问题。①依据研究对象和应用领域,可将体育科学分为:体育运动技术论、体育专项技术学科、体育应用技术学科。

1.体育运动技术论

体育运动技术论是一门研究体育运动技术的本质及其发展规律的学科。它在全面分析运动技术的属性、性质、作用及其发生、发展和变化规律的基础上,探索运动技术与人、社会的关系;研究运动技术与科学技术发展、体育运动发展之间的关系,研究运动技术体系内部各种技术形态之间的关系;运动技术发展的历史及其规律。运动技术论的研究起源于日本,其产生对体育运动发展产生了巨大的作用,同时,运动技术在发展中也带来一些现实问题,迫切需要人们去研究、解决,推动运动技术的研究。

2.体育专项技术学科

专项技术学科专门研究各运动项目技术的产生、演变和发展,运动技术的要素、形成和发展,运动技术教学和训练,运动技术的设计、诊断、应用、评价、开发、利用、创新等。这类学科有:田径运动技术学、体操运动技术学、游泳运动技术学、足球运动技术学、高尔夫球运动技术学、技巧运动技术学、滑雪运动技术学、拳击运动技术学、击剑运动技术学、摔跤运动技术等。

3.体育应用技术学科

体育应用技术学科主要是研究将体育专项技术如何在体育运动实践中应用,探讨应用技术的组织、预测、规划、决策、实施过程中带有必然性和规律性的问题,创新体育技术的系统理论知识,改进、提高和完善体育应用技术,为实现体育运动实践的目的提供技术规范和原理,以及相应的方法、手段和途径,借以增强体育技术应用的针对性、实用性和操作性,提高体育运动技术活动的效率和效果。这类学科有:体育教育技术学、体育健身技术学、运动训练技术学、运动竞赛技术学、裁判技术学、人体测量技术学、运动疗法技术学、运动技能学等。

① 刘晓保.技术学科论[M].上海:上海教育出版社,2013:155.

第三节　现代体育科学学科体系结构

结构是指事物各种要素的内在联系与组织方式,是事物形态的普遍属性和存在形式。网络是一个基本范畴,是层次和类型的普遍联系和辩证统一,标志着事物的系统化和整体化。事物的立体网络结构系统由多种层次、多种类型的事物综合而成。体育科学作为一个新兴学科群体,拥有着众多的学科,但这些学科并不是杂乱无章地堆砌在一起的,而是以一定的结构形式存在的。体育科学学科各自从不同角度、不同层次,运用不同的方法与手段对体育运动的某一对象、某一方面、某一领域、某一过程等分门别类进行研究,每门学科形成相对独立的知识体系,因此,体育科学各学科间存在着主次、隶属和并列、平行等各种内在逻辑关系,存在着相互联系、相互作用的方式和秩序,从而使体育科学形成横向上多类型、纵向上多层次的有序的网络结构体系。

一、现代体育科学学科体系结构构建

人的活动是人的存在和发展的形式与方式,依据人与客观事物的关系可将人的活动分为两类:一类是改造客观事物的实践活动,另一类是反映客观事物的认识活动。体育是以身体练习为基本手段主动改造主体自身、推动社会发展的一种特殊的实践活动,体育科学是在体育认识活动的基础上形成的系统理论知识。理论知识是从实践活动中来的,是人们通过认识活动对实践活动的抽象概括和系统总结。理论知识的发展程度和实用程度取决于实践活动开展的广度和深度,实践活动越丰富、越精细,得到的理论知识就可能越丰富、越精细。理论知识是否正确需要实践来检验,理论知识适用范围也需要实践来检验,实践是检验理论的尺度。反过来,理论知识又指导实践活动。人的活动一方面受人的活动器官的支配和制约,同时也受人的认识活动的支配和制约,理论知识对人的活动起着至关重要的作用。人的实践活动需要系统的理论知识指导,才能避免盲目性,少走弯路,避免不必要的重复或损失。实践活动与理论知识的联系密不可分。一方面,理论知识是实践活动的产物,另一方面,人的一些实践活动又是理论知识指导的产物。体育理论知识与体育实践活动之间有着密切的、不可分割的联系。体育科学学科体系的结构应能够客观、全面、真实地反映体育运动实践体系的结构。因此,我们以人的认识活动、实践活动宽域的视野和科学理论联系运动实践,在现代科学体系的整体框架背景下,借助于现代科学最新的研究成果,深入探讨体育科学学科体系内部的组成结构,注重分析体育科学学科体系与现代科学体系、体育科学学科体系与体育科学研究活动体系以及体育运动实践活动体系之间的外部联系,明确体育科学在现代科学体系中的地位,明确体育科学与体育实践的关系,依据整体性、秩序性、开放性、动态性等体育科学学科体系形成与发展过程中呈现出的规定性,依据体育科学发展的内在逻辑进程与体育科学发展的历史进程,以及人们对其认识的历史进程相统一的原则,构建了多层次、多类型的网络结构型的现代体育科学学科体系(图7-1)。

(一)体育实践活动体系的结构

从系统论的角度看,体育实践活动是一个有机整体的网络结构系统。在实践活动网络结构中,身体练习是网络结构系统的基本要素,是体育运动的最小动作单位和知识单元。在近代哲学家、教育家眼中,体育是"属于教育的身体练习";随着社会的发展,体育已超越了教育渗透到社会的各个领域。在现代社会中,体育是以身体练习为基本手段,促进人的全面发展,促进人类文化繁荣与文明进步,是集经济生产力、政治影响力、文化传播力、社会发展力、生态环境营造力五位于一体的特殊的社会实践活动。从最小动作单位到特殊的社会实践活动,体育实践活动有着复杂的层次与类型的网络结构。从技术论角度看,依据体育技术的复杂程度和规范程度,以及其科学含量和文化含量,可以在纵向上将体育实践活动(体育技术活动)分为四个层次:基本技术、专项技术、应用技术、工程技术,每个层次横向上又有若干类型。

1.基本技术层次

基本技术也称身体练习层次,是指为实现体育目标进行的各种专门动作。它是体育运动的最小动作单位,处于体育实践活动系统的基础层次。身体练习层次依据其动作技术的不同的特征,可以从横向上划分成不同类型的身体练习。依照人体解剖结构分为头颈、躯干、上肢、下肢、全身等身体练习;依照人体基本活动能力分为跑、跳、投、攀登、爬越等。

2.专项技术层次

专项技术层次又称运动项目层次,是依据体育运动项目的规则和技术规范要求,借助于特定的体育场地、器材和设备,将各种身体练习以一定的方式和秩序分门别类组合而成的运动项目,如田径、体操、游泳、篮球、足球、排球、网球、羽毛球、乒乓球、武术、气功等。这些运动项目,依据其属性和特征作为分类标准,横向上可以划分成不同类型的运动项目。如:以竞技能力主导因素为分类依据,将所有的体育运动项目横向上划分为体能类项目和技能类项目两大类;以运动成绩的评定方法为分类依据,可将所有的体育运动项目在横向上划分为测量类、得分类、命中类、评分类和制胜类五大类。

3.应用技术层次

应用技术是体育基本技术、体育专项技术运用到体育运动实践而采用的一般方法、手段、措施和途径,以及相应工具、设施、原则和规范等。在应用技术层次,以其目的、方法、手段与途径作为分类依据,横向上划分为体育教学、体育锻炼、运动训练、运动竞赛四种应用技术类型。如:为掌握体育基本技术、体育专项技术而采用的讲解法、示范法、完整练习法、分解练习法、游戏法、保护与帮助法等体育教学方法;为增强体质、增进身心健康而采用的运动处方、循环练习法、重复练习法、变换练习法等体育锻炼方法;为提高专项运动水平和专项运动成绩而采用体能训练方法、技能训练方法、战术训练方法、心理训练方法、智能训练方法等运动训练的方法;为评定成绩和优胜而采用的评分法、丈量法等运动竞赛方法。

4.工程技术层次

工程技术是依据主体活动目标和具体要求,实际运用体育基本技术、专项技术和应用技术而采用的具体的方法与手段,以及相应的规范化、程序化、标准化的技术规则和技术规程,以及专门的器材设备。包括组织管理、规划设计、组织实施、检查评估、经费保障等方法手段。在工程技术层次,以其活动的主体和目标作为依据,横向上可以划分为学校体育、竞技体育、群众体育三种工程技术。群众体育、学校体育、竞技体育都是一个系统工程,都需要运用工程技术的方法手段和相应的知识实现其目标。

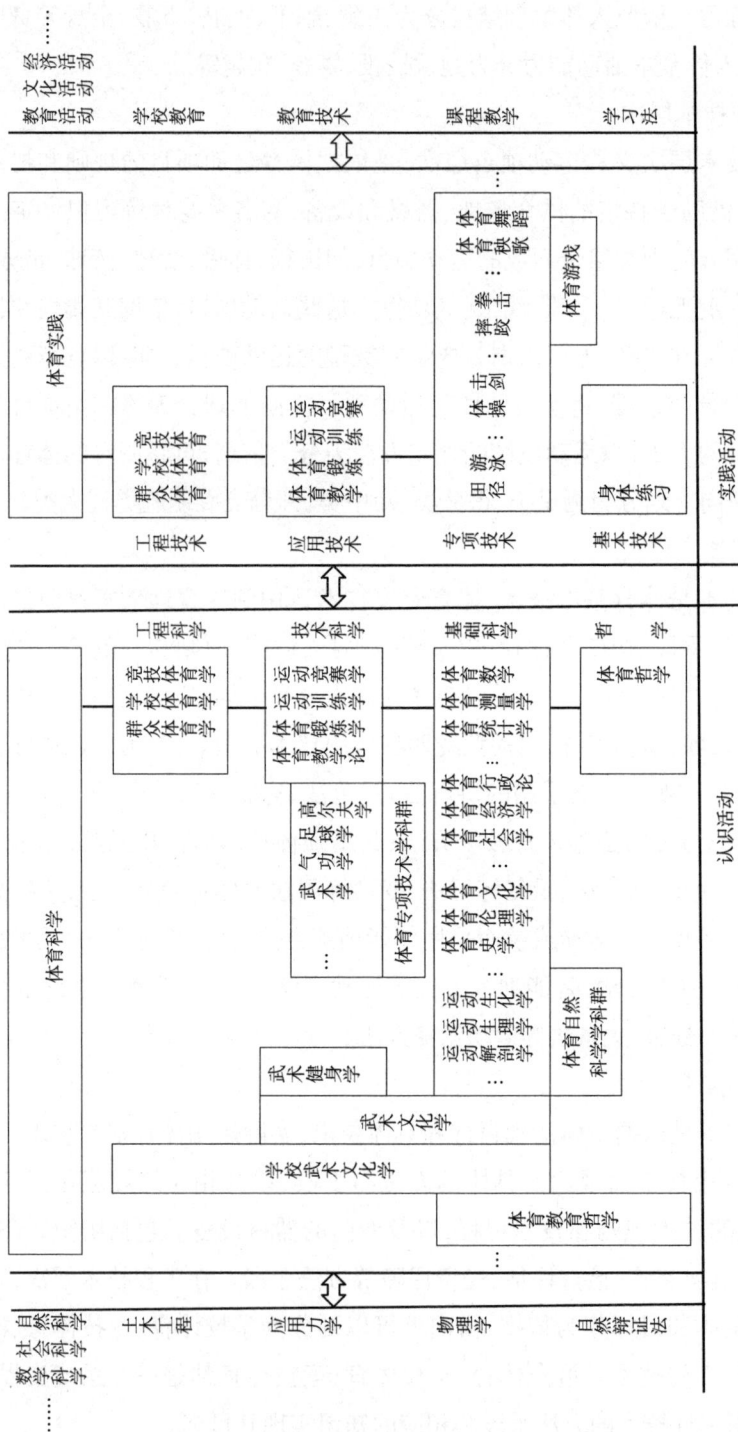

图 7-1 现代体育科学学科体系结构图

随着体育活动领域不断拓展,内容越来越丰富,体育运动项目层出不穷,我国正式开展的运动项目已有78大类,143小类,加上各种民族传统体育、民间游戏竞技活动,总数达千种以上,而且呈现出不断发展的趋势。体育运动的新技术不断涌现、成熟,体育运动的形式与方式、方法与手段越来越丰富和多样,运动技术体系不断完善,在体育活动的不同运动技术的层次类型中,在一些相邻"结点"处也存在着具有某种共同质部分的亚结构。如在基本技术的身体练习层次和专项技术的运动项目层次之间,体育游戏是一个亚层次结构(图7-1),一些体育游戏按照一定的位向、取向,以一定面和面平行,以及方向和方向平行,规则地错位排列和分布,在地位与作用、结构与功能等方面表现出一致的等级秩序。体育游戏在发展成为一个正式运动项目的过程中,不断进行规范化、社会化改造,提高自身的科技含量、文化含量,提高动作技术的规则化、程式化程度,提高游戏活动的社会化、组织化程度。随着体育游戏动作技术的改进,规则的制定,场地器材(工具)的专门化,组织、机构的建立,活动、竞赛的推广,体育游戏吸引了更多人参与,获得了社会的认可、管理部门的认定,体育游戏发展成为正式的体育运动项目。

(二)体育科学学科体系的结构

以现代科学技术观、体育科学知识概括程度和抽象程度,以及运用到体育运动实践的难易程度和有效程度为依据,将体育科学的学科纵向上划分为体育哲学、体育基础科学、体育技术科学、体育工程科学四个层次,每个层次依据学科性质特征的共同点和差异点,横向上又可分为若干个学科类型。

1.体育哲学

体育哲学是从宏观上和整体上探讨体育运动实践和体育科学发展的一般规律以及体育运动过程中认识论和方法论问题,是研究体育的本质、基本问题和体育科技发展一般规律的学科。主要内容一般分为体育观、体育科学观、体育价值观、体育认识论、体育方法论、运动技术论等。体育哲学是哲学和体育科学之间的媒介科学,对体育的各门具体学科有普遍的指导意义。

2.体育基础科学

体育基础科学是用实验和理论方法开辟和探索体育运动的未知领域,揭示体育运动各种基本运动形态和运动规律的学科。它是整个体育科学的基础理论部分,为体育运动提供一般原理性的指导理论。这些理论知识要运用到体育运动实践必须经过体育技术科学和体育工程科学转化。体育基础科学是由众多的学科以及学科群组成,依据学科的性质,横向上可以将体育基础科学分为若干个类型。如:

体育自然科学类:运动解剖学、运动生理学、运动生物力学、运动生物化学、运动医学、运动营养学、体育保健学等。

体育人文科学类:体育史学、体育文学、体育美学、体育文化学、体育伦理学、体育艺术学等。

体育社会科学类:体育社会学、体育经济学、体育政治学、体育法学、体育教育学、体育行政学等。

体育工具方法类:体育统计、体育测量学、体育数学、体育系统论、体育控制论等。

3.体育技术科学

体育技术科学是体育技术领域中带有普遍性的一般理论的系统性知识体系,是体育基础科学和体育工程科学的中介。为体育基础科学的抽象理论向体育运动实践领域过渡和转化创造条件,提供可能的方法和途径。

体育技术科学可以分为体育教学论、体育锻炼学、运动训练学、运动竞赛学四种类型。它们同处体育技术科学层次的依据是,在体育运动实践中,体育教学、体育锻炼、运动训练、运动竞赛是实现体育目的必须的方法和途径,同处体育运动的应用技术层次。

体育教学论是研究体育教学活动过程及其规律的一门综合应用学科,其目的是探索体育教学活动的任务、内容、原则和方法等具体问题。体育教学论的研究范围不限于学校体育,还包括竞技运动和群体体育中的体育教学。主要包括体育教学理论与方法、教学设计理论与方法、教学组织与管理、教学测量与评价理论等。

体育锻炼学是以体育锻炼活动过程为研究对象,根据人体生长发育规律和体育运动的特点,探讨如何运用体育锻炼方法与手段的一门体育应用技术学科。主要包括身体锻炼理论与方法、心理锻炼理论与方法、体育锻炼监测与评价等。

运动训练学是运用教育学、管理学、生理学、医学等多学科理论与方法研究运动训练活动的规律及有效组织运动训练的一门综合性应用学科。主要包括运动训练组织与管理、体能训练理论与方法、技术战术训练理论与方法、心理智能训练理论与方法等。

运动竞赛学是以运动竞赛的组织、设计、实施以及竞赛规程、规则制定和裁判工作人员的管理过程为研究对象,揭示运动竞赛活动的内在联系和客观规律的一门综合性学科。主要包括运动竞赛的组织与管理、竞赛规程规则制定理论与方法、运动竞赛的理论与方法、竞赛裁判的理论与方法等。

4.体育工程科学

体育工程科学是研究体育运动实践中运用体育基础科学和体育技术科学的途径,为体育工程的实践提供方法与手段,以及技术原理与原则、技术规则与规程等系统的理论知识,是改进和完善体育方法与手段,创新体育技术的最直接的理论知识。体育工程学科的层次在横向上可以分为群众体育学、学校体育学、竞技体育学三种类型。它们同处同一层次是体育的三个并列组成部分,群众体育、学校体育、竞技体育都需要运用体育基础科学、体育技术科学的理论与方法,在运用过程中会出现一些特殊的、具体的问题,需要对这些问题进行深入探讨,概括和总结成为针对性、实用性和操作性强的技术原理和方法。

群众体育学是以社会大众体育活动这一特定领域为研究对象,揭示其各种现象的内在联系和规律的一门应用科学。主要包括大众体育组织管理,大众体育规划实施与评价,不同人群锻炼形式、内容、原则和方法,大众体育锻炼的健康评价与体质监测方法等。

学校体育学是研究学校体育工作基本规律,阐明学校体育工作的基本原理、原则、方法与手段的一门应用科学。主要包括学校体育组织管理、学校体育课堂教学理论与方法、课外运动训练理论与方法、学校运动竞赛理论与方法、学校体育规划实施与评价等。

竞技体育学是以竞技体育的各种现象与过程为研究对象,阐明运动选材、运动训练和运动竞赛等的基本原理、原则、方法与手段的一门应用科学。主要包括运动员选材培养理论与方法、运动员系统训练的理论与方法、体育赛事组织与管理、竞技体育组织运行管理等。

由于体育科学的发展,研究领域不断地拓展延伸向纵深处发展,研究对象的深化和细化,学科在高度分化的同时又高度综合,产生许许多多的新兴学科和学科群,这些学科的研究对象和学科性质不同,学科的地位和作用不同。所以,在不同层次与类型的学科之间形成不同程度的位向差、取向差,也衍生出许多亚结构。亚结构是一些学科在不同层次与类型之间,按照一定的位向、取向,以一定面和面平行,以及方向和方向平行,规则地错位排列和分布(图7-1)中的"体育专项技术学科群""体育自然科学学科群"等亚层次结构。"体育专项技术学科群"的学科都是研究某一体育运动项目的现象和过程,揭示其内在规律的知识体系,如武术学、气功学、足球学、高尔夫学等,它们同处体育技术学科的亚层次,研究方向指向体育运动项目的专项运动技术,研究专项运动技术的特点、性质、结构、作用及其发展规律。这些学科有着自己明确的研究对象,专门的研究方法,有着自己的概念、术语和理论体系,有着自己的学术共同体和社会建制。这些学科有着相同的学科性质、特征,相同的学科地位、作用,在体育科学学科体系中同处同一层次的亚结构中。

二、现代体育科学学科体系结构分析

体育科学学科体系结构是指体育科学系统内各学科之间相互联系、相互作用的方式和秩序。现代体育科学学科体系以相对成熟的60多门学科为系统的基本要素,在纵向上分为体育哲学、体育基础科学、体育技术科学、体育工程科学四个层次,横向上每个层次又分为若干个类型,以交叉学科、学科群为网络结点,各学科间以一定的内在逻辑和变化规律建立起相互联系、相互作用的方式和秩序,产生主次、隶属和并列、平行等关系,从而形成横向上、纵向上多层次和多类型的网络型结构系统,并实现体育科学学科体系与现代科学体系,以及与体育实践活动体系的联系和对接。现代体育科学学科体系具有以下几个特点。

(一)现代体育科学学科体系的系统性和整体性

系统是指相互作用和相互联系的要素结合而成具有特定功能的有机整体。要素是指构成系统的必要因素,是系统的基本组成成分或基本单位,要素的性质、要素的数量,要素间的排列秩序和作用方式对系统起根本性的、实质性的作用,决定着系统的性质和功能。体育科学学科体系是一个由众多体育学科作为要素结合而成的系统。据不完全统计,目前相对成熟的体育学科数量约有60门,各学科以一定的秩序和方式相互联系和相互作用,产生某种协同效应,构成一个具有特定功能的有机系统,增强了体育科学的解释、预见和指导等整体功能。对于揭示体育运动发展的基本规律,提高人们对体育运动的认识水平,合理运用规律,推导预测未来体育运动的发展趋势和发展方向,正确地指导体育运动实践,促进体育运动的发展,提高体育运动技术,提高人的体质健康水平,提高生活质量和生命质量,推动经济与社会发展具有重要的意义。

系统是整体,要素是部分,整体是指构成事物的各要素和关系的总和。部分可以是整体中的某一要素,也可以是某些要素的组合成的部分。在现代体育科学学科体系中,既存在着一些交叉学科,如武术健身学、武术文化学等,也存在着不同的学科集聚而成的大小不同的学科群,如体育自然科学学科群、体育专项技术学科群等(图7-1),这些交叉学科、学科群作为交叉点、集合点,作为系统内部结构的网络结点,增强了学科之间的相互联系和协同作用,提高了学科体系的有序程度,增强了系统的整体功能,大大地推动体育科学的学术繁荣和科学进步,促进新的理论、新的方法产生,使体育科学本身向着更深层次和更高水平发展,提升了整体的科研水平。

系统作为整体不是绝对的,在一个层次上作为整体,在更高的层次上就成了部分。相对于低一级的层次而言,每一个部分本身又是一个整体系统。体育科学学科体系作为一个整体系统也是相对的。相对于作为系统要素的各个体育学科,以及由要素学科组合而成的各种学科群而言,体育科学学科体系是作为一个相对独立的科学整体——体育科学,相对于现代科学体系总体而言,体育科学学科体系只是整体系统中的一个组成部分,是现代科学体系中的一门学科——体育学科。

(二)现代体育科学学科体系的层次性和非均衡性

类型是指具有共同属性、特征的事物所形成的种类,是物质世界中具有某种共性的事物归类。任何一种事物形态,既属于一定的类型又属于一定的层次,没有脱离层次的类型也没有脱离类型的层次。现代体育科学学科体系具有清晰的层次性是学科体系的另一个特征。根据著名科学家钱学森的系统思想,依据科学理论与实践的距离在纵向上可分为三个层次,工程技术、技术科学和基础科学,三个层次通过自然辩证法通向马克思主义哲学。

钱学森认为,"三个层次一座桥梁"的学科体系一般框架也适用其他科学技术部门。现代体育科学学科体系研究以体育运动的最小动作单位——身体练习为逻辑起点构建了相互关联、具有层次特征的体育实践活动体系和体育科学学科体系(图7-1)。体育实践活动体系包括身体练习、专项技术、应用技术和工程技术四个层次;体育科学学科体系包括体育哲学、体育基础科学、体育技术科学和体育工程科学四个层次,形成体育科学学科体系与体育运动实践体系,以及现代科学体系的联系和对接,促进体育科学技术化,体育技术科学化,实现现代体育的科学—技术—生产生活一体化。

体育实践和体育科学的每一个层次又分为不同的类型。比如,在体育实践的身体练习层次,以人体基本活动能力为标准,可以将身体活动分为走、跑、跳等多种类型;在体育科学的基础学科层次,依据学科的性质,可以将体育科学分为体育自然科学类、体育人文科学类、体育社会科学类等类型学科。正如不同的个体具有不同的走、跑、跳的能力一样,在不同的时代和社会背景中,不同类型体育学科受到社会关注程度、科研资源投入、学科研究水平、所取得的研究成果等均有所不同,即体育科学的发展并非处于平衡状态,而是处于一种非平衡性的状态。这种系统非均衡性在一定程度上促进了体育科学的发展。

(三)现代体育科学学科体系的有序性和开放性

作为一个有机的整体,现代体育科学体系具有明显的有序性。有序性是指系统各要素排列组合的规则程度和要素间联系和作用的协同程度。系统结构的有序发展是各组成部分在时间上和空间上进行有规则的排列、组合、运动、转化,进而建立起一定的相互联系和相互作用的方式和秩序的过程。提高系统的有序程度,有利于系统与外界环境之间的物质和能量交换,增强系统的整体功能。与环境进行物质、能量、信息交换,有利于体育科学学科体系从现代科学技术中吸取先进的研究成果,从体育实践活动中发现新的科学问题,获得真实可靠的研究材料和信息,拓展新的研究领域,从外界不断输入负熵流,吸取其丰富的营养,调整研究思路、集成研究方法、统筹学科间资源,协同学科间活动,整合学科间力量,创建体育新学科,推动体育学科发展,完善学科体系。

同时,体育科学的每一门具体学科与周围环境及其他系统都具有相互联系和相互作用的关系,尤其是体育的一些分支学科、子学科,都可以从它的母学科以及其他学科中获取丰富的营养,使得整个现代体育科学学科体系表现为一个开放的系统。开放性是指系统能够与环境进行交换的属性,系统与环境通过交换物质、能量、信息实现相互联系和相互作用。任何一个系统,尤其是生命、社会、思维系统,只有对环境开放,同环境相互作用、与外部交换物质、能量、信息,才能够生存和发展。系统向环境开放是系统稳定存在的条件,也是系统发展的前提。体育科学学科体系是一个开放系统,一方面,作为现代科学技术体系的一部分,它不断引入和吸收现代科学技术的最新成果,创新体育科学研究思维方式,变革科学方法论的体系,突破传统研究方法的局限性,为体育科学研究提供新的思路和途径、可借鉴的新的研究方法和手段,开辟新的研究方向和领域,增添新的研究材料和内容;另一方面,科学是反映客观事物本质和规律的理论化、系统化的知识体系,是主观认识与客观实际的具体统一。体育科学作为反映体育活动客观事实和规律的理论化、系统化的知识体系,其研究对象是体育运动的各种现实活动现象和过程,因此,体育实践活动的领域和范围决定着体育科学理论的研究领域和范围,体育运动各种存在方式、结构组成、运动形式、演化进程、转化秩序决定体育科学的研究方法与手段。体育运动活动范围的拓展,活动形式方法的多样,为体育科学研究提供了丰富的研究素材、问题和课题,体育运动实践的发展程度,决定着体育科学理论的发展程度,实践活动越丰富、越精细,所得到的科学理论就可能越丰富、越精细。体育科学学科体系与人类认识活动领域(现代科学体系)、人类实践活动领域(主要是体育运动体系)进行物质、能量、信息交换,保持自身的相对稳定和持续发展。突出体育科学学科体系的有序性和开放性,有助于人们从整体上来认识体育科学学科体系内各学科组成与结构、地位和作用,各学科的相互关联和序列关系,有利于认识各学科产生基础和派生来源,认识各学科的发生机制和发展轨迹。随着社会对体育的需求进一步多样化,体育科学必将根据自身发展规律、根据体育实践发展需要,自我组织和调整重点学科发展布局,加强重点领域学科建设,吸收和引进新兴学科,必然会产生一些新的体育学科。体育科学的自组织性则表现在其不仅有体育分支学科,而且有体育自创学科。

(四)现代体育科学学科体系的动态性与发展性

动态性,主要是指系统随时间运动变化的一种属性,又称时变性。无论是自然界、人类社会还是人的思维都处在不断地运动变化中。系统的动态性,是事物运动变化客观属性的反映。一方面,任何一个系统内部各要素的运动变化,各要素之间相互联系、相互作用方式和秩序的运动变化都会影响到系统整体的运动变化;另一方面,任何一个系统总是在一定环境中存在和发展,与环境之间有着物质、能量和信息的交换,外界环境的变动,总是会影响到系统内部的运动变化,而系统的不断运动变化,也是系统不断自我调整,以积极主动地适应外界环境的运动变化的过程。体育科学学科体系也是一个动态的运动变化系统,一方面,新学科不断孕育产生,现有学科不断发展成熟,学科群不断集聚整合;另一方面,体育科学不断引进吸收现代科学技术的最新成果,更新、改造和提升自己的学科水平和地位,丰富、完善自己的学科体系。同时,随着体育运动实践的发展,以及经济、政治和文化的不断发展,社会对体育运动和体育科学不断提出新的要求,如《奥运争光计划》《全民健身计划》《国务院关于加快发展体育产业促进体育消费的若干意见》等相继出台,因此,体育科学研究必将重新整合学科资源,加强新兴战略性学科建设,重新调整和布局新的研究方向和重点研究领域。

发展性主要是指系统随时间变化而壮大的一种属性,事物的发展总是由小到大、由简单到复杂、由低级到高级。体育科学学科体系的发展性是指其学科体系处在一个连续不断的变化、进步、更新、丰富、完善的过程中。体育运动的发展离不开一定的社会、经济、政治、文化和环境,要把体育放在国民经济和社会发展的大背景下,从经济学、政治学、社会学、文化学和生态学等学科的角度对体育运动进行全方位的研究,探讨体育与经济、体育与政治、体育与文化、体育与社会、体育与生态环境之间相互影响和作用的机制,揭示体育与经济、政治、文化发展之间的必然联系。只有将体育放在国民经济和社会发展的大背景下进行研究,才能使体育科学的研究领域和范围不断拓宽,研究素材和内容不断丰富,体育新学科不断产生,学科间交叉渗透不断持续,理论方法持续融合优化,学科群集聚功能不断增强,从而使体育科学学科体系内的学科数量、学科群数量不断增加,学科结构更加合理,学科发展更加成熟,学科水平不断提升,学科间联系更加紧密,学科体系更加丰富完善。

（五）现代体育科学学科体系的复杂性与综合性

复杂性是指事物的组成、属性、特征等的多少、繁杂程度。现实存在的任何事物，都是由许多矛盾和矛盾的方方面面构成的综合体。系统是由要素，以及子系统构成的，有着复杂的层次与类型、结构与功能。系统内部各要素之间，系统与外部环境之间有着复杂的相互联系和相互作用的关系，构成事物复杂性网络系统。体育科学学科体系的复杂性是指其构成要素与要素之间、系统与外部环境之间关系的复杂程度。体育科学学科体系是由众多的不同层次和类型的学科构成，又存在着大量的交叉学科和学科群，学科又在不断地孕育、变化和发展，学科间的联系和作用也在不断地变化，同时随着系统所处的环境、现代科学技术和体育运动实践的发展，系统本身也在不断地调整和改变，以适应环境的变化，适应现代科学和体育运动实践活动、体育科学研究活动的发展需要。

现代体育科学学科体系在体现出复杂性的同时，也体现出综合性。所谓综合性是指不同种类、不同性质的事物及其组成部分和属性合并成为一个整体。现代体育科学学科体系构建注重体育实践的各部分、各方面、各环节，各种现象和过程之间相互联系和作用，不仅在相对静止、相对稳定的状态下揭示体育现象的内在联系和规律，而且在运动和变化中，从体育的各个部分、方面、环节、现象和过程之间相互联系、作用的方式和秩序中，揭示其内在联系和规律。从综合性视角考察体育现象和过程，体育科学的研究对象是人的体育运动和体育运动的人。人既是自然存在物，也是社会存在物，是心理活动的主体，是自然属性、社会属性、心理属性的统一体，因此，体育必将涉及自然科学、人文社会科学、工程技术科学（体育场地器材和装备）。从运动形式看，首先，体育运动是物理运动、化学运动，在完成各种体育动作时，身体不仅呈现出力量、速度、距离、方向等运动变化，同时 ATP 水解释放能量供肌肉收缩做功，实现了化学能向机械能转化。其次，体育运动也是生物运动。体育活动时，人体新陈代谢加快，心率、呼吸加快，物质能量消耗增多，血液流动加速，内环境的调整变化，是一种生物运动现象。再次，体育运动更是一种心理运动。在体育运动中，成功与失败的体验、直面挑战和勇于超越自我的勇气、坚忍不拔和拼搏进取的态度等均是体育意志品质、体育精神思想的体现,是心理活动的结果。最后,体育运动还是一种社会运动。在体育运动中发挥人的能动性和创造性完成各种高难度动作,塑造健美身体、健全人格心理,养成科学文明健康的生活方式,培养全面发展的社会人,丰富人的文化生活,推动经济发展。体育运动是物质与精神的统一、体力和智力的统一、身体活动和心理活动的统一、生产和生活活动的统一。当今体育在人的全面发展,人类生活和生产活动,经济与社会发展中发挥着越来越重要的作用。因此,体育科学远远超出了教育科学、人体科学、自然科学、人文社会科学的范畴。研究的领域和范围、对象和内容决定着体育科学学科体系的综合性。体育科学的发展呈现出学科分化加速,并在高度分化基础上出现高度综合的趋势,在学科越分越细的同时,学科间的交融、渗透、整合也在不断加强,体育交叉学科、边缘学科、横断学科、综合学科不断涌现。体育科学学科体系的综合性越来越强,综合不同性质、门类、层次、类型的多种学科于一体。

(六)现代体育科学学科体系的理论性和应用性

体育科学是旨在揭示体育现象及其内在规律的一个系统的学科群体。它在与自然科学、人文社会科学、工程技术科学等众多相关学科的交融中汲取了丰富的营养,逐渐建立起具有鲜明特征的学科体系,其研究内容涵盖自然科学、人文社会科学、工程技术科学等领域。现代体育科学学科体系是以体育运动的实践活动和体育科学研究的认识活动为依据和出发点,在探究了体育科学内各学科的内在联系的基础上,融合了多种学科分类标准,遵循体育科学内在的逻辑次序排列组合而成。现代体育科学学科体系不仅客观真实地反映了体育科学各学科之间,反映体育科学活动与体育实践活动之间,以及体育学科与其他学科间的联系,而且明确了体育科学在现代科学体系中的地位,体育技术学科、体育交叉学科在体育科学学科体系中应有的学科地位。在体育科学学科体系中突出体育技术科学、体育工程科学地位,对应体育实践活动体系的应用技术、工程技术层次,解决体育运动实践领域的应用技术、工程技术的实践问题,以体现体育科学理论联系体育运动实际,体现应用性的学科性质。现代体育科学学科体系不仅符合体育科学发展的内在逻辑和变化规律,而且体现出现代体育科学在高度分化的基础上高度综合的整体化发展趋势。因此,现代体育科学学科体系客观真实地揭示了体育科学及其研究的发展现状和发展趋势,以及学科内部组成与学科间的内在联系等具有普遍性的规律,理论性是现代体育科学学科体系的一个重要特征。

现代体育科学学科体系不仅揭示了体育科学内在的规律,而且也凸显了其应用性,首先,体育学科的发展、学科体系的完善是同分类的不断完善相联系的,体育科学学科体系从一定意义上说就是学科的分类体系。对学科体系中各学科合理地进行分类,能系统地反映学科的本质特征以及学科内部与学科间的规律性联系,进而从分类中进一步认识科学的体系结构,揭示学科间相互联系和作用的方式和秩序,学科孕育产生、发展变化的轨迹和进程,确定各门学科在学科体系中的地位与作用,增强了解释、预见等科学的功能。不仅有利于人们发现新事物、新问题,而且能够对体育学科的发展和演化进程做出合乎规律的解释,对学科发展的方向、重点领域做出合乎规律的预测。其次,现代体育科学学科体系将现代科学研究成果从学理层面转化到应用层面,对科学研究活动和体育运动实践活动具有指导功能。从体育科学研究活动方面看,现代体育科学学科体系强调理论联系实践,有利于在学科发展方向、重点研究领域、研究选题等方面突出应用性;从体育实践活动方面看,现代体育科学学科体系既具有操作性应用的特征,又具有实践性应用的特征,对群众体育、学校体育和竞技体育等的开展,以及体育科技发展规划、体育科研活动、体育人才培养等管理工作均具有普遍的指导意义。

总之,现代体育科学学科体系不仅有助于主动调整体育科学发展规划,布局重点学科发展,加强重点领域学科建设,吸收和引进新兴学科,发展完善体育科学学科体系;而且有利于合理调整体育科学机构的设立,体育学科专业的设置,确定人才培养方向,设计合理的体育科技人员知识结构,促进体育科学的发展和体育人才的培养,正确指导体育科学研究活动和体育运动实践活动,进而推动体育科学研究和学术繁荣、人才培养和学科建设,更好地为体育教学、体育科研和体育运动实践服务。

三、结　语

体育科学学科体系是指体育科学系统内学科的组成、结构以及各学科之间相互联系和作用的方式与秩序构成的一个有机整体系统。现代体育科学学科体系不仅能够客观、系统、全面地反映体育科学及其学科发展的现状、动态和趋势,而且能够有效地推动体育科学研究、学术交流与合作、学科与专业建设、教学与人才培养。

通过梳理科学和体育科学发展进程,在现代科学体系的整体框架背景下,借助其最新的研究成果,阐述体育科学发展与现代科技进步,体育科学学科体系与现代科学体系,以及与体育科学活动、体育实践活动体系的关系,从人类的认识活动、实践活动的视野,理论与实践相结合,对体育科学学科体系进行系统全面的研究,运用系统科学方法、历史与逻辑相统一方法,依据体育科学学科体系形成与发展过程中呈现出的规律性,依据体育科学的发展内在逻辑进程与体育科学发展历史进程,以及人们对其认识的历史进程相统一的原则,构建以体育学科为组成要素,交叉学科、学科群为网络结点,学科间的内在逻辑和变化规律建立起相互联系、相互作用的方式和秩序,产生主次、隶属和并列、平行等关系,纵向上分为体育哲学、体育基础科学、体育技术科学、体育工程科学四个层次,横向上每个层次又分为若干个类型,从而形成横向上、纵向上多层次、多类型的网络结构型的现代体育科学学科体系,实现了体育科学学科体系与现代科学体系,以及与体育运动实践体系的联系和对接。现代体育科学学科体系的研究在以下几个方面有所突破。

第一,明确了体育科学在现代科学体系中的地位和归属。体育科学是现代科学体系的一个有机组成部分,体育科学只有存在于现代科学体系这种相互联系整体系统中,从中汲取先进的成果,不断地丰富和完善自身,才能得到健康的发展。同时体育科学又有其相对的独立性。体育科学研究人的体育运动和体育运动的人,体育科学的研究对象、内容、领域和范围规定着体育科学的性质,体育科学既不属于教育科学、人文社会科学,也不属于自然科学、人体科学。体育科学的学科领域,研究的广度和深度远远超出了教育科学、人体科学、自然科学、人文社会科学的范畴,体育科学已逐步发展成为一个门类齐全、结构合理、相对独立、完整统一的学科体系。随着体育科学的理论体系和学科层次结构的发展完善,现代体育科学学科体系具备了与钱学森提出的纵向上具有层次结构、横向上具有部类结构的"现代体育科学技术体系"(图1-4)对接的条件,体育科学应成为"现代科学技术体系"中横向上部类结构的第十二大部类(图7-1)。

第二,突出体育科学学科体系的系统性、有序性、发展性等特点。这有助于人们从整体上认识体育科学学科体系内各学科组成与结构、地位与作用,以及各学科相互联系和作用的方式和秩序,有利于认识各学科产生基础和派生来源,认识各学科的发生机制和发展轨迹,掌握学科的发展动态和发展趋势,能够对体育学科的发展和演化进程做出合乎规律的解释,对学科发展的方向、重点领域做出合乎规律的预测,有利于人们发现新问题、新的研究方向和研究领域,不失时机地发展新学科。现代体育科学学科体系符合体育科学发展的内在逻辑和变化规律,体现出现代体育科学在高度分化的基础上产生高度综合,学科越分越细,研究的综合性越来越强,体育科学研究向纵深处发展,呈现出学科交叉融合、整体化的发展趋势,新兴交叉学科产生、学科群集聚,体育科学各学科之间以及体育学科与其他学科之间彼此交叉、渗透、融合和相互促进、协同,各学科之间横向、纵向间的联系更加紧密,结构更加合理有序,体育科学学科体系日趋完善。

第三,突出体育科学理论联系体育运动实践。注重分析体育科学学科体系与体育实践活动体系之间的外部联系。以身体练习为逻辑起点构建了相互关联的、具有层次特征的体育实践体系和体育科学学科体系,使体育科学学科体系能够客观、全面、真实地反映体育运动实践体系,实现了体育科学理论与体育运动实践的对接,使体育科学研究活动与体育运动实践活动进行物质、能量、信息交换。体育运动实践为体育科学的各学科研究提供了丰富的研究素材、科学问题和课题,从而保持体育科学学科体系自身的相对稳定和持续发展。这不仅有利于缩小理论和实践之间的差距,促进体育科学的发展,而且能够反映各学科之间的关系,反映体育运动实践的各种关系,强化学科体系对体育科学研究活动、体育运动实践活动分类指导,突出理论联系实践,在学科发展方向、重点研究领域、研究选题等方面突出应用性,解决体育科学研究及学科发展、体育运动实践中的现实问题。现代体育科学学科体系既丰富了体育学科理论,完善了体系结构,又理论联系实践,突出了科学理论在实践中的应用,发挥了指导作用。

第四,突出体育技术学科、体育交叉学科在体育科学学科体系中的地位。现代体育科学学科体系反映出体育科学发展的基本规律,以及体育科学研究活动和体育运动实践活动的基本特征,有利于体育技术学科、体育交叉等新学科产生与发展。体育运动是个技术性很强的领域,存在着大量的体育技术科学化、体育科学技术化问题,在体育科学学科体系中突出体育技术科学、体育工程科学地位,研究和解决体育运动实践领域的应用技术、工程技术的实践问题,反映人与自身、人与自然、人与社会的能动关系和价值诉求,实现现代体育的科学—技术—生产生活一体化。体育运动要遵守运动项目规则和技术规范,遵循人体的解剖学、生理学规律,符合人的心理活动规律,受到文化传统、道德伦理、社会行为规范的约束,需要揭示它们之间内在联系和活动规律。体育科学的研究需要汲取、借鉴和运用现代科学技术的先进研究成果,如:研究方法的借鉴、移植;研究对象与领域的交叉、融合;概念、理论的相互借用和互补等,加强学科间横向联系,以及多层次、多维度的跨学科综合研究,以形成新的观点和理论、技术和方法,来解决体育运动实践中的各种复杂问题。随着体育科学研究的深入和发展,必然包含由大量运动技术科学化而产生的体育技术学科以及体育学科与其他学科交叉形成的交叉学科。

第五,兼容国内外常用的分类方法,便于实际应用。充分考虑体育科学传统分类体系的继承性和实际使用的延续性,同时兼顾国际间可比照性。构建多层次、多类型网络结构型的体育科学学科体系,便于认清体育科学各学科间以及与其他学科的相互关联和序列关系,有利于体育学科划分和归类,有利于体育科学分门别类规划管理。现代体育科学学科体系与我国现行的科学管理体制相对应,与现行的体育科学研究的管理体制相一致,符合体育科学研究活动的现状,便于体育各学科的学术交流与合作研究,规范管理体育科研活动,也便于在体育科学研究、体育学科与体育专业建设、体育教学与人才培养等实际中的应用。

总之,无论在理论上还是在实践上,构建现代体育科学学科体系都具有不容置疑的重要意义。现代体育科学学科体系是一个门类齐全、结构合理、完整统一的有机整体。它注重体育科学学科体系内部组成和结构,突出体育科学学科体系的系统性、整体性、有序性等,依据各学科性质与特征、研究对象与领域、研究方法与手段、学科的派生与来源,确立各学科的性质、特征、作用,探讨不同层次类型间形成的交叉学科、不同学科集聚形成的学科群,来确定各学科在学科体系不同层次、类型和网络结点上的排列和分布,以及其学科地位与归属,揭示各学科之间相互联系、相互作用和相互交叉渗透的方式和秩序,全面系统地分析体育科学学科体系的结构。强调体育科学学科体系外部联系和作用,突出体育科学学科体系的动态性、复杂性和开放性等,充分明确体育科学在现代科学体系中的地位和归属,反映出现代体育科学的本质属性和基本特征,客观真实地反映体育科学活动和体育运动实践活动的现实,实现体育科学学科体系与现代科学体系、体育科学学科体系与体育运动实践体系的对接,从现代科学体系中吸收最新研究成果,获得新的观点和理论、技术和方法;从体育实践活动中,发现新的研究领域和科学问题,获得真实可靠的研究材料和信息,推动体育学科发展,丰富完善自身的学科体系。

研究成果拓展了体育科学学科体系研究的学术视野和研究领域,提升了体育科学的学术地位和研究水平,丰富了体育科学的研究内容和研究方法,繁荣了体育科学的学术思想和科学文化,完善了我国体育科学的理论体系。这不仅有助于从体育科学的整体发展出发,从战略的高度制定体育科技政策和发展规划,总体布局新学科的引进、创立、发展,合理设置体育科研机构,统筹体育学科发展,整合体育科技创新力量,优化体育科学资源配置,规范体育科研活动管理,而且有利于合理设置高等教育的体育学科专业,确定人才培养方向,合理设计体育科技人员知识结构,促进体育科学的发展和体育人才的培养,正确指导体育科学研究活动和体育运动实践活动,更好地为体育教学、体育科研和体育运动实践服务。

主要参考文献

Bailey S. Science in the Service of Physical Education and Sport: The Story of the Internation Council of Sport Science and Physical Education 1956 – 1996 [J]. Physiotherapy,1997, 24(13):234–235.

Baker R, Esherick C. Fundamentals of Sport Management[M]. Champaign: Human Kinetics, 2013.

Berryman J W, Park R J. Sport and Exercise Science: Essays in the History of Sport Medicine[M]. Chicago: University of Illinois Press, 1992.

Bouchard C, Mcpherson B, Taylor A. Physical Activity Sciences[M]. Champaign: Human Kinetics, 1991.

Cashmore E. Sport and Exercise Psychology: The Key Concepts [M]. New York: Routledge, 2008.

E B. Britannica Concise Encyclopedia [M]. Shanghai: Foreign Language Press, 2008.

Eklund R C, Tenenbaum G. Encyclopedia of Sport and Exercise Psychology [M]. New York: Sage Publications, 2014.

Freeman W H. Physical Education, Exercise and Sport Science in a Changing Society[M]. Burlington Jones and Bartlett Publishers, 2015.

Glänzel W, Schubert A. A New Classification Scheme of Science Fields and Subfields Designed for Scientometric Evaluation Purposes [J]. Scientometrics, 2006, 56(3): 357–367.

Haag H, Grupe O, Kirsch A. Sport Science in Germany: An Interdisciplinary Anthology[M]. Heidelberg: Springer–Verlag, 1992.

Haag H. Theoretical Foundation of Sport Science as a Scientific Discipline

[M]. Schorndorf: Verlag Karl Hofmann, 1994.

Hardman K. Book Review: Dictionary, Sport Education, Sport Science [J]. European Physical Education Review, 2007, 13(2): 262–263.

Hilland T. Mixed Methods Research in the Movement Sciences: Case Studies in Sport, Physical Education and Dance [J]. Sport Education & Society, 2015, 20 (2): 277–279.

Hl R. Introduction to the Philosophy of Sport [J]. Sport Ethics & Philosophy, 2014, 8(2): 203–208.

International Council Of Sport And Physical Education. Directory of Sport Science [M]. Champaign: Human Kinetics Publishers, 2009.

Kent M. Oxford Dictionary of Sports Science and Medicine [M]. Oxford: Oxford University Press, 2006.

Kolt G S. Innovation and Translation in Sports Medicine and Sports Science Research [J]. Journal of Science and Medicine in Sport, 2011, 14(2): 93–94.

Lavallee D, Williams J M, Jones M V. Key Studies in Sport and Exercise Psychology [M]. New York: McGraw–Hill Education, 2008.

Lema–Hincapi é A. Introduction to Physical Education, Exercise Science and Sport Studies [M]. New York: McGraw–Hill, 2008.

Lumpkin A. Physical Education and Sport: a Contemporary Introduction [M]. New York: WCB/McGraw–Hill, 1998.

Massengale J D, Swanson R A. The History of Exercise and Sport Science [M]. Chicago: University of Illinois Press, 1997.

Mechikoff R A, Steven E. A History and Philosophy of Sport and Physical Education: From Ancient Civilizations to the Mordern word [M]. New York: McGraw–Hill Companies, 2006.

Richmond G. The Sporting Nature of Science [J]. Analytical & Bioanalytical Chemistry, 2011, 399(1): 153–155.

Siedentop D, Van der Mars H. Introduction to Physical Education, Fitness, and Sport [M]. New York: McGraw–Hill, 2012.

Tinning R. Pedagogy, Sport Pedagogy, and the Field of Kinesiology [J].

Quest, 2008, 60(3): 405-424.

Tsyganenko O I, Sklyarova N A. Ecology of Physical Culture and Sport as a Science and the Prospects of its Teaching in schools of Physical Education and Sport[J]. Physical Education of Students, 2012(5): 109-114.

Wakayoshi K. Sports Wear and Sports Science[J].Fiber, 2010, 66(1): 29-31.

阿瑟.技术的本质:技术是什么,它是如何进化的[M].曹东溟,王健,译.杭州:浙江人民出版社,2014.

奥斯特瓦尔德.自然哲学概论[M].李醒民,译.北京:商务印书馆,2012.

白石.运动解剖学[M].西安:陕西人民出版社,2008.

柏拉图.理想国[M].郭斌和,张竹明,译.北京:商务印书馆,1986.

北京大学哲学系外国哲学史教研室.古希腊罗马哲学[M].北京:商务印书馆,1961.

贝塔朗菲,拉威奥莱特.人的系统观[M].张志伟,等,译.北京:华夏出版社,1989.

波普尔.科学发现的逻辑[M].查汝强,邱仁宗,译.杭州:中国美术学院出版社,2008.

波塞尔.科学:什么是科学[M].李文潮,译.上海:上海三联书店,2002.

蔡兵,马跃,雷斌,等.交叉学科研究中微观知识点运动的模型研究[J].研究与发展管理,2007,19(3):123-129.

蔡俊五.国际体育科学组织发展概况[J].体育科学,1983,3(4):94-95.

蔡禹僧.哲学与科学的结构关系[M].北京:新华出版社,2007.

曹景伟,夏祥鹤,鲍勇."运动训练原则"体系新探[J].山东体育学院学报,2001(2):52-56.

曹莉,刘大年.我国体育管理学学科发展的总体需求及基础条件分析[J].山西师大体育学院学报,2001(2):1-4.

陈安槐,陈荫生.体育大辞典[M].上海:上海辞书出版社,2000.

陈德棉,刘云.学科分类与学科之间的相关性[J].科学管理研究,1994(4):49-54.

陈德明,范旭东.关于"运动人体科学技术"概念的提出与界定的研究[J].哈尔滨体育学院学报,2006(5):134-136.

陈洪.我国体育科技发展的现状及对策研究[D].武汉:武汉体育学院,2009.

陈俊钦,黄汉升,朱昌义,等.国外体育社会学研究现状与趋势[J].中国体育科技,2003,39(1):7-10.

陈康.对体育考古学几个理论问题的思考[J].西北民族大学学报(哲学社会科学版),2005(6):150-153.

陈克晶,吴大青.科学分类问题[M].北京:人民教育出版社,1980.

陈克晶.科学分类问题[M].北京:人民教育出版社,1980.

陈琦,鲁长芬.新时期体育价值观转变与体育本质、功能和目的[J].体育学刊,2006,13(2):1-4.

陈荣,王志斌,宋涛.构建健身学及其内容体系的理论思考[J].浙江体育科学,2001(5):41-43.

陈希,梁竞文,彭庆文.近十年我国普通高校体育学科发展探析[J].体育科学,2005(12):3-6.

陈樨.体育概念演进与体育发展趋势[J].体育文化导刊,2009(12):117-120.

陈学东.近代科学学科规训制度的生成与演化[D].太原:山西大学,2004.

陈永明.教师教育学科群导论[M].北京:北京大学出版社,2013.

陈羽洁.中美高等教育学科结构比较研究[D].天津:天津大学,2012.

川村英男.体育原理[M].王德深,译.北京:国家体委百科全书体育卷编写组,1982.

崔乐泉.创建体育考古学学科体系的理论思考[J].体育科学,1998,18(4):32-34.

丹皮尔.科学史及其与哲学和宗教的关系[M].李珩,译.北京:商务印书馆,2009.

丁雅娴.学科分类研究与应用[M].北京:中国标准出版社,1994.

杜布斯.文艺复兴时期的人与自然[M].陆建华,刘源,译.杭州:浙江人民出版社,1988.

恩格斯.自然辩证法[M].北京:人民出版社,1984.

樊杰.古希腊体育的哲学意蕴探析[D].长沙:湖南师范大学,2008.

樊杰.体育作为教化之源——古希腊体育的教化意义[D].长沙:湖南师范大学,2011.

范明,刘滔.跨学科与学科群建设研究[J].北京教育(高教版),2013(4):51-53.

方仪.作为门类学科的艺术学学科群之构想——艺术学学科建设再思考[J].南京艺术学院学报(美术与设计版),2006(1):8-9.

方征,刘新华.论民族传统体育学学科的理论基础[J].武汉体育学院学报,2008,42(9):53-60.

菲利普,洛奇.运动学和应用解剖学[M].胡勖,廖咸锐,译.北京:人民体育出版社,1985.

冯连世.21世纪运动生理学和运动生物化学研究展望[J].中国体育科技,2002(1):14-15.

冯炜权.加强运动人体科学研究,适应国际最新发展[J].体育与科学,2013(1):17-18.

福柯.知识考古学[M].谢强,马月,译.北京:生活·读书·新知三联书店,1998.

高飞.比较体育学科发展研究[D].北京:北京体育大学,2009.

高飞.体育英语英汉翻译研究[D].保定:河北大学,2009.

高希生.浅析新时期的体育功能[J].体育文化导刊,2004(3):12-14.

龚益.社科术语工作的原则与方法[M].北京:商务印书馆,2009.

关西普.科学学纲要:理论科学学基础[M].天津:天津科学技术出版社,1981.

郭涵宁.多元科学指标视角下的新兴研究领域识别探索[D].大连:大连理工大学,2013.

郭娟娟.孔子"六艺"中的艺术教育思想研究[D].南京:南京艺术学院,2010.

国家标准化管理委员国家质量监督检验检疫总局.中华人民共和国学科分类与代码国家标准(GB/T13745-2009)[M].北京:中国标准出版社,2009.

哈尔滨体育学院等.体育哲学[M].哈尔滨:哈尔滨体育学院科研处,1986.

海峰,朱桂龙,杨永福.刍议学科划分与设置对学科发展的影响[J].科学学与科学技术管理,1997(11):38-40.

韩裕峰,王德贵.领导干部和公务员科学素质读本[M].北京:国家行政学院出版社,2007.

郝勤,郭晴.论体育传播学的性质特点及其理论架构[J].体育文化导刊,2003(9):27-30.

何发苏.四部分类法简论[D].南昌:南昌大学,2005.

何钟秀.科学学纲要[M].天津:天津科学技术出版社,1981.

贺光耀.《庄子·天下篇》研究[D].济南:山东大学,2012.

贺苗.弗莱堡学派的科学分类理论研究[D].武汉:武汉科技大学,2011.

侯海燕.基于知识图谱的科学计量学进展研究[D].大连:大连理工大学,2006.

胡春春,李兰,萧蕴诗,等.德国高等学校学位制度及学科专业设置——传统、现状和启示[J].同济大学学报(社会科学版),2007,18(1):112-124.

胡小明,陈华.体育人类学[M].北京:高等教育出版社,2005.

胡小明.国外体育人类学述评[J].武汉体育学院学报,2006,40(4):1-4,8.

胡小明.体育的价值区域与探索路径[J].体育科学,2007,27(11):9-14.

胡小明.体育应该是一门社会科学[J].成都体育学院学报,1979(1):15-19.

胡小明.小康社会体育休闲娱乐理论的研究[J].体育科学,2004(10):8-12.

胡小明.新世纪新体育[J].体育学刊,2000(5):1-7.

胡晓风.体育的整体观——再谈关于体育科学体系的若干问题[J].成都体院学报,1981,7(2):1-12.

华勖基.论科学分类的历史发展及其现实意义[J].中山大学学报(哲学社会科学版),1985,25(1):121-131.

黄汉升.论现代体育科学研究的方法学特征[D].北京:北京体育大学,

1999.

黄汉升.现代体育科学研究的方法学特征[J].体育科学,1999,19(2):6–10.

黄美好.体育学概论[M].北京:人民体育出版社,2007.

黄顺基,涂序彦,钟义信.从工程管理到社会管理[M].北京:科学出版社,2012.

黄顺基.历史上的科学分类及现代科学技术的新特点[J].辽东学院学报(社会科学版),2009,11(5):1–8.

黄顺基.马克思主义哲学与现代科学技术体系[M].北京:科学出版社,2011.

黄欣荣.复杂性科学方法及其应用[M].重庆:重庆大学出版社,2012.

黄欣荣.论科学技术学的体系结构[J].科学管理研究,2005,23(5):20–23.

纪宝成.中国大学学科专业设置研究[M].北京:中国人民大学出版社,2006.

纪昀.四库全书总目提要[M].石家庄:河北人民出版社,2000.

江玉华.学校体育与终身体育相互关系的研究[J].西南民族大学学报(人文社科版),2005(7):391–392.

姜井水.科学技术体系学[M].上海:学林出版社,2002.

姜振寰.科学分类的历史沿革及当代交叉科学体系[J].科学学研究,1988,6(3):14–25.

焦桂美.论孙星衍的文献学成就[J].图书情报知识,2006(2):56–59.

解恩泽.宫原将平的科学思想方法[M].济南:山东教育出版社,1992.

金林祥.20世纪中国教育学科的发展与反思[M].上海:上海教育出版社,2000.

金薇吟.学科交叉理论与高校交叉学科建设研究[D].苏州:苏州大学,2005.

靳英华.体育经济学[M].北京:高等教育出版社,2011.

经济合作与发展组织.弗拉斯卡蒂手册[M].张玉勤,译.北京:科学技术文献出版社,2010.

柯杰兵,马文丽,林建棣,等.基因组学及其相关技术在运动人体科学中的应用[J].中国临床康复,2006(12):124-126.

夸美纽斯.大教学论[M].傅任敢,译.北京:教育科学出版社,1999.

赖欣巴哈.科学哲学的兴起[M].伯尼,译.北京:商务印书馆,1984.

劳丹.进步及其问题[M].刘新民,译.北京:华夏出版社,1999.

勒恩斯.运动心理学导论[M].姚家新,译.西安:陕西师范大学出版社,2005.

李建平.体操概念与内容研究[D].大连:辽宁师范大学,2010.

李江.体育法学的学理思考[J].体育与科学,2002(5):22-24.

李俊卿.中、美、日、德大学科技体制比较研究[D].保定:河北大学,2000.

李梁美.走向系统综合的新学科[M].上海:上海社会科学院出版社,2012.

李尚卫,唐朝友."教育科学"辨析[J].成都中医药大学学报(教育科学版),2001(2):79-80.

李世昌.运动解剖学[M].北京:高等教育出版社,2010.

李世雁.自然辩证法:科学技术哲学基础[M].北京:北京师范大学出版社,2014.

李万忍.科学技术的社会经济功能[M].西安:陕西科学技术出版社,2005.

李文娟.科学现代性的谱系[D].大连:大连理工大学,2014.

李喜先.论交叉科学[J].科学学研究,2001,19(1):22-27.

李醒民.科学的社会功能与价值[M].北京:商务印书馆,2014.

李醒民.科学是什么?[J].湖南社会科学,2007(1):1-7.

李醒民.论科学的分类[J].武汉理工大学学报(社会科学版),2008,21(2):149-157.

李学军.科学结构与科技指标[J].自然辩证法通讯,1989(6):30-42.

李元伟.科技与体育——关于新世纪体育科学技术发展问题[J].中国体育科技,2002(6):4-9.

联合国教科文组织教育统计局.国际教育标准分类[M].北京:人民教育出版社,1988.

联合国教科文组织统计研究所.国际教育标准分类法(2011)[M].北京：人民教育出版社,2013.

梁传杰,胡江华.论学科群的组织形式[J].辽宁教育研究,2006(2)：83-85.

梁传杰,罗勤,梁碧涛.对研究生学科专业目录调整的回顾与思考[J].中国高教研究,2007(1)：35-37.

梁启超.梁启超全集[M].北京：北京出版社,1999.

廖益.大学学科专业评价研究[D].厦门：厦门大学,2007.

林蕙青.高等学校学科专业结构调整研究[D].厦门：厦门大学,2006.

刘店辉,刘佳.中美学科专业目录的差异分析研究[J].长春工业大学学报(高教研究版),2008,29(4)：114-116.

刘芳.科学发展论[M].成都：西南财经大学出版社,2009.

刘海燕,曾晓虹.学科与专业、学科建设与专业建设关系辨析[J].高等教育研究学报,2007(4)：29-31.

刘洪涛.我国体育科技政策历史变迁研究[D].北京：北京体育大学,2016.

刘建和.论运动技术的序列发展与分群演进[D].北京：北京体育大学,2006.

刘静.新兴学科科学知识图谱构建——以国内地理信息科学为例[D].昆明：云南大学,2011.

刘美凤.关于教育技术及其学科的研究方法的几点认识[J].电化教育研究,2008(12)：93-96.

刘宁.科学发展模式树形结构探析[D].长春：吉林大学,2010.

刘伟芳.我国教育学研究对象的历时考察与现时探讨[J].当代教育科学,2005(13)：3-6.

刘小宝.论"跨学科"的谱系[D].合肥：中国科学技术大学,2013.

刘小强.学科建设：元视角的考察[D].厦门：厦门大学,2008.

刘晓保.技术学科论[M].上海：上海教育出版社,2013.

刘一民,曹莉.体育人文社会学的特性与定位——体育人文社会学元问题研究之一[J].武汉体育学院学报,2008(3)：11-15.

刘一民,曹莉.体育人文社会学的研究对象及方法论特征——体育人文社会学元问题研究之二[J].武汉体育学院学报,2008,42(4):16-20.

刘一民.关于创建体育行为学的构想[J].体育科学,1990(2):82-83.

刘则渊,陈悦,侯海燕.科学知识图谱:方法与应用[M].北京:人民出版社,2008.

刘仲林.跨学科学导论[M].杭州:浙江教育出版社,1990.

刘仲林.现代交叉科学[M].杭州:浙江教育出版社,1998.

龙天启.体育哲学导论[M].北京:北京体育学院出版社,1987.

卢明森.钱学森思维科学思想[M].北京:科学出版社,2012.

卢元镇,于永慧.给体育社会学一个准确的学科定位[J].体育科学,2006(4):3-8.

卢元镇.关于体育科学体系与科学属性探讨情况简介[J].体育科学,1982(4):39-41.

卢元镇.体育人文社会学的学科集成与研究前沿[J].体育学刊,2005(1):4-7.

鲁长芬,罗勤鹏.体育学、体育科学与体育学科辨析[J].天津体育学院学报,2009(4):285-288.

鲁长芬.体育学科体系研究[M].武汉:华中师范大学出版社,2012.

陆爱云.运动生物力学[M].北京:人民体育出版社,2010.

陆一帆,张勇,杨有为,等.现代科学技术革命与体育——浅析体育科学进步的特点[J].天津体育学院学报,1996(4):105-109.

栾早春.凯德洛夫及其科学分类[J].科技管理研究,1984(2):50-53.

罗辉辉.我国普通高校本科体育专业设置研究[D].长沙:湖南师范大学,2009.

罗季昂诺夫.运动能力的心理诊断学[M].卢振南,谢雪峰,陈湘凯,译.武汉:武汉体院运动心理学研究室,1984.

罗加冰,夏崇德.建立体育政策学的必要性[J].体育与科学,1988(6):21-22.

罗志田.西学冲击下近代中国学术分科的演变[J].社会科学研究,2003(1):107-114.

洛克.教育漫话[M].傅任敢,译.北京:人民教育出版社,1985.

马克思,恩格斯.马克思恩格斯全集(第2卷)[M].中共中央马克思恩格斯列宁斯大林著作编译局,译.北京:人民出版社,1965.

马特维也夫.竞技运动理论[M].姚颂平,译.上海:华东理工大学出版社,1997.

毛振明.体育的功能、价值和体育学科的目标[J].体育学刊,2001(6):4-8.

毛祖桓.教育学科体系的结构研究[M].北京:中央民族大学出版社,1999.

孟辉.第四版《中国图书分类法》体育类目设置刍议[J].山东体育学院学报,2001(1):92-93.

米靖.论体育教育训练学基本范畴体系的逻辑结构[J].北京体育大学学报,2013(7):113-117.

苗东升.钱学森哲学思想研究[M].北京:科学出版社,2012.

内格尔.科学的结构[M].徐向东,译.上海:上海译文出版社,2005.

倪依克,胡小明.民族传统体育基础理论及学科发展论纲[J].体育学刊,2005(4):59-62.

宁鲁伟.竞技体育学学科体系初建[D].苏州:苏州大学,2012.

牛敬莹,刘文娟,张重喜,等.体育情报学研究综述[J].北京体育大学学报,2005(9):1194-1195.

牛静.体育院系休闲体育教育的初步探讨[D].大连:辽宁师范大学,2004.

牛文明.学科和课程的分化与综合研究[D].西安:陕西师范大学,2011.

潘淑芳.郑樵文献学思想研究[D].南昌:江西师范大学,2012.

庞青山,胡卫锋.基于知识的科学与学科[J].中南大学学报(社会科学版),2004(4):478-480.

庞青山.大学学科论[M].广州:广东教育出版社,2006.

彭加勒.科学与方法[M].李醒民,译.北京:商务印书馆,2010.

皮尔逊.科学的规范[M].李醒民,译.北京:商务印书馆,2012.

齐振海.认识论探索[M].北京:北京师范大学出版社,2008.

潜伟.科学技术史学科体系结构浅论[J].中国科技史杂志,2007,28(4):449-462.

乔瑞金.走向科学主义与人文主义整合的当代哲学[J].自然辩证法通讯,2000,22(5):13-14.

秦椿林,张瑞林.体育管理学[M].北京:高等教育出版社,2002.

瞿葆奎.教育学的探究[M].北京:人民教育出版社,2004.

萨日娜.体育人文社会科学在我国体育事业发展中的引领作用研究[D].北京:北京体育大学,2016.

佘振苏,倪志勇.人体复杂系统科学探索[M].北京:科学出版社,2012.

史兵.关于体育地理学研究内容的讨论[J].西安体育学院学报,2006(1):1-5.

史兵.基础、发展与应用——浅析体育科学研究中的拿来主义[J].天津体育学院学报,2002(3):19-20.

史兵.体育地理学理论研究[J].天津体育学院学报,2005,20(5):84-85.

舒斯特.科学史与科学哲学导论[M].安维复,译.上海:上海科技教育出版社,2013.

宋筱平,陆叔云.研究生学科专业目录的发展轨迹及其走向[J].黑龙江高教研究,2002(2):76-79.

苏军英.试论体育写作学的构建[J].武汉体育学院学报,2000(4):22-24.

孙斌,李锦霞.俄罗斯体育现状与问题分析[J].河北体育学院学报,2004(3):91-92.

孙寰.术语的功能与术语在使用中的变异性[D].哈尔滨:黑龙江大学,2009.

谈利兵,陈文化.试论自然科学通过人文科学到社会科学的一体化[J].自然辩证法研究,2002(12):5-7.

谭华.体育科学的形成和发展[J].体育文史,1989(1):4-10.

谭镜星,曾阳素,陈梦迁.从学科到学科群:知识分类体系和知识政策的视角[J].高等教育研究,2007(7):31-36.

唐炎.体育学学科体系现状考察及建构研究[D].重庆:西南师范大学,

2002.

田菁,杨金田,贾文彤,等.体育本质实践论[J].体育学刊,2007(1):15-19.

田里,王玉芬,郑庆继.创建健身学构想[J].北京体育大学学报,1995(3):17.

田野,王清,李国平,等.中国体育科学学科发展综合报告(2006—2007)[J].体育科学,2007(4):3-14.

田雨普.试析体育科学体系[J].体育科学,1982,2(4):34-38.

田雨普.新世纪我国体育的功能与作用[J].体育学刊,2004(3):5-8.

涂宏坤.扩招后福建省高校本科专业设置和结构调整研究[D].厦门:厦门大学,2008.

瓦诺耶克.奥林匹克运动会的起源及古希腊罗马的体育运动[M].徐家顺,译.天津:百花文艺出版社,2006.

万丽蓉.中国古代图书分类之历史演变[J].青海民族学院学报(社会科学版),2004,30(3):133-135.

万中航.哲学小辞典[M].上海:上海辞书出版社,2003.

王步标,华明.运动生理学[M].北京:高等教育出版社,2006.

王大洲.技术、工程与哲学[M].北京:科学出版社,2013.

王建中.体育法学[M].北京:北京师范大学出版社,2010.

王健.我国教师教育学的逻辑起点研究及学科体系构建[D].上海:华东师范大学,2009.

王锦贵.中国历史文献目录学[M].北京:北京大学出版社,1995.

王娟,王正珍.美国运动医学会4大期刊及所关注的运动人体科学研究热点[J].北京体育大学学报,2014(8):54-59.

王玲.论科技与奥运的契合[D].沈阳:东北大学,2008.

王梅.基于生态原理的学科协同进化研究[D].天津:天津大学,2006.

王琪.西方现代体育科学发展史论——基于知识图谱视角的实证研究[D].福州:福建师范大学,2011.

王荣江.亚里士多德的科学知识观及其学科分类思想[J].广西师范大学学报(哲学社会科学版),2009,45(3):27-32.

王树恩.科学技术论与科学技术创新方法论[M].天津:南开大学出版社,2001.

王维.科学基础论[M].北京:中国社会科学出版社,1996.

王晓东.论体育教育训练学研究的逻辑起点[J].沈阳体育学院学报,2006(4):73-75.

王续琨,宋刚.交叉科学结构论[M].大连:大连理工大学出版社,2003.

王续琨.自然科学的学科层次及其相互关系[J].科学技术与辩证法,2002,19(1):58-61.

王宇辉.基于因素空间的学科分类研究[D].成都:西南交通大学,2007.

王越,王子朴,霍建新.体育人文社会学较有影响的图书[J].北京体育大学学报,2013(12):48-56.

王忠武.论自然科学、社会科学、人文科学的三位一体关系[J].科学学研究,1999(3):3-9.

维加雷洛.从古老的游戏到体育表演:一个神话的诞生[M].乔咪加,译.北京:中国人民大学出版社,2007.

隗金水,邹亮畴,黄志玲,等.体育学研究生专业设置和学位设置的改革设想[J].广州体育学院学报,2004(4):96-99.

温家平.体育仿生学的理论体系与实践[J].上海体育学院学报,1990(2):11-15.

邬大光,付八军,张宝蓉,等.台湾地区研究生专业设置的历史、现状与趋势[J].理工高教研究,2007,26(1):1-4.

吴国林.自然辩证法概论[M].北京:清华大学出版社,2014.

吴秀建.对体育科学概念的商榷[J].内江师范学院学报,2001(1):87-89.

吴正荆.信息社会学研究内容、理论范式与学科体系研究[D].长春:吉林大学,2007.

吴致远.科学发展模式的四维结构探析——兼评科学→价值模式[J].科学技术与辩证法,2003(3):32-35.

伍绍祖.系统科学与体育[M].北京:人民体育出版社,1995.

武冬.从学科的角度全面审视民族传统体育学——对民族传统体育学

的基本认识[J].北京体育大学学报,2006(4):522-525.

席王宝.试论体育锻炼学[J].四川体育科学,2000(1):4-7.

夏伟峰.国家社会科学基金10年资助体育学项目统计与研究[J].广州体育学院学报,2007(4):86-90.

肖霞,肖水平,王公法,等.苏联解体后俄罗斯竞技体育管理体制的发展研究[J].体育与科学,2006(1):57-61.

熊斗寅.初论体育学的科学体系[J].中国体育科技,1983,19(2):18-26.

熊斗寅.体育科学:体育现代化[M].南京:江苏省体育科学研究所,1987.

熊斗寅.体育科学的现状和趋势[J].体育教学与科研,1982,2(2):6-19.

熊斗寅.体育与科学:体育现代化[M].南京:江苏省体育科学研究所,1987.

熊文.体育科学学科分类结构体系的考察与再构[J].体育科学,2014(11):80-87.

徐东.论学科向学科群演化的必然规律[J].现代大学教育,2004(6):10-14.

徐玖平.知识经济与学校体育工作[J].成都教育学院学报,1999(5):21-23.

许世云,刘欣茹.浅析体育和医学与人体健康[J].湖北体育科技,2003(4):452-454.

许志峰,陈质敏,王鹏娟.现代科学技术概论[M].长春:东北师范大学出版社,2006.

宣勇,凌健."学科"考辨[J].高等教育研究,2006,27(4):18-23.

薛定谔.自然与希腊人科学与人文主义[M].张卜天,译.北京:商务印书馆,2015.

闫士涛.知识管理学学科体系构建研究——以共词分析为方法[D].合肥:安徽大学,2011.

严建新.国内几种科学知识体系结构的评述[J].科学学研究,2007(1):19-25.

阳荣威.高等学校专业设置与调控研究[D].上海:华东师范大学,2006.

杨本洛.自然科学体系梳理[M].上海:上海交通大学出版社,2008.

杨斌.软科学大辞典[M].北京:中国社会科学出版社,1991.

杨波,杨文轩,龚建林.美国体育学科发展历程及现状[J].体育学刊,2007(7):116-120.

杨贵仁,黄汉升,方千华.新时期我国体育学博士研究生教育审视[J].体育科学,2005(6):3-12.

杨沛霆,陈昌曙,刘吉,等.科学技术论[M].杭州:浙江教育出版社,1985.

杨天平.学科概念的沿演与指谓[J].大学教育科学,2004(1):13-15.

杨文轩,卢元镇,胡小明.改革开放以来中国体育理论与实践的发展[J].华南师范大学学报(社会科学版),2003(4):135-143.

杨文轩.体育学科体系重新构建刍议[J].天津体育学院学报,2009(4):277-280.

杨锡让,张禹.运动技能学学科现状与发展[J].北京体育大学学报,2005,28(7):865-867.

杨小永,苟正斐,鲁长芬.美国职业发展为导向的体育硕士专业学位教育改革及启示[J].北京体育大学学报,2012(11):80-86.

杨小永,王健.体育学科体系的分类:宏观、中观与微观[J].武汉体育学院学报,2009(7):19-23.

杨玉辉.现代自然辩证法原理[M].北京:人民出版社,2003.

姚名达.中国目录学史[M].上海:上海古籍出版社,2002.

姚雅欣,高策.从传统"格致"到现代"科学":梁启超"科学"观念透视[J].科学技术与辩证法,2004(6):79-82.

叶继元.国内外人文社会科学学科体系比较研究[J].学术界,2008(5):34-46.

叶澜.教育研究方法论初探[M].上海:上海教育出版社,2014.

叶赛华.关于学科概念的若干辨析与思考[J].黑龙江高教研究,2002(2):89-92.

易剑东.我国体育学研究的回顾与前瞻[J].浙江体育科学,1994,16(2):6-10.

易剑东.中国体育科研管理若干问题琐议[J].体育文化导刊,2004(4):14-15.

尹海江.《汉书·艺文志》研究[D].杭州:浙江大学,2007.

于光远.自然辩证法百科全书[M].北京:中国大百科全书出版社,1995.

于江.学科领域发展状况的可视化分析[D].大连:大连理工大学,2009.

于景元.钱学森系统科学思想和系统科学体系[J].科学决策,2014(12):2-22.

喻坚.体育教育学建设与课程研究[J].现代教育科学,2002(1):45-46.

袁贵仁.人的哲学[M].北京:工人出版社,1988.

袁磊,陈玉清.对学校体育"位差"的社会学分析[J].武汉体育学院学报,2003(3):36-38.

袁曦临.人文社会科学学科分类体系研究[D].南京:南京大学,2011.

袁志良.运动营养学研究进展[J].科技信息,2008(17):377.

张爱红.约翰·洛克的体育思想研究[D].北京:北京体育大学,2012.

张百鸣.论生物体育科学发展的哲学基础、困境及出路[J].体育科学,1991(5):20.

张加贝.试论特殊体育学的内涵与外延[J].武汉体育学院学报,2003(6):56-58.

张留华.皮尔士心中的逻辑学:从科学分类法来看[J].昆明学院学报,2011,33(1):34-39.

张留华.皮尔士哲学的逻辑面向[M].上海:上海人民出版社,2012.

张姗.我国体育学科发展历程研究[D].长沙:湖南师范大学,2014.

张世磊.《别录》《七略》研究[D].长春:吉林大学,2009.

张书琛.学科的两大系统及其转换[J].系统辩证学学报,2001(3):6-8.

张婷.中美英体育学科学术型硕士研究生专业与课程设置对比研究[D].开封:河南大学,2013.

张文明.郑樵与文献学浅探[D].长沙:湖南师范大学,2004.

张晓宁.休闲体育的科学理论基础及理论体系构建研究[D].曲阜:曲阜师范大学,2006.

张学忠,毛振明,崔颖波,等.体育教学论的概念、性质、对象和任务的研究[J].成都体育学院学报,2005(4):108-111.

张雪.科学技术的社会功能探析[D].长春:吉林大学,2012.

张岩.什么是体育学——兼与《体育学》和《体育方法论的思考》等作者的商榷[J].体育与科学,2004(5):25-28.

张岩.体育科学体系的学科分类[J].哈尔滨体育学院学报,1992(2):12-17.

张岩.体育学的范畴论——元体育学研究之六[J].成都体育学院学报,2005(2):7-11.

张岩.体育学的性质论[J].体育与科学,2005,26(6):11-15.

张宗明,关晓光,崔瑞兰,等.自然辩证法概论[M].北京:人民卫生出版社,2009.

章岚,顾丽燕.论体育教学论的研究对象[J].内蒙古社会科学(汉文版),2000(2):78-81.

赵金华.俄罗斯2004-2008年体育科研动态的研究[D].上海:上海体育学院,2010.

赵灵芝.西方学科分类在中国的引入——以张之洞的"八科分学"为例[D].大连:大连理工大学,2007.

赵少奎.现代科学技术体系总体框架的探索[M].北京:科学出版社,2011.

赵晓春.跨学科研究与科研创新能力建设[D].合肥:中国科学技术大学,2007.

郑春汛.清末民初专科目录研究——以经学目录、文学目录为中心[D].上海:华东师范大学,2007.

郑俊武.我国健身学建设的历史使命和现实思考[J].体育学刊,1995(3):4-6.

郑旗.体育科学的演进与21世纪初的发展趋势——兼论体育科学研究中方法论的意义[J].四川体育科学,1997(Z1):8-10.

中国大百科全书总编辑委员会.中国大百科全书[M].北京:中国大百科全书出版社,1987.

中国社会科学院语言研究所词典编辑室.现代汉语词典[M].北京:商务印书馆,1983.

中国图书馆图书分类法编辑委员会.中国图书馆分类法[M].北京:北京

图书馆出版社,1999.

钟天朗.体育经济学概论[M].上海:复旦大学出版社,2004.

周爱光.论建立体育哲学学科的必要性和可能性[J].体育学刊,1997(4):31-34.

周良君."九五"期间政府资助体育学研究的现状分析[J].体育科学,2005(3):75-77.

周西宽,胡小明.体育学[M].成都:四川教育出版社,1988.

朱仁官.论科学知识的检验[D].武汉:武汉大学,2014.

朱永海.基于知识分类的视觉表征研究[D].南京:南京师范大学,2013.

自然辩证法百科全书编辑委员会.自然辩证法百科全书[M].北京:中国大百科全书出版社,1995.

左玉河.从四部之学到七科之学:学术分科与近代中国知识系统之创建[M].上海:上海书店出版社,2004.

后 记

　　《现代体育科学学科体系》的付梓,终于了却了我的一桩心愿。回顾从选题、写作到最后定稿,其间几易其稿,历经了三个境界:选题之初,虽有"荆甚固,而薛亦不量其力"之感,但也有"长风破浪会有时,直挂云帆济沧海"的豪情壮志;待到旷日持久的资料积累、写作和修改阶段,就有了"欲渡黄河冰塞川,将登太行雪满山"之虑。文中涉及大量的文献史料,在考证、分类、归纳、审核这些文献史料时,真正是"为伊消得人憔悴"了。待到发排审稿之际,再次审核了文献史料的来源和年代,期望自己"千虑之一得"不要留下太多的遗憾。至于书中内容是否言之有物、言之成理,抑或言不达义、言不尽意,只能由读者来评述了。由于个人能力有限,书中存在许多的不足,还期望读者见谅,也期望读者能不吝赐教。

　　本书承蒙安徽师范大学出版社的热情支持,并得到国家社会科学基金的资助才得以问世,本人不胜感激!

席玉宝

2017年12月2日